尽 善 尽 

弗 求 弗 

我们搞砸了经济学

智本社经济学讲义

智本社 著

電子工業出版社
Publishing House of Electronics Industry
北京·BEIJING

内 容 简 介

通俗、生活化的经济学，才是普通读者需要的。

许多经济学课程太学术化了。经济学是一种认识世界的工具，更是一种价值观。把市场规律讲通透，把生活中的经济现象理解透，是这本书的目标，也是作者撰写这本书的初衷。

图书在版编目（CIP）数据

我们搞砸了经济学：智本社经济学讲义/智本社著. —北京：电子工业出版社, 2021.2

ISBN 978-7-121-40198-5

Ⅰ.①我… Ⅱ.①智… Ⅲ.①经济学—通俗读物 Ⅳ.①F0-49

中国版本图书馆CIP数据核字（2020）第247979号

责任编辑：张　毅

印　　刷：中国电影出版社印刷厂

装　　订：中国电影出版社印刷厂

出版发行：电子工业出版社

北京市海淀区万寿路173信箱　邮编 100036

开　　本：720×1000　1/16　印张：21　字数：312千字

版　　次：2021 年 2 月第 1 版

印　　次：2021 年 3 月第 2 次印刷

定　　价：65.00元

凡所购买电子工业出版社图书有缺损问题，请向购买书店调换。若书店售缺，请与本社发行部联系，联系及邮购电话：（010）88254888，88258888。

质量投诉请发邮件至zlts@phei.com.cn，盗版侵权举报请发邮件至dbqq@phei.com.cn。

本书咨询联系方式：（010）57565890，meidipub@phei.com.cn。

我们把经济学的事业搞砸了

200多年前，英国政治家亨利·阿丁顿创作了一首诗歌盛赞亚当·斯密及其《国富论》：

“我热忱地欢迎您,及您那睿智而充满爱国情怀的篇章,
优美地谱写了通向富裕和和平的道路。
……
贸易会让熙熙攘攘的世界和谐有序！”

但是，到了20世纪上半叶，如经典物理学的命运，这被誉为“通往富裕与和平之路”的学说遭遇了“两朵乌云”的袭击：第一次世界大战和大萧条。从此，经济学就像“任人打扮”的历史学，充斥着矛盾与分歧。

经济学家米塞斯指责：“当今大多数大学里，以‘经济学’为名所传授的东西，实际上是在否定经济学。”

那些主张“消费刺激论”的经济学，犯了逻辑错误。就连凯恩斯都清楚，消费永远是经济增长的结果，而不是手段。

那些主张“逆周期调节”的经济学，违背了经济规律。市场作为自发秩序，任何机构及个人无能力亦不得干预市场价格及竞争秩序。

那些主张“财政赤字货币化”的经济学，引发了经济灾难。信贷扩张及财政约束软化正给世界酝酿巨大的资产泡沫和债务风险。

哈耶克调侃说：“我们把经济学的事业搞砸了。”

过去一百多年，经济学走了弯路，犯了错误。当今经济学最大的缺憾是没有形成一套可靠的市场学说：新古典主义迷信市场范式，忽视了经济过程与时间维度；新古典主义迷信资源配置，忽视了个体竞争与知识创新；新古典主义迷信声誉机制，忽视了公共选择与制度内生。

当今经济学呼吁新的学术范式。

这个新范式的首要任务是重新探索“帕累托最优”的条件，即什么条件下，“人的行为”是效用最大化的，又如何导出社会福利最大化。

如此，我们不得不否定完全市场理论，打破完全信息及理性人假设，将公共制度与技术纳入内生变量，用经济人（非理性人）假设与“方法论个人主义”研究自由市场——视为个体竞争及效用创造的经济过程与自发秩序。

当然，这会遇到种种挑战：公共制度的决策机制与“方法论个人主义”是冲突的。公共选择学派试图化解这一难题。如何论证制度的内生性和经济效率，以及制度与技术创新之间的关系，这是新制度经济学面临的挑战。货币的本质是什么，用货币制度替代“大央行主义”，这是货币主义面临的挑战。不完全信息与经济人假设如何导出最优效率，这是新范式的难题。

亚当·斯密是一位启蒙思想家，经济学是一种颠覆性的价值观。

当代经济学家所犯的错误，其实是对权力、群氓与利益的妥协，对无知、懦弱与贪婪的顺从，从而失去了学者的正直秉性，制造了劣质的思想产品。

自由市场的前提是思想市场，思想市场的前提是意志品质。只有更多的个人意志趋于坚强，造就更加独立、自信、勇敢、个性、包容的品质，才能促使更多人勇于担责，敢于冒险，自由竞争与开放协作。

正如亚当·斯密在《道德情操论》中所说的：“每一个人，只要他不违背正义的法律，就有完全的自由按自己的方式追求他自己的利益，以其劳动及资本同任何其他的人或其他阶层的人相竞争”。

一个普通人，只要受过真正的经济学训练，抑或是经历过公正的市场竞争，其品质会倾向于自由、正义、竞争、担责、理性以及更富有同情心。

这是亚当·斯密学说的价值，也是智本社写作本书的夙愿。

目录 CONTENTS

Part One 概要

Part Two 历史

Part Three 市场

Part Four 人性

Part Five 条件

Part Six 分工

Part Seven 供求

Part Eight 价格

Part Nine

竞争

Part Ten

边际

Part Eleven

增长

Part Twelve

货币

Part Thirteen

制度

Part Fourteen

市场失灵

Part Fifteen

经济危机

Part One
概　要

人类采用过三种生存方式：掠夺、控制与交易。在千百年的历史演进中，这三种办法创造了完全不同的社会文明。

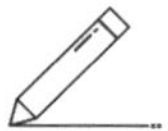

经济学的使命：人类第三种生存方式

为什么会有经济学这门课程？经济学是一门怎样的学科？经济学研究的主题是什么？这三个问题是我们在学习经济学时首先要弄清楚的问题。

在这个星球上，我们人类想要存活下去，面临三个约束条件：资源稀缺、生命有限以及欲望不息。在这三个约束条件中，生命有限是确定的，而资源稀缺和欲望不息这两个，却无法证实也无法证伪。有人说资源稀缺和欲望不息都是相对的。但现实中，人类只要还活着，就定然有吃喝等欲望。每个人都试图努力获得更多资源，以满足自己的欲望。所以，按照正常的逻辑，我们还是可以将这三个约束条件即资源稀缺、生命有限以及欲望不息，作为经济学研究的三大假设前提。

这三大假设前提之中，资源稀缺与欲望不息天然就是矛盾的。人类永远面临一个严峻的问题：该如何在这个星球上长期存活下去？这就是经济学研究的核心问题。可见，经济学研究的命题是宏大的，这个学科一直探索的是，如何从根本上解决资源稀缺与欲望不息之间的矛盾。过去，人类主要采用过三种办法来解决这个矛盾：

第一种是直接抢夺别人的资源来满足自己的欲望，不生产不创造，只抢劫；

第二种是抢夺了地盘和资源后，建立一套控制秩序，筑起城墙，建起围栏，约束自由，压制欲望，在一亩三分地上搞自给自足的生产；

第三种是分工与交换，我生产面包，你生产手机，相互交换，提高资源利用效率，满足各自不同的欲望。

概括起来，人类这三种生存方式分别是：掠夺、控制和交易。在千百年的历史演进中，这三种办法创造了完全不同的社会文明。

我们先来说掠夺，掠夺是一种非常原始和低效的生存方式。在远古时代，人类与动物一样都不懂得利用资源搞生产，只能依靠捕猎、抢夺领地及食物生存。这种生存方式遵循的是丛林法则、零和博弈，并且，由于远古人类单独的战斗力远不如狮子、老虎、大象等野兽，所以只能采用群居抱团的方式活下来。不过，人类与动物存在一个明显的差异，那就是动物的欲望是间歇性的，而人的欲望是无止境的。比如，老虎抓到一只野猪，填饱肚子后只想睡一觉，不会有更高级的需求。但是，人吃饱后还想吃好穿好，吃好穿好后又想过得快乐，这种追求几乎是无止境的。早在1844年，学者班菲尔德在剑桥大学演讲时就提出了“欲望次序法则”。他说：“每一个低级欲望的满足，会创造一个高级的愿望。”“普通食物一经有了充分的供给，就会想改良食物并注意服装。”[1]

人的欲望无止境，人类不仅希望存活下去，还希望活得更好，然而地球上的土地、资本及资源又是有限的，这该怎么办？这就迫使人类要比其他动物更加努力，猎取更多的食物和控制更多的地盘。相比野兽，人类的劣势是个体竞争力不足，想要提升战斗力就必须团结起来。而团队的战斗力，取决于大规模协作水平。所以，人类一直在努力地探索如何提高大规模协作水平。远古时期，人类以部落为单位，推举出自己的首领，首领负责带领部落狩猎、掠夺与作战。为了提升部落战斗力，首领会实行一些部落规则，比如禁止狩猎期间交配，又如为了避免近亲繁殖实行群婚制。到了农耕时代，人类的协作规模越来越大，部落逐渐演变为城邦和国家。这时，人类的生存方式也发生了变化，从原来的掠夺逐渐演变为控制。这就是人类第二阶段的生存方式——控制。

当部落控制了一片肥沃的土地后，逐渐开始安顿下来，开始搞计划生产，比如圈养剩余猎物，种植粮食。这就是最早的自然经济体。保卫领地、计划生产，是一种更高级别的大规模协作，需要更高级别的管理制度，这时城邦、国家就出现了，同时，诞生了我们今天所说的“政治学”。“政治”一词，最早来自希腊语，在《荷马史诗》中，最初的含义是城邦或卫城。在古罗马及中世纪时期，欧洲大陆上分布着许多大大小小的城邦，比如著名的雅典城邦。城邦，其实是一个以城市、邦国为中心的自然经济体，是一种计划经济模式。城邦内的所有土地及奴隶都是国王、领主或贵族的私人财产。就像我们中国西周时期，“普天之下，莫非王土；率土之滨，莫非王臣”（《诗经·小雅》），天下的土地及臣民都归周天子所有。为了保护自己的私人财产安全和统治的长治久安，国王或领主需要建立军队，建设城堡、围墙等防御工事抵御外来入侵；还需要安排土地的耕种及生产，如哪块地种植粮食，哪块地种植棉花，哪块地种植葡萄，什么时候施肥，什么时候收割，这就是农业计划经济。

春秋战国之后，中国的城邦计划经济逐渐演变为自耕农经济。自耕农经济也是农业计划经济，只是以地主及农民小个体为经营单位。政治上则从封建制演变为郡县制。我们来看一下，农耕时代的控制，与远古时代的掠夺相比，有哪些进步？

从人类生存和延续的角度来看，控制的方式远远强于掠夺的方式。远古人类靠狩猎为生，这是一项高风险工作，今天打了一只老虎回来，明天可能就被老虎吃了。而有计划的农业生产要比狩猎与掠夺风险更小、收入更稳定，更有利于人类存续。为了确保控制的稳定性，国王和领主们还在经济上、政治上以及思想上建立了一整套制度和法规。

在政治上，为了降低农业计划生产的风险，国王或领主实施一系列非常严酷的制度，以追求农业生产的高度稳定性。在古代中国封建等级制度中，职业排序是“士农工商”。在农耕时代，为什么商人的地位最低？因为商人不在农业计划经济的体系之中，他们以交易为生，经常四处游走。如果商人多了，农业人口就会减少，从而影响农业生产的稳定。所以，农耕时代一直都在打击商人，在道德上给商人贴上“无商不奸”“见利忘义”“小人”等标签。同时，实施严格的户籍制度和宵禁制度，人不能随意迁徙及行走经商，不能在夜间活动。

在思想上，为了加强控制，同样也有一整套理论配合，就像中国古代儒家提出的 “三纲五常”。农耕时代主流宣扬“性善论”，“现代经济学之父”亚当·斯密也主张“性善论”，今天我们称之为“伦理学”。但是，封建时代的道德纲常是有政治目的的。为什么农耕时代不宣传“性恶论”？主要原因是国王担心控制不了人们的“恶”。所谓“百善孝为先”，尊听“父母之命，媒妁之言”就是孝。儿女成年后，早结婚早生子，传宗接代，可以最大限度地维持家族、国家的传承，以及农业生产的稳定。所以，这种思想往往强调集体及国家利益，扼杀个人的自由与权利。不过，光有严格的思想、制度及习俗控制还不够，因为农业生产往往靠天吃饭，年成不好时，遇上个水灾旱灾，就容易发生饥荒。一发生饥荒，社会就容易混乱，掉入“马尔萨斯陷阱”。这该怎么办呢?

上面我们讲到，人类生存面临的核心问题是资源稀缺和欲望不息之间的矛盾。国王及领主想到了双管齐下的办法：一方面通过思想控制及国家机器维持生产的稳定，另一方面抑制人们的欲望。在农耕时代，不管是西方还是东方都宣扬禁欲主义，要求人们严格节制个人欲望。禁欲主义认为欲望是万恶之源，是低贱的、自私的、有害的。在中国的传统文化中，欲壑难填、贪得无厌、私欲熏心都是贬义词。禁欲主义是佛教、天主教、印度教等各大宗教的核心教义。所以，在第二种生存方式中，农耕计划经济（自然经济）与古代政治、宗教及社会伦理高度匹配，可以最大限度地缓解资源稀缺与欲望不息之间的矛盾，最大限度地延续人类社会。但是，到了近代，人类切换到了第三种生存方式，那就是交易。

近代市场起源于14、15世纪的欧洲。我们经常会有一个疑问：为什么近代市场会兴起于欧洲，而不是中国或其他国家？这个问题想要说清楚并不容易。我们可以将这个问题转化为：在什么情况下市场才会产生?

在农耕时代，在城邦内部，市场是很难生存的。因为控制与交换在本质上是对立的。自然经济本质上是计划经济，强调的是资源垄断，自给自足，拒绝交易，排斥风险。而市场经济则是自由经济，强调自由流通与公平交易，排斥控制和等级，人们以交易为生，而不是以自给自足为生。中国古代的农业生产力长期领先于全球，为什么如此发达的农业文明都没有催生出近代市场呢？其实，自然经济越发达，控制程度越高，就越不容易产生近代市场。中国宋朝的商业已经很发达了，但国家的经济主体依然是农业。宋朝商业发达只能说明当时的农业确实发达而且人口众多，作为农业的副业——商业都呈现出一片繁荣。所以，生产力的发展并不存在绝对的连续性。发达的农业生产力催生不出近代市场。当人类社会的生存方式切换到交易时，发达的自然经济体反而成了劣势、负担与绊脚石。

欧洲是如何产生近代市场的呢？

西欧近代市场的兴起，源自欧洲封建统治势力的瓦解。15世纪中期的欧洲大瘟疫、宗教改革以及北欧海盗势力，打击了天主教教会和东罗马帝国的统治势力。中世纪结束后，大航海运动、文艺复兴运动进一步冲击了城邦经济及领主势力。15、16世纪，欧洲传统社会快速瓦解，大量农民离开城邦，流离失所。这时，他们该如何生存呢？答案是以交易为生。

亚当·斯密在《国富论》中说："人类独存在交换与易货的倾向。"[2]这话值得商榷，因为，以交易为生是被迫的。上面我们讲到，人类经历了两种生存方式的转变，一种是掠夺，另一种是控制。能轻而易举地掠夺过来，谁愿意费力交换？能控制、计划生产，谁愿意冒险交易？交易，只能算是人类的第三选项。只有在难以轻而易举地掠夺、无法计划生产时，人们才会想到相互交换，各取所需。当时，欧洲城邦的世俗政府不够强大，无法形成大一统的控制势力。农民脱离了城邦流窜到各地，既没有能力掠夺，又没有土地搞农业计划经济，只能做一些手工业谋生，在集市上以交易为生。久而久之，城邦之外的集市逐渐兴旺起来变成了小城镇。欧洲最早的近代市场就兴起于佛罗伦萨、威尼斯等城镇。集镇的生产与生活，跟城邦完全不同。在城邦中，人们放弃自由、谋求稳定。在集镇中，人们以交易为生，需要承担风险，同时享受交易带来的财富与自由。

以上就是人类采用过的三种生存方式：掠夺、控制与交易。我们将这三种方式做一个对比：第一种生存方式是掠夺，遵循丛林法则，强调优胜劣汰，属于低级的、最原始的竞争手段。这种生存方式不会制造增量，只是对资源存量的掠夺，以满足自己及部落的欲望。

第二种生存方式是控制，遵循等级法则，强调计划与控制，排斥风险与交换，属于社会化的竞争手段。这种生存方式只能维持存量，为了防止存量争夺和维持稳定生存，统治者会想尽一切办法限制人们的欲望、自由与私权。

第三种生存方式是交易，遵循交易法则，强调劳工分工与自由交换，接受风险与不确定性，拒绝掠夺与垄断，属于高级的社会化竞争手段。这种生产方式最大的特点是可以创造大规模的增量，最大限度地缓解资源稀缺与欲望不息之间的矛盾。

通过比较，我们可以得出四个基本的认知：

第一，自由交易只是人类生存的第三选项。

第二，自由交易与前两种生存方式，与强取豪夺、强权压制、计划控制、行政垄断是天然对立的。

第三，自由交易与强权掠夺、计划控制可能反复交替、相互斗争。

第四，人类出现第三种生存方式，即自由交易后才诞生了现代经济学。

第一种和第二种生存方式，使用强权掠夺与垄断控制的手段解决资源稀缺与欲望不息的矛盾。这两种方式都不是追求经济增量，而是搞存量争夺。统治者的智慧大多用在了欲望压制与等级分配上，难以提高资源配置效率。这些智慧催生了传统政治学、传统宗教、传统伦理学、国家机器等。所以，我们通常说，自给自足的农业计划经济与愚民教育、自由控制、强权政治、宗教控制、等级社会是一套完整的体系。只有到了第三种生存方式，即自由交易，人类才开始通过提高资源配置效率，创造经济增量，来解决资源有限与欲望不息的矛盾。这时人类的智慧催生了经济学、近代科学、民主政治、现代法治等。所以，我们通常说，自由市场与自由思想、民主政治、法治社会、科学主义是一套完整的体系。

通过以上分析，我们了解了经济学的使命就是通过提高资源配置效率，创造社会增量来解决人类生存与发展的问题，来缓解资源稀缺与欲望不息之间的矛盾。这就是经济学对于人类的意义。

参考资料

［1］政治经济学原理，斯坦利·杰文斯，商务印书馆。
［2］国富论，亚当·斯密，商务印书馆。

经济学的内涵：欲望、努力、满足

古代社会，人类经济发展经历了“千年停滞”，几千年来，经济不增长是一种常态，增长反而是反常的。但到了16、17世纪，近代市场开始兴起，欧洲的生存方式从计划控制向自由交易切换，城邦经济衰落，工业经济兴起，社会结构快速变革，财富快速增加，人类社会进入了经济增长的反常时代。这一现象，给当时的学者造成了极大的困扰。当时的学者还没有经济增长的概念，但他们能够看到财富突然增加，商人们的财富逐渐超过了城邦贵族、领主。这让他们感到困惑，财富为什么会突然增加呢？历史上，经济学最早的研究就是围绕着财富问题而展开的。

早在公元前4世纪，古希腊哲学家色诺芬写过一本著作叫《经济论》。这本书借苏格拉底之口，讲述奴隶主如何使用农业技术及方法，提高农业收入，使家庭财富增加。这算得上是农耕时代的经济学著作。到了近代，与农耕时代不同，工业带来的财富增加是指数级的。学者们开始围绕着财富快速增加而展开研究。最早的经济学家，如英国的约翰·海尔斯、威廉·斯塔福，法国的安·德·孟克列钦，将货币等同于财富，认为金银是国家财富的唯一衡量标准。他们主张，禁止货币输出，增加金银输入。这就是“货币差额论”。后来，亚当·斯密将他们的主张概括为重商主义。晚期的重商主义者，如英国的托马斯·孟等，不主张限制货币输出，而主张发展工业与贸易，通过赚取贸易差额来获取财富。这就是贸易差额论。

历史对重商主义的评价偏负面，但是重商主义的历史贡献是不可替代的。重商主义推动人类经济重心从农业转向商业。当时，孟克列钦写了一本非常有价值的小册子，这本小册子叫《献给国王和王后的政治经济学》。在经济学历史上，孟克列钦上书是一个标志性事件，它标志着经济学正式登上历史舞台，成为精英认可的主流学说。这本书首次将“重商思想”呈现在国王面前。

在这本书中，孟克列钦第一次使用了“政治经济学”这个名词。这个词让很多国人对“政治经济学”这个词产生了误解，误以为政治经济学是政治与经济的结合。其实，“政治经济学”中的“政治”，跟我们一般理解的政治不是一个概念，可以说完全不相干。在这本书中，政治经济学是指研究国家范围或社会范围内的经济问题，特指研究的经济问题不限于色诺芬时代的家庭经济或庄园经济。亚当·斯密之后，古典主义者也沿用了政治经济学一词。这时的政治经济学与政治更是没有任何关系，所以，我们不要被这个词误导了。

回到财富这个主题。大概在1748年到1758年，重商主义的思想在英国及欧洲大陆的学者中引发了一场旷日持久的讨论。当时，学者们的讨论主要通过书信往来展开，重商主义是讨论的重点，同时对财富问题的讨论也非常广泛。经济学家大卫·休谟参与了这场讨论，他的大多数经济思想都是在这场讨论中逐渐形成的。休谟的经济主张涉及货币、税收、国际收支、私有产权、自由主义以及人性自私论等。

同一时期，法国重农学派也崛起了，并对重商主义发起了猛烈的批判。弗朗索瓦·魁奈、杜尔阁等重农学派经济学家否定财富等同于金银的主张，也否定财富源自贸易与流通。他们认为，财富源自生产，尤其是农业生产与土地。亚当·斯密在《国富论》中，将这种以土地生产物作为财富唯一来源的学说，定义为重农学派。

在亚当·斯密之前，除了休谟、杜尔阁、魁奈外，还有威廉·配第、理查德·坎蒂隆等一批伟大的经济学家。

威廉·配第创立了劳动价值论，他有一句名言，“劳动是财富之父，土地是财富之母”，他在税收、统计、货币等领域提出了开创性的主张。所以，一些人甚至将威廉·配第视为古典政治经济学之父。

坎蒂隆是一个传奇人物。他是一位金融家，在密西西比泡沫中与约翰·罗合谋赚取了暴利，成为巨富。他只留下一本著作，叫《商业性质概论》。这本书是亚当·斯密之前最全面、最系统的经济学著作。这本书开篇就讨论了财富的定义与源泉，书中涵盖价格、交换、货币、利息、银行、外汇、国际贸易、信用、国际银币流通机制、人口论、工业利润、分配理论等。

所以，在亚当·斯密之前，经济学家们围绕着财富问题而展开的讨论就已经非常全面而深入了。为了解释近代市场兴起、财富增加、贸易及工业发展，经济学家们探索了涵盖欲望、需求、劳动、价格、分工、交换、效率、资本、技术等方方面面的理论。但直到亚当·斯密出场后，这些理论才成为一个完整的体系——一个我们今天称之为经济学的体系。

亚当·斯密是半路出家的经济学家。他最早研究的是伦理学，只是在格拉斯哥大学时跟着哈奇森导师学习过一些经济学知识。此外，斯密最好的朋友休谟对斯密政治经济学思想的形成影响也非常大。斯密真正投身于政治经济学研究是在其功成名就之后。1759年，斯密发表了伦理学著作《道德情操论》，这本书帮助斯密跻身英国一流学者圈。五年后，斯密辞去了教授职位，到欧洲大陆旅行，结识了杜尔阁、魁奈等法国重农学者，后者直接改变了斯密的学术方向。1767年回到英国后，斯密投入政治经济学研究及写作。九年之后，也就是1776年，斯密出版了《国富论》。这本书的全名是《国民财富的性质和原因的研究》，依然也是围绕着财富而展开的。

斯密是一个伟大的综合者，他综合了休谟、配第、魁奈、杜尔阁等人的理论，形成了一个完整的经济学理论体系。现在一些经济学家认为，斯密的《国富论》不是原创的，而且抄袭明显、内容烦冗，缺乏对当时贸易及工业经济的论述。这种观点具有一定的代表性，但我们不能否认斯密的原创性贡献，因为系统化本身也是一种创新。《国富论》第一次将人类第三种生存方式的经济行为，系统、完整地概括出来，因此才被认定为现代经济学的开山之作，亚当·斯密也被誉为“经济学之父”。

到这里，我们就大致可以构建出一个经济学的知识框架。

第一，经济是一个基于市场交易的自然秩序。

这是一个总体认识。这个自然秩序，不是人为设计的，任何个人、任何政府、任何组织都无法制造出一个市场。换言之，经济系统是由每一个个体自发参与形成的，没有中央机构的指挥与控制。既然没有中央机构指挥，这个系统是怎么运作的呢？

第二，个人的私欲是市场秩序运行的内在驱动力。亚当·斯密使用了“看不见的手”作为隐喻，说明了市场秩序的运行是受每个人的私欲所驱动的，私欲驱动人们以自由交易来竞争资源。这里涉及经济学一个最基本的假设前提，即人性自私，每个人都为了自己的利益最大化而行事，这就是我们常说的自利原则。私欲与自利原则是一脉相承的，满足个人私欲、按自利原则选择，是市场运行的内在动力。那么，在人人都为了自己的利益最大化行事的前提下，采用哪种规则竞争资源才能满足每个人的私欲呢？

第三，市场按照“价高者得”的方式竞争资源。

因为“价高者得”最有利于提高资源配置效率，同时可以保持买卖双方最大的自由度。为什么呢？从本质上来说，以什么方式竞争资源，其实是一种激励制度。“价高者得”的方式，是以金钱作为激励手段，鼓励分工生产与自由交换。这种方式不压制人的欲望，可以刺激人们生产创造出更多的增量财富。这就是人类第三种生存方式——自由交易创造巨大财富增量的动力所在。为什么以金钱数量作为竞争标准，要比用身份、资历、平均主义的方式来分配资源更好呢？

一是以金钱数量作为竞争标准最公平。按身份、资历等级分配资源存在先天的不公平，平均主义对敢于创造者、进取者也是不公平的，这是强权掠夺与计划控制的弊端。正如哈耶克在《通往奴役之路》中所言：“只有金钱才会对穷人开放，而权力永远不会。”[1]公平是最大的激励，不公平是最大的伤害。只有公平的竞争机制才能催生出巨大的创造力。

二是以金钱数量作为竞争标准最自由。这个自由体现在两个方面：不压制欲望和不抑制创造。按身份与资历等级分配都会对欲望产生抑制，人们难以通过直接的努力来获得满足。按论文数量、专利数量分配资源也容易抑制创造，因为并不是所有人都擅长写论文、搞研发的。每个人都有自己的专长，让所有人都去做同一件事就抑制了其他方面的创造力。而金钱则不会，每个人只要参与到市场交易中，都可以凭借自己的特长与创造力获得金钱；同时可以通过金钱来购买各种商品与服务以满足自己的各种欲望。所以金钱可以最大限度地激发人们的欲望与创造。事实上，进入市场经济时代后，很多以交易为生的人，通过自己的努力，获得了最大限度的自由和更多的财富。正如哈耶克说的那样：“钱是人类发明的最伟大的自由工具之一。”[1]

三是以金钱数量作为竞争标准最高效。最高效的意思是资源配置效率最高。货币是市场交换媒介，具有很强的流动性。人们通过竞争获得货币，可以快速地购买自己想要的商品。同时，竞争得来的资产，如房产、汽车，也可以出售换回货币。以金钱数量作为竞争标准最公平、最自由、最高效，能够产生巨大的激励效果。这就是市场机制的内在动力。总体来看，“价高者得”这种机制非常神奇。在市场上，一个价格指令就可以吸引无数人加入大规模协作之中。所以，经济学中有一个极为重要的理论叫价格理论，这是美国芝加哥学派的“镇店之宝”。有人还将价格理论等同于市场理论，甚至经济学。工资是劳动的价格，地租是土地的价格，利息是资本的价格，利润是企业家的价格。工资、地租、利息和利润，都是经济学研究的重点。

第四，经济系统是一个以交换为中心、供需为两端的大规模协作体。

可以将经济系统简单概括为“一个中心，两个基本点”，先来介绍一个中心——交换。经济系统是一个大规模协作体，严格上来说是陌生人之间的大规模协作体。大规模协作的核心是交换（其实还包括计划）。国与国之间的交换，我们称为国际贸易。交换必须具备一定的条件，比如信息相对充分、你情我愿、相互满足等。简单来说就是，交易费用不能太高。为了降低交易费用、方便交易，人们在摸索中找到了中介物，那就是货币。所以，货币是市场这一大规模协作机器的润滑油。

两个基本点则是供给与需求。供给与需求不是无目的的，它们共同受交换价格的指引。基于价格的供求定律，是最基本的经济规律。

先说供给端，供给端包括分工、生产及市场要素。市场上的价格信号告诉供给端生产什么、怎么生产、为谁生产，具体来说就是人们如何分工，如何协作，投入多少市场要素，如何提高投入产出比。其中，劳动、土地、资本、技术、企业家都是市场要素。值得注意的是，这个过程完全是自发的，没有中央机构计划和控制，每个人各自根据市场价格来做出最有利于自己的决策。所以，经济学也被认为是一门研究个人最优的学问。

再看需求端。价格指引供给，同样也指引需求。价格信号告诉需求端是否购买、购买多少，具体来说就是人们如何将欲望转化为有效需求，如何权衡性价比，如何实现效用最大化。

将“一个中心，两个基本点”结合起来看，就很容易理解市场是如何运转的了。当市场价格启动发现程序后，这台大规模协作机器就开始运转，调动着无数人加入其中快速地配置资源，供给端和需求端逐渐向交易中心靠拢，并且最终达成交易。这台机器不会停歇，交易一旦达成又开始发出新的价格信号。价格、竞争、供给、风险、奖惩五种机制，不断地推动市场动态循环。但这个过程是动态均衡的，还是动态非均衡的，一直存在争议。

第五，为了维持市场交易公平性，降低交易费用，防止强权掠夺与破坏竞争，政府负责制度建设及公正执法，同时征税并提供公共用品。

第六，经济学还存在一个基石，那就是价值论。

价值的作用是衡量人们的经济行为是否产生效益。价值论回答了经济学的本源问题：财富是什么？历史上有两种价值论主张，一种是劳动价值论，另一种是效用价值论。劳动价值论认为只有商品及物资才是财富，而效用价值论则认为人们的满足感才是财富。

以上六点就是经济学的知识框架，概括起来就是：经济学研究基于市场交易的自然秩序，其中，价值论是基石，个人私欲是驱动力，“价高者得”是竞争法则，交换中心与供需两端是内核，制度与政府是围栏。

19世纪中期，法国经济学家里弗雷德克·巴斯夏给经济学下了一个定义，他说：“欲望、努力、满足——这是经济学的循环。”[2]这可能是最简洁的经济学定义。1932年，英国经济学家莱昂内尔·罗宾斯发表了一篇著名的论文《经济科学的性质和意义》。在文中，他给经济学下的定义是“系统研究各种目的与具有多种用途的稀缺手段之间关系的人类行为的科学”。[3]这是经济学最经典的定义，如今大部分教科书沿用了这一定义。

我们在学习经济学时要注意，经济学不是研究冷冰冰的“机器”，更不是研究人为设定的秩序。经济学是一门人类行为科学，研究的是有欲望、有创造力，又善变、感性的人类个体。

参考资料

[1] 通往奴役之路，弗里德里希·哈耶克，商务印书馆。

[2] 和谐经济论，弗雷德克·巴斯夏，商务印书馆。

[3] 经济科学的性质和意义，莱昂内尔·罗宾斯，商务印书馆。

Part Two
历　史

我们以凯恩斯为分界线，凯恩斯之前的理论定义为确定性的经济学，凯恩斯之后的理论定义为不确定性的经济学。

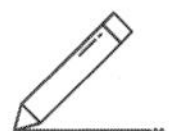

经济学的历史（一）：确定性的经济学

现代经济学有一个特点，就是学派很多，比如芝加哥学派、哈佛学派、新剑桥学派、供给学派、奥地利学派、德国历史学派、瑞典学派、凯恩斯主义、新古典主义等。不同学派的观点差异很大，有时甚至是对立的，单个经济学家的观点或言论很多时候只是经济学某一学派的观点，并不能代表整个经济学科。比如，我们有时看到新闻标题称“经济学家支持扩大消费、刺激经济”，很多人就认为经济学是支持刺激经济的，但其实这种说法是不准确的。因为刺激经济主要是凯恩斯主义者的观点，并不是所有经济学家都支持这种主张。如果没有系统地学习了解，我们就很难搞清楚各个学派的主张以及它们之间的区别，这给初学者们学习经济学带来了极大的困扰。下面几章内容，我们就简单梳理一下经济学的历史，介绍各主要经济学流派及其主张。现代经济学发展到今天差不多有三四百年的历史，我们以凯恩斯为分界线，凯恩斯之前的理论定义为确定性的经济学，凯恩斯之后的理论定义为不确定性的经济学。

首先，我们从经济学的源头开始，学习确定性的经济学历史。很多人知道，现代经济学的开创者是亚当·斯密，他的代表作是《国民财富的性质和原因的研究》，简称《国富论》。他被称为现代经济学之父或古典政治经济学之父。但实际上，在亚当·斯密之前，虽然经济学还没有成为一门独立的学科，但这个领域已经出现了很多杰出的人物。主要包括威廉·配第、大卫·休谟、理查德·坎蒂隆、弗朗西斯·魁奈、布阿吉尔贝尔，等等。马克思认为，威廉·配第才是政治经济学之父。而奥地利学派则推崇理查德·坎蒂隆为现代经济学之父。在斯密之前，欧洲已经出现了两大学派：重商学派和重农学派。斯密的《国富论》中所涉及的多数内容，在这两大学派以及其他主要经济学家的作品中已经出现过了。不过，我们还是坚持主流观点，认为斯密才是现代经济学的开创者。

根据主流观点，我们将斯密之前的政治经济学家称为“古典政治经济学先驱”。为什么这些先驱在当时会去研究经济问题呢？我们将时间的指针拨回到16、17世纪。当时，地理大发现刺激了欧洲贸易的兴旺，西欧地区的资本主义迅速发展。西欧小城镇、港口兴起，一些手工业者、贸易商财富日益增加，西班牙等贸易国的财富快速膨胀。这个时候，财富突然大幅增加，给欧洲的学者带来了极大的困扰。在此之前，不管是欧洲还是东方，财富总值几乎是恒定的，经济效率一千多年来几乎没有变化。换言之，经济增长、财富增加，在当时来看，是一个特例。所以，当时欧洲的学者们开始围绕着财富展开研究：财富是什么？财富为什么会增加？这两个问题，至今也还是经济学领域最为本源的问题。

最开始登场的是重商主义者。当时，英法学者通过观察发现，贸易尤其是国际贸易使财富增加，他们认为贸易带来的货币就是财富。所以他们建议政府使用强制的手段禁止金银输出，主张通过多卖少买的方式，积累金银，增加国家财富。这种理论叫“货币差额论”。持有这种观点的英法学者有威廉·斯塔福、约翰·海尔斯、孟克列钦等，他们是早期的重商主义者。后来，托马斯·孟、柯尔贝尔等学者放弃了货币差额论，提出了贸易差额论。虽然，他们依然认定货币就是财富，但他们主张采用扩大贸易顺差的方式来积累金银，而不是强硬地限制金银出口。他们是晚期的重商主义者。

我们今天一提到重商主义，就会想到贸易保护主义，对它的评价基本都是负面的。客观来说，重商主义者的问题的确很明显，他们没有深入理解到财富的本质，仅仅将货币视为财富。他们主张限制金银出口、限制贸易的做法，也不利于经济增长和财富增加。但是，在那个时代，重商主义仍然有其进步意义。从历史的角度来看，重商主义至少有以下两大价值。

第一大价值是让人们开始重视商业。

在此之前，人类社会是农耕社会，经济关注的是农业问题。古希腊哲学家色诺芬撰写了人类历史上第一本专门研究经济问题的著作《经济论》。这本书讲述的主要内容就是农业技术及奴隶主的家庭事务管理。到了重商主义时代，资本主义开始兴起，重商主义让人们开始重视商业、贸易以及随之而来的巨大财富。这一点对推动历史进步非常重要。18世纪美国建国后，美国的开国者们还在辩论，未来国家主要的发展方向是商业还是农业，其中杰斐逊、麦迪逊等人都主张发展农业，他们希望将美国建设成为一个田园牧歌式的农业国家。

第二大价值是推动经济学成为一门独立学科。

色诺芬的《经济论》最早将经济定义为“家庭事务管理”。到了1615年，法国重商主义者孟克列钦给国王递交了一本册子，叫《献给国王和王后的政治经济学》。孟克列钦认为，商业是国家活动的基础，国王应该保护商人的利益，促进国家财富增加并保障国民生活。从此以后，经济学突破了家庭事务管理的范畴，上升到了国家如何增加财富，国民如何增加收入的层面。1775年，卢梭为法国的《百科全书》撰写了“政治经济学”条目，把政治经济学和家庭经济区分开来，这说明政治经济学开始作为独立的学科而兴起。后来，政治经济学的名称及其内涵被一直沿用了下来，比如萨伊的《政治经济学概论》、斯图亚特·穆勒的《政治经济学原理》，书名都用了政治经济学一词。斯密在《国富论》中也强调，政治经济学的目的是“富国裕民”。

所以，重商主义对经济学的发展做出了一定的历史贡献。但到17世纪，西欧发生价格革命，大量金银输入，物价上涨，西班牙囤积的大量黄金贬值，财富蒸发。这让重商主义者的金银财富观破产，也引发了欧洲学者的反思。18世纪中期，欧洲学者们以开会、书信的方式讨论、批判重商主义。有学者考证，这段书信往来的讨论时间可能长达十年之久。这段时间的讨论碰撞出了大量政治经济学理论和思想。英国思想家大卫·休谟也参与其中，他的政治经济学主张主要就是通过这种方式形成的。

这个阶段，重农学派崛起了，重农学派的主要代表人物包括杜尔阁、魁奈、杜邦。魁奈是法国宫廷御医，杜尔阁曾担任法国财政大臣，而这个杜邦正是后来美国杜邦家族的老杜邦。老杜邦晚年认识了美国总统杰斐逊，然后举家移民到了美国，他儿子在美国创立了杜邦公司。

重农主义者与重商主义者不同，他们认为财富来源于农业，并基于农业特性提出了自然秩序论，认为经济社会与自然界一样存在客观的规律。斯密在《国富论》中将魁奈、杜尔阁等人的学说定义为“农业体系”，即一种“把土地生产物看作各国收入及财富的唯一来源或主要来源”的学说。

魁奈的代表作是《经济表》，他在这本小册子中试图用经济循环图将自然秩序表述出来。杜尔阁在经济学史上的地位也很重要，他撰写了《关于财富的形成和分配的考察》一书。经济学家熊彼特非常推崇杜尔阁，他认为杜尔阁这本书中的理论比斯密的《国富论》更胜一筹。魁奈去世后，杜尔阁受到了法国大革命的冲击，杜邦又移民美国，重农学派很快就衰落了。斯密出版《国富论》后，斯密学说就彻底取代了重农主义。不过，重农学派在经济学历史上的地位很重要，这个学派推动了政治经济学体系的完善，推动了斯密学说的诞生。

可能有人会感到奇怪，政治经济学研究的是市场经济，为什么一个重视农业的学说对政治经济学如此重要？而重商主义却成为政治经济学的批判对象？这主要有两个方面的原因：

一是虽然重农学派过度重视农业，与时代有些脱节，但这个学派提出了“自然秩序”，这是经济学史上首次提出“社会经济规律”的概念。之后，政治经济学都是在这个基础上延展开来的。需要尊重社会经济的客观规律，不得干预它，这就引申出自由主义，以及在此框架下的私有财产、贸易自由、劳动者的人身自由等。

二是重农学派对斯密的影响很大。斯密原本是格拉斯哥大学的伦理学教授。1759年，斯密出版了《道德情操论》，这本书让他成为英国一流学者。在欧洲旅行期间，斯密结识了重农学派的魁奈和杜尔阁。1776年《国富论》正式出版。《国富论》让斯密走上了神坛，成为现代经济学的开创者。但在斯密之前，还有几位古典政治经济学先驱值得介绍，他们分别是大卫·休谟、威廉·配第和理查德·坎蒂隆。

大卫·休谟是英国启蒙思想家，政治经济学只是他学术成就中的一小部分而已。他是斯密最亲密的朋友，两人之间的书信往来十分频繁。可以说，休谟的政治经济学思想对斯密的影响是极为深刻的。休谟是以人性自私论为基础构建自己的政治经济学思想体系的，他认为个人欲望是劳动的动力，斯密学说吸收了这个理论。此外，休谟最著名的理论是价格－铸币流动机制，这也是最早的国际贸易收支理论。

威廉·配第被认为是英国政治经济学之父、统计学创始人、最早的宏观经济学者。他生活的年代要比斯密早100年。配第涉猎的范围非常广泛，包括税收、货币、土地、贸易等。他提出的最著名的理论是税收理论及劳动价值论。他有一句广为流传的名言："劳动是财富之父，土地是财富之母。"这句话体现了劳动价值论主张。劳动价值论是斯密学说的基石，也是整个政治经济学的基石。由此可以看出威廉·配第的重要性。

理查德·坎蒂隆是一位金融投机家，他在密西西比泡沫中赚了一大笔钱。坎蒂隆一生就写了一本书，叫《商业性质概论》。书中涉及的内容非常广泛，包括财富、人口、价格与价值、货币、交换、对外贸易、银行及信用等。这本书被认为是斯密之前对政治经济学的理论和实践问题所做的第一次系统、全面的论述。后来的英国经济学家杰文斯极力推崇坎蒂隆的《商业性质概论》，认为这本书是"关于经济学的第一篇论文"。杰文斯如此推崇这本书，让这本书的历史地位迅速上升。奥地利学派甚至认为，坎蒂隆才是现代经济学的开创者。

介绍完斯密之前有影响力的经济学家，下面我们详细地介绍斯密。亚当·斯密是一个传统的学者，他在临终前命人烧毁了他大部分的学术文章和讲义。所以，后人对斯密的私生活及学术研究知之甚少。

斯密创作的《国富论》是公认的现代经济学开山之作，这本书长篇大论，内容丰富，史料和数据充分。斯密在书中详细论述了包括劳动、价值、地租、货币、贸易、税收、政府行为等一系列政治经济学的内容。其中，有四个理论最为重要：一是劳动分工，休谟、杜尔阁、曼德维尔、哈里斯、配第以及斯密的老师哈奇森都论述过分工；二是自利思想，休谟和曼德维尔有过类似表述，休谟是人性论大师，曼德维尔在《蜜蜂的寓言》中对自利的表述更加生动与贴切；三是劳动价值论，威廉·配第是开创者及经典表述者；四是自由贸易，这是重农学派、休谟、坎蒂隆等大部分古典政治经济学先驱坚持的观点。

从以上可以看出，斯密大部分重要观点都不是原创的，那么，斯密何以称得上“现代经济学之父”呢？奥地利学派的罗斯巴德称斯密是“一个剽窃成瘾的学者”，这个评价是否过于极端？我们该如何客观地评价斯密的学术地位呢？

客观来说，一个学科的开创者，要么是一个伟大的综合者，要么是一个体系的独创者，抑或二者有之。从这个角度看，在古典政治经济学的先驱中，只有坎蒂隆可与斯密一争高下。那么，坎蒂隆的《商业性质概论》和斯密的《国富论》，哪个更胜一筹呢？如果细读《国富论》就会发现，在学科体系构建方面，斯密要强于坎蒂隆。在《国富论》中，斯密将古典政治经济学先驱的理论进行了综合，对各个模块的理论有所取舍。最关键的是，斯密从哲学的高度，将这些模块构建成一个完整的体系：基石是劳动价值论，根本驱动力是人性自利，增长动力是劳动分工与市场交换。在市场体系中，资本要素投入，形成利率；劳动要素投入，形成工资；土地要素投入，形成地租；货币在其中起到媒介作用。可以说，斯密学说的最大价值是发现了市场机制，并且围绕市场机制构建了完整的理论体系。而市场机制则是现代经济学的核心部分。再看《商业性质概论》，这本书涉猎内容虽然也很广泛，但体系的完整性不如《国富论》。当然，还有一些其他因素。斯密的身份毕竟是英国的顶级学者，治学方面更加严谨，《国富论》在形式上更像开宗立派之学。所以，学术圈与贵族圈对斯密学说大加追捧。而坎蒂隆则是一名金融投机家，在密西西比泡沫中大赚一笔后已声名狼藉。

当然，坎蒂隆的《商业性质概论》的原创性要比《国富论》更强，其中更闪烁着丰富的经济智慧。仅“坎蒂隆效应”就足以看出坎蒂隆的睿智。

但无论如何，《国富论》的出版，标志着现代经济学的诞生，人类开始打开了认知经济世界的大门，政治经济学大师风云际会，纷纷登上历史舞台。

经济学的历史（二）：确定性的经济学

古典政治经济学的先驱基本上都来自英国和法国这两个国家。主要原因是当时的英国和法国是欧洲的经济强国，也是学术中心。亚当·斯密在1776年出版了《国富论》，标志着现代经济学诞生。从此，斯密学说的光芒覆盖了法国的重农主义，英国政治经济学开始独占鳌头。

英国政治经济学的兴起，源自其开放的学术环境。在苏格兰启蒙运动的推动下，英国自由主义成为一股潮流。斯密学说也是英国自由主义的一部分，所以我们通常说古典政治经济学是自由主义学说。政治经济学在英国崛起，与工业革命在英国率先爆发也是分不开的。斯密学说解释了资本主义，而工业革命正好又印证了斯密学说，如此相辅相成。所以，从斯密开始，英国的局面就打开了，政治经济学开始进入大师辈出的时代。斯密之后最著名的大师便是大卫·李嘉图。

李嘉图是证券经纪人出身，年轻的时候就赚了一大笔钱，实现了财务自由。他在27岁时阅读了斯密的《国富论》，被书中的经济理论深深吸引，开始了政治经济学的研究。但是，李嘉图写作天赋不强，不过幸好他得到了另一位古典政治经济学家詹姆斯·穆勒的帮助。在穆勒的督促下，李嘉图坚持学习、写作，终于在45岁时出版了著名的《政治经济学及赋税原理》，算是大器晚成。

很多人只知道李嘉图的比较优势理论，这个理论很好地解释了国际贸易的经济学原理。但比较优势理论只是李嘉图的研究成果之一，事实上他是古典政治经济学的集大成者，在货币、土地、工资、利息、税收、国际贸易、劳动分工等政治经济学的方方面面，李嘉图都有着深入的研究及独到的见解。李嘉图还能通俗易懂地将古典政治经济学理论传播给大众，同时他还以社会活动家、议员的身份影响着英国上层精英的思想及法律变革。他曾经参与了英国《谷物法》存废的论战，他的立场是坚持自由贸易，主张废除《谷物法》。在李嘉图去世20多年后，这项法律被废除了。《谷物法》被废除是一个标志性事件，代表着英国彻底进入自由贸易时代。所以，人们从李嘉图身上看到了古典政治经济学的理论正在帮助英国变得更好。

与李嘉图处于同一个时代的古典政治经济学大师还有马尔萨斯。提到马尔萨斯，人们就会想起他的人口理论以及“马尔萨斯陷阱”。很多人崇拜马尔萨斯，也有很多人憎恶他。后来他的预言没能实现，所以一些现代人对其嗤之以鼻。但是，这不妨碍马尔萨斯作为一名古典政治经济学大师而存在。马尔萨斯与李嘉图是好朋友，他与李嘉图一样对政治经济学的方方面面都有着深入的研究，但两人几乎在任何问题上都存在争论。且争论一世，互不妥协。

在李嘉图时代，英国还有一些著名的经济学家，如西尼尔、边沁等。边沁是一位启蒙时代的哲学家，他在经济学领域开创了功利主义学派，他的主张对后来的边际主义及凯恩斯主义影响很大。

说完英国，我们接着介绍法国的政治经济学家。法国的古典政治经济学一方面吸收并传播了斯密学说，另一方面则与英国古典政治经济学有着重要的差异。

我们首先介绍西斯·蒙第。西斯·蒙第与李嘉图生活在同一时代，是法国政治经济学体系的创建者。最开始，西斯·蒙第接受了斯密学说并在法国传播，但是法国大革命和英国的经济危机改变了他的一些想法。在法国，生产者多是小手工业者和自耕农，他们在法国大革命和经济危机中遭受冲击。在目睹了这些人的惨状后，西斯·蒙第提出了一些新的主张，对斯密和李嘉图学说提出了挑战。他认为，古典政治经济学应该研究人而不是研究财富，反对英国的绝对自由主义，强调消费先于生产。同时，西斯·蒙第认为，只让市场分配财富会造成贫富差距，他是最早断言经济危机存在必然性的经济学家。经济学史一般将西斯·蒙第的主张定义为小资产阶级经济浪漫主义学说，他最著名的作品是《政治经济学新原理》。

与西斯·蒙第同时代的法国经济学大师还有萨伊。但与西斯·蒙第不同，萨伊在法国积极拥护和传播斯密学说，对斯密学说的解释颇为通俗化、系统化。萨伊最著名的理论是萨伊定律，通常的解释是“供给创造自己的需求”。这句话是什么意思呢？萨伊认为，产品销售不好，不是需求出了问题，而是供给出了问题，也就是生产者没有创造出消费者需要的产品。萨伊定律很容易被误解，当时西斯·蒙第、李嘉图都反对他。不过，萨伊是法国古典政治经济学的一座高山，他编写的《政治经济学概论》以及萨伊定律对欧洲大陆的影响长达百年之久。

继萨伊之后，我们再来介绍巴斯夏。巴斯夏是斯密学说的坚决拥护者，他在法国及欧洲大陆积极传播自由主义。巴斯夏的特点是对古典政治经济学理论的解释和阐述都非常通俗易懂，他的文笔生动幽默，写过很多广为流传的文章，如《看得见的与看不见的》。巴斯夏关注人的经济行为，将市场解释为自发秩序，所以他也被许多人认为是奥地利学派的思想先驱。

综合以上所述，虽然英法学者基本上都坚持自由主义主张，但他们的理论存在明显的差异。这个差异跟两国当时的国情有直接关系。那个时代还处于第一次工业革命时期，这时英国的资本主义发展是比较顺利的，逐渐形成了大贸易商、大资本和工业生产体系。但是，法国是传统农业国，小手工业者和自耕农是主要的生产者。另外，法国大革命极为混乱，延续的时间很长，对法国学者的思想冲击也很大。所以，西斯·蒙第对英国政治经济学中宣扬的自由主义表示怀疑。萨伊和巴斯夏虽然坚决捍卫自由主义，但其实也有部分大革命及社会运动的斗争成分。

另外，在李嘉图时代，英国已出现了过剩性经济危机，市场从卖方开始转向了买方。李嘉图等英国学者虽然还是坚持斯密学说，从生产端思考经济问题，主张劳动价值论，但萨伊、巴斯夏等法国学者已经开始从消费端思考问题了，他们认为消费才是经济活动的开端。萨伊是经济学史上第一个将消费正式纳入经济学理论体系中的经济学家。也因为如此，萨伊没有采纳劳动价值论，而是以效用价值论为基石来构建萨伊学说。这是一个非常重要的区别。从消费端出发，关注人在经济活动中的感受、价值与行为，这是法国政治经济学有别于斯密和李嘉图学说的重要之处。总体来说，法国学者对经济系统的观察和解释更加细腻，逻辑更加自洽。

最后，还需要介绍一位英国的古典主义大师斯图亚特·穆勒。斯图亚特·穆勒是詹姆斯·穆勒的儿子，老穆勒虽然自己在学术上没有那么大的影响力，但他培养出了李嘉图和自己的儿子这两位古典主义经济学大师。小穆勒是古典政治经济学最后一位集大成者。在他父亲的严格管教下，小穆勒从小便接受了系统的政治经济学训练。小穆勒吸收了古典政治经济学大师们的思想，对古典政治经济学完成了一次高度的综合，出版了《政治经济学原理》一书。这本书在经济学历史上的地位很高，是影响经济学教育达半个世纪之久的教科书。同时，小穆勒还是一位自由主义哲学家，撰写了著名的《论自由》。

小穆勒出版《政治经济学原理》的那一年，正好是1848年，欧洲爆发了前所未有的革命与社会运动。当时，资本主义经济已相当发达，但是社会矛盾却极为尖锐，贫富差距巨大，工人工作环境恶劣，工人运动此起彼伏。古典政治经济学宣扬自由主义，认为市场能够给社会带来普遍的财富，个体逐利可以导出社会集体福利最大化的结果。但是，残酷的现实摆在眼前，古典政治经济学陷入了困境。

接下来怎么突破？

19世纪中期，欧洲各种思潮涌动，马克思主义、社会主义、无政府主义对古典政治经济学构成挑战。最终，边际主义突出重围，接过了古典政治经济学的火炬。边际主义的代表人物是“边际三杰”，他们分别是英国的威廉姆·斯坦利·杰文斯、奥地利的卡尔·门格尔及法国的里昂·瓦尔拉斯。这三位经济学大师几乎在同一时间各自独立发表了边际理论。杰文斯在1871年出版了《政治经济学理论》，门格尔也在1871年出版了《国民经济学原理》，瓦尔拉斯的《纯粹政治经济学要义》是在1874年出版的。这三部巨著引爆了一场经济学革命，被称为边际革命。

边际革命的爆发意味着古典政治经济学的终结，经济学进入了新古典主义时代。所以，经济史学家通常将1871年作为古典政治经济学与新古典主义的分界线。同时，学科名称也去掉了“政治”两个字，从政治经济学变为经济学。

新古典主义与古典政治经济学有什么区别？

我们先从边际这个概念说起。边际，是数学中变动率的意思，指自变量增加所引起的因变量的增加量。这个概念听起来有点烧脑，经济学怎么引入了数学的概念？原因是在19世纪下半叶，欧洲学术圈出现“物理主义”运动，大规模地引入数学分析方法，经济学也不例外。瓦尔拉斯是经济学物理主义运动最积极的推动者，他使用数学分析方法开创了一般均衡理论。门格尔、杰文斯同样也引入了数学分析方法。所以，新古典主义在思想上继承了古典政治经济学的理论，同时还运用数学分析方法构建了强大的均衡范式。

亚当·斯密的《国富论》发现了市场机制，自由竞争的市场可以高效地配置资源。但是，斯密只探索到分工，没有往劳动者、技术方面去深入探究。到了李嘉图时代，李嘉图等经济学家构建了比较完整的市场范式，即将资本、土地及劳动投入市场中，可以分别派生出利息、地租与工资。边际主义者在李嘉图学说的基础上，使用了数学分析方法，构建了市场均衡范式。在均衡范式中，市场就像一只黑箱，只要往里投入生产要素，如劳动、资本、土地，就能够有产出。他们假设技术水平不变，这台机器便循环运转，自动调节达成均衡。至于市场是怎么运作的，增长的动力是什么，他们并不关注。

除了引入数学方法，边际主义与古典政治经济学在理论基础上还有一个根本性的区别。古典政治经济学是以劳动价值论为基础的，而边际主义则是以效用价值论为基础的。其中，边际效用递减规律是边际主义最著名的理论。边际主义正是用效用价值论才解释了古典政治经济学的内在矛盾。李嘉图学说建立在劳动价值论基础上，但劳动价值论却容易引发剥削理论。因为劳动价值论主张只有劳动才创造价值，所以马克思等学者运用劳动价值论推导出剥削理论，认为资本家剥削了工人创造的剩余价值。如此，古典政治经济学实际上进入了死胡同。边际主义则跳出了这个“陷阱”。在边际主义时代，买方市场逐渐形成，劳动价值论已无法解释消费效用。所以，边际主义果断地抛弃了劳动价值论，启用了效用价值论，化解了理论危机。

边际革命之后，英国出现了一位新古典主义大师阿尔弗雷德·马歇尔。马歇尔是一位综合大师，他综合了边际主义与古典政治经济学的理论，在1890年出版了著名的《经济学原理》。《经济学原理》是经济学中最为经典的教科书之一，凭借这部著作，马歇尔成为新古典主义时代的领袖。他在剑桥大学创立了世界上第一个经济学系，他创立的新古典理论也长期占据着经济学的主导地位。那时的剑桥大学是欧洲经济学的学术中心，桃李满天下，福利经济学的创始人庇古便是马歇尔最得意的门生，凯恩斯也曾在剑桥大学师从马歇尔。

从马歇尔开始，经济学的理论大厦建成，形成了一套完整的理论体系。马歇尔的均衡价格理论很好地解释了市场均衡范式的运行规律，构成了经济学最为核心的部分。但是，马歇尔的光芒并没有遮挡新古典主义时代的百花齐放。新古典主义时代是开宗立派的时代，除了马歇尔的剑桥学派，门格尔创立了奥地利学派，代表人物有庞巴维克、维塞尔、米塞斯、哈耶克等；瓦尔拉斯则创立了洛桑学派，有名的后继者有帕累托、巴罗尼、兰格、里昂节夫；还有杰文斯，他虽然没有开宗立派，但不能忽视其历史地位。杰文斯是一个天生的“收藏家”，热衷于搜寻历史学者的经济学作品。正因为他的收藏爱好，才挖掘出了坎蒂隆、库尔诺、戈森等经济学家的价值。

到这里，确定性的经济学的历史我们就基本学习完了，确定性的经济学的历史主要内容包括古典政治经济学和新古典主义两大流派。接下来我们学习不确定性的经济学的历史。

经济学的历史（三）：不确定性的经济学

到20世纪初，经济学进入了一个比较完善的阶段，新古典主义的均衡范式已经很完整了。但是，第一次世界大战撕开了经济学的口子。为什么这么说呢？

新古典主义经济学家继承了斯密的思想，他们通过数学分析将经济运行描述成一个均衡完美的范式：任何人加入市场中都会变得更好，国家也会变得更好。人人追逐自己的利益，可以导出社会福利最大化的结果。但是，第一次世界大战打破了经济学家们的幻想。欧洲众多国家参与了第一次世界大战，战争规模及死亡人数前所未有，生灵涂炭，经济倒退，经济学家描述的人人都会变好的完美世界被战争击溃了。经济学理论面临大变革。

1916年，第一次世界大战期间，美国康奈尔大学的弗兰克·奈特博士发表了他的博士论文《风险、不确定性和利润》。奈特在文中指出，理论中的竞争条件与现实中的竞争条件并不一致。在此基础之上，他从不完全竞争的角度，引入了不确定性的概念。不确定性概念的提出让这篇论文具有划时代的意义。

在此之前，新古典主义将市场视为完全竞争市场，一般均衡、帕累托最优的假设都是建立在市场要素自由流通的前提下的。但是，奈特发现现实中的竞争条件并不是这样的，现实的市场是不完全竞争的，这种不完全竞争存在不确定性和风险，而企业恰恰就是通过这种不确定性获利的。这篇文章更重要的贡献是关注到了不完全竞争及不确定性，这对新古典主义的确定性的均衡经济学理论提出了挑战。从此，经济学开始出现了不确定性的思想。

什么是确定性的经济学？什么又是不确定性的经济学？

为了更好地理解两者的区别，我们可以将经济学与物理学相比较。确定性的经济学主要指古典政治经济学和新古典主义。斯密开创政治经济学时，深受牛顿均衡宇宙观的影响。到了新古典主义时代，瓦尔拉斯等人在经济学领域发动了“物理主义”运动，他们想要将经济学建设成为一门像经典物理一样均衡的科学。在确定性的经济学中，市场是完全竞争市场，像一台均衡的高效机器，人与资本、土地一样，都属于原子式的东西，没有任何特殊性，将生产要素加入均衡机器中，便可导出福利最大化的结果。概括起来，确定性的经济学思想包括自由市场、自由经营、自由竞争、自动调节、自动均衡，其核心就是自动均衡。1890年，马歇尔的《经济学原理》出版，标志着确定性的经济学达到巅峰。

几乎在同一时期，物理学家们也认为当时的经典物理学已经完全可以解释所有的物理现象了。1900年，英国物理学家威廉·汤姆生在英国皇家学会上发表了《在热和光动力理论上空的19世纪的乌云》的演讲。他在回顾物理学辉煌历史时表示，物理大厦已经建成，所剩的只是一些装饰工作。他的这种自我感觉良好的状态与当时的经济学家们非常相似。他没想到的是，物理学的理论革命已经近在眼前。

经济学科也是一样，第一次世界大战动摇了经济学家们的均衡思想，剑桥大学一些年轻的师生们经常在一起讨论，对马歇尔的经济学理论提出质疑。就连马歇尔最得意的门生庇古在一定程度上也背离了新古典主义思想。庇古在1920年完成的《福利经济学》中提出了市场失灵的观点，认为需要通过政府干预才能达到帕累托最优。

到了20世纪30年代，世界性的大萧条长期持续，彻底击垮了新古典主义。因为在新古典主义的理论中，长期大萧条是不可能出现的。原因很简单，新古典主义是均衡的、确定性的学说，这种学说认为，经济危机爆发后，市场供给及价格机制可以自动调节，让经济逐渐复苏，市场恢复均衡。但20世纪30年代的大萧条长期持续，意味着市场自动调节的功能丧失了，新古典主义的理论基础也就不存在了。所以，在大萧条期间，新古典主义经济学家们都蒙了，开始怀疑人生，怀疑过去推崇的自由市场信仰是否正确。欧美国家大量的失业工人走上街头，渴望得到救助，渴望改变现状。政府官员面对大规模的失业和工厂倒闭，也束手无策。这个时候，经济学家们需要在学术上解释大萧条，然后提出实用主义的方案。解释大萧条就意味着要推翻均衡范式。这时，剑桥大学的学者们又冲在了最前面，纷纷发表颠覆性的言论，其中，英国经济学家约翰·梅纳德·凯恩斯最为出色。

凯恩斯出生于上流社会家庭，在剑桥大学师从马歇尔。不过，凯恩斯有些离经叛道，对马歇尔学说不是很认同，同时，他也渴望出人头地。他抓住了大萧条的机会撰写了著名的《就业、利息和货币通论》，简称《通论》。这本书标志着新古典主义的终结，也标志着确定性的经济学的终结，开创了宏观经济学和不确定性的经济学。所以，凯恩斯也被誉为宏观经济学之父，他开创的不确定性的经济学，堪称一场革命，史称凯恩斯革命。

凯恩斯首先解释了大萧条的根本原因，即经济为什么会崩溃，均衡经济学为什么会失败。他提出了三大心理定律——边际消费倾向递减、资本边际效率递减以及流动性偏好，推导出有效需求不足，经济定然走向崩溃。以边际消费倾向递减为例，凯恩斯提出，收入越高，消费占比越少，储蓄、投资占比越多。这样，经济越发展，有效需求就越不足，这会让经济萎缩，甚至崩溃。这个推断打破了新古典主义的均衡理论。在提出了大萧条的根本原因后，接着凯恩斯又开出了自己的药方。他的解决方案是政府干预经济，通过财政政策、货币政策，加大投资，增加有效需求，挽救市场失灵，促进经济复苏。

实际上，在《通论》出版之前，美国罗斯福总统就已经借鉴了苏联的计划经济开始推行国家干预的经济新政。但是，当时这个政策缺乏权威的经济学理论基础。而凯恩斯的《通论》正好给罗斯福新政和国家干预主义提供了理论支撑。在当时绝望的大萧条期间，《通论》就像一盏明灯，照亮了欧美世界以及经济学的前进之路。于是，各国政府纷纷推行国家干预来救市，古典主义经济学家也纷纷加入凯恩斯主义阵营。从大萧条到20世纪70年代滞胀危机，凯恩斯主义统治了经济学长达40年之久。

凯恩斯的追随者众多，但并不是铁板一块，主要可以分为两大阵营：一是英国新剑桥学派，以琼·罗宾逊夫人、卡尔多、斯拉法为代表；二是新古典综合学派，以汉森、萨缪尔森、希克斯为代表。这两个学派虽然都属于凯恩斯主义，但是相互对立，都认为对方是伪凯恩斯主义。

英国新剑桥学派成员多数都是剑桥大学的教授、马歇尔和庇古的徒子徒孙，但是，他们选择与自己的导师决裂，组成了新剑桥学派。新剑桥学派的思想比较极端，否定了包括马歇尔、瓦尔拉斯在内的一切新古典主义学说。但是，因为凯恩斯学说缺乏长期动态分析，也没有价值论和分配理论，所以，他们又将李嘉图的理论搬了出来，主张回归古典政治经济学。新剑桥学派的代表人物斯拉法是凯恩斯的忠实信徒，他在剑桥大学长期整理和研究李嘉图的学说。他著有一本非常著名的小册子，叫《用商品生产商品》。新剑桥学派另一位代表人物罗宾逊夫人是凯恩斯的同事，是经济学史上最杰出的女性经济学家。罗宾逊夫人最著名的学术成就是在大萧条期间出版的《不完全竞争经济学》，这本书否定了新古典经济学关于完全竞争的假设，转向了不完全竞争的研究。这本书出版的时间甚至比凯恩斯的《通论》更早。

与罗宾逊夫人同年推出的相似理论，还有美国经济学家爱德华·哈斯丁·张伯伦出版的《垄断竞争理论》。张伯伦认为，实际的市场既不是完全竞争的，也不是垄断的，而是这两种因素的混合。罗宾逊夫人和张伯伦的理论构成了垄断竞争论。张伯伦后来对哈佛学派的开创还起到了重要作用。

罗宾逊夫人在20世纪30年代末开始研读马克思主义经济理论，左翼学术的思想逐渐显现。1973年，她与英国经济学家约翰·伊特韦尔共同撰写了《现代经济学导论》。在这本书中，罗宾逊夫人表现出很强烈的阶级斗争思想。她使用了斯拉法在《用商品生产商品》一书中的分析方法，得出了相似的结论，即“在经济增长过程中，工资和利润在国民收入中所占的相对份额将朝着不利于工人的方向发生变动”。于是，她主张国家干预，来促使收入均等化。因此，她以及新剑桥学派又被称为“凯恩斯左派”。

凯恩斯主义的另一大阵营是美国的新古典综合学派，这个学派的创始人是阿尔文·汉森。汉森在罗斯福新政期间担任过政府经济顾问，在美国经济学界的地位很高。《通论》发表后，最开始在美国经济学家圈中影响有限。1941年，汉森出版了《财政政策与经济周期》，这本书论证了凯恩斯学说，从此，凯恩斯主义开始在美国形成燎原之势。

汉森是一位非常出色的教授，一生培养了很多优秀的学生，其中最著名的是保罗·萨缪尔森。萨缪尔森最开始是反对凯恩斯主义的，但是在汉森的影响下，他成为凯恩斯主义的集大成者。1939年，萨缪尔森在《通论》的基础上，结合乘数论和加速原理，发表了他的第一篇凯恩斯主义思想的论文，叫《乘数分析与加速原理的相互作用》。这篇文章说明了国民经济运行的不确定性，解释了经济周期波动现象及金融的脆弱性。萨缪尔森还试图效仿马歇尔，对经济学进行一次综合。他将新古典主义定义为微观经济学，将凯恩斯主义定义为宏观经济学，他编写的《经济学》，是目前世界上流传最广的教科书。这本书深刻地影响了世界各大高校经济学系的学生对经济学的认知。

新古典综合学派还有一位重量级人物叫约翰·希克斯。希克斯曾经为凯恩斯的《通论》写过一篇著名的书评，叫《凯恩斯先生与古典学派》。希克斯天赋很不错，他将新古典主义的无差异曲线、序数效用论、瓦尔拉斯的一般均衡理论相结合，建立了消费者预算约束线与无差异曲线，还创立了自己的价值论，填补了凯恩斯学说的价值论基础。希克斯是宏观经济学微观化的最早开拓者，他将凯恩斯学说模型化，建立了著名的希克斯－汉森模型（IS-LM模型），这个模型成为之后凯恩斯主义最为核心的理论部分。

到这里，我们就基本上介绍完了凯恩斯及凯恩斯主义的两大阵营。第二次世界大战后，凯恩斯主义在经济学领域处于绝对的统治地位。更重要的是，凯恩斯主义深刻地影响了政府的经济政策，改变了政府、经济学家以及普通人对经济运行规律的普遍认识。

总体来说，凯恩斯主义打开了经济学研究者的视野，以更加宏观的角度认识经济系统，让世人关注到了市场的不完整性。这是一种研究不确定性的经济学，更符合经济现实。但是，市场的不完整性、不确定性是如何形成的？市场为何失灵？这些问题凯恩斯主义者并没有深入分析。虽然，以萨缪尔森、希克斯为代表的古典综合学派试图为凯恩斯主义建立微观基础，但是多数凯恩斯主义经济学家仍然缺乏像新古典主义者那样的对市场规律的洞察，这也埋下了凯恩斯主义被推翻的伏笔。

经济学的历史（四）：不确定性的经济学

从大萧条时期开始算起，凯恩斯主义统治了主流经济学长达40年之久。但到了20世纪70年代，凯恩斯主义终于走下了神坛。

20世纪70年代，美国经济告别了第二次世界大战以来的景气周期。1971年，美国联邦政府财政部预算官员阿瑟·拉弗，对当年的国民生产综合指数做出了悲观的预测，掀起了一场舆论风暴。当时，凯恩斯主义的领军人物萨缪尔森听到拉弗的预测感到不爽，于是他在芝加哥大学经济学系的讲台上，使用了《为什么大家都在笑拉弗》的演讲标题来嘲笑拉弗。

不过，仅仅两年后，也就是1973年，世界石油危机爆发，油价短期大幅飙升，美国乃至整个欧美世界经济立即陷入通货膨胀，同时失业率大增，经济陷入负增长。这一经济灾难令当时的经济学家感到莫名其妙。最开始，经济学家们认为，是石油快速涨价引发了通货膨胀。但当其他国家的情形得以缓和时，美国依然还在通货膨胀的泥潭里难以自拔，而且经济持续低迷、失业率大增。这时，经济学家们才发现，这是一场罕见的滞胀危机。

在20世纪30年代，欧美经济陷入大萧条，当时的经济学家对此无法解释，意味着过去新古典主义均衡的、确定性的经济学破产了。20世纪70年代，美国经济陷入滞胀，当时的经济学家也无法解释原因，像他们的前辈一样陷入了迷茫。所以，滞胀击中了凯恩斯主义的要害，意味着凯恩斯主义的破产。

1970年，在滞胀危机爆发之前，萨缪尔森获得了诺贝尔经济学奖，他是第一位获得该奖项的美国人，同时他还是凯恩斯主义的集大成者，他领导的新古典综合学派一时风光无限。这个学派有一个很著名的理论大旗叫“菲利普斯曲线”。菲利普斯曲线，原本是新西兰经济学家威廉·菲利普斯发明的，萨缪尔森和汉森将菲利普斯曲线改良后将其纳入新古典综合派作为“镇山之宝”。这个曲线非常简单易懂，清晰地表现了失业与通货膨胀存在负相关关系。萨缪尔森用菲利普斯曲线直接明了地告诉政府官员、货币当局以及整个经济学界，想要降低失业率，增加通货膨胀即可。菲利普斯曲线的影响力在整个20世纪60年代，无出其右了。

菲利普斯曲线是典型的凯恩斯主义理论，这个理论中的高失业率与高通货膨胀是跷跷板关系，不可能同时存在。但是，滞胀危机却恰恰是高失业率、高通货膨胀、低增长现象同时存在，菲利普斯曲线无法解释这种经济现象，这让凯恩斯主义者全傻眼了。萨缪尔森只能将20世纪60年代英国一位政治家发明的一个合成词“滞胀”搬了过来，来形容这种特殊的经济危机。尽管给危机起了名，但他的凯恩斯主义理论对其无从解释，更不要说解决危机了。于是，经济学又一次到了百家争鸣、更新换代的时代。

滞胀危机期间，之前被凯恩斯主义压制多年的其他经济学派倾巢而出，猛烈抨击萨缪尔森，抄了凯恩斯主义的“老家”。这些学派包括弗里德曼开创的货币主义学派、科斯领导的新制度学派、米塞斯与哈耶克领导的新奥地利学派、蒙代尔和拉弗领导的供给学派、小卢卡斯领导的理性预期学派、布坎南领导的公共选择学派，以及以波斯纳为代表的法与经济学派等。在一片讨伐声中，从20世纪70年代开始，凯恩斯主义的统治地位被滞胀危机终结了，经济学历史进入新自由主义时代。在新自由主义时代，经济学的中心完全由英国转移到了美国。美国芝加哥学派接过了经济学的火炬，一时风云际会、人才辈出。

芝加哥学派是由最早研究不确定性的弗兰克·奈特开创的，这个学派的高光时刻出现在新自由主义时代，诞生了弗里德曼、舒尔茨、斯蒂格勒、科斯等众多获得诺贝尔奖的经济学家。从某种程度上说，芝加哥学派代表了新自由主义。

在新自由主义的领军人物中，弗里德曼是最突出的一位，他凭一己之力创立了货币主义学派，即使在大师辈出的年代，弗里德曼的光芒也难以被掩盖。弗里德曼是反对凯恩斯主义的先锋，他用货币中性理论否定了菲利普斯曲线，指出菲利普斯曲线在短期可能有效，但长期是无效的。他是这样解释的：当产品价格上涨时，企业主误以为市场需求增加，就扩大产能，增加工人。所以从短期来看，菲利普斯曲线可能成立，通货膨胀增加，失业率下降。但是，当企业主发现，原材料价格也上涨了，产品价格上涨不是因为市场需求增加，而是一种通货膨胀现象，这时他会缩减产能，同时解雇新增加的工人，这样产能、就业率又恢复到跟之前差不多的状态。所以，弗里德曼的结论是，货币是中性的，货币增加，只会带来通货膨胀率上升，不能促进就业和经济增长。关于这一点，弗里德曼有一句名言："通货膨胀在任何时候、任何地方都是货币现象。"

早在20世纪五六十年代，弗里德曼就对货币理论进行了深入的研究。在60年代，弗里德曼出版了著名的《美国货币史》，这本书搜集整理了美国近百年的货币数据，证明了美国储蓄率长期是稳定的，这个研究成果对凯恩斯主义是一个沉重的打击。凯恩斯主义的一个核心理论就是：随着收入增加，消费占比递减，经济最终会陷入有效需求不足。但是，美国长期稳定的储蓄率说明，消费占比并没有递减，储蓄占比也没有递增。如此，弗里德曼抽掉了凯恩斯主义的理论基石，他是凯恩斯主义最为致命的对手。1976年，弗里德曼获得了诺贝尔经济学奖。趁着获奖演讲的机会，弗里德曼公开批判了菲利普斯曲线及凯恩斯主义。他将滞胀的根源归咎于政府在凯恩斯主义指导下，长期执行了不当的财政政策及货币扩张政策。

70年代是20世纪的转折点，对今天世界经济的影响也非常大。在历史转折的过程中，弗里德曼扮演了重要的角色。概括起来，他对时代的推动作用主要包括：

一是否定了凯恩斯主义，他写作了《自由选择》，推动世界走向自由时代。

二是开创了价格理论，倡导价格自由竞争，以实现自由市场。1971年布雷顿森林体系解体，世界进入浮动汇率时代。之后，欧美国家放松了金融管制，汇率及利率实现市场化，价格自由浮动。这一历史性趋势正好符合弗里德曼的价格理论及自由主义主张。

三是建立了货币数量论，弗里德曼将货币政策提高到与财政政策并列的高度，促进了现代货币体系理论的完善。他倡导的单一目标制推动了中央银行的独立，对当时美联储主席沃尔克抗击通货膨胀起到了重要作用，间接地帮助美国走出了滞胀危机。

所以，弗里德曼在新自由主义时代是极具代表性的人物。此外，我们再简单介绍其他几个重要的学派。

首先来说供给学派。供给学派最著名的经济学家是蒙代尔，其他成员则是一些不太出名的经济学家、政府官员和媒体人。他们支持里根上台后，一度控制了联邦财政部，推动了税收改革及放松管制改革。这个学派并没有系统的理论体系，也缺乏延续性。他们主张回到萨伊时代，从供给端出发研究经济，促进要素市场自由流通。有意思的是，几十年前，凯恩斯提出需求学说，埋葬了萨伊理论。而在供给学派掌权时，他们又赶跑了凯恩斯主义者，重新回到供给学说。这让我们不由感叹历史的轮回。

接下来，我们继续介绍以科斯为代表的新制度经济学派。新自由主义与凯恩斯主义之争，其实质是市场与政府之争、市场与计划之争。但是，科斯跳出了这种争论，提出了交易费用理论，用科学的思维找到了市场与计划之间的边界、市场与政府之间的边界。科斯主张通过市场来解决问题，而不是像凯恩斯主义者一样用政府手段。他提出只要产权明确、交易费用低，自由交易便是解决问题最好的方法。新制度经济学派产生了很多杰出的经济学家，除了科斯，还有威廉姆森、阿尔钦、诺斯、张五常等。新制度经济学派认为制度是最重要的，他们主张通过产权制度及公共政策，来降低交易费用，保护自由市场，同时约束政府干预经济。

在公共政策方面，比新制度经济学派研究得更加彻底的是布坎南领导的公共选择学派。布坎南认为，市场与政府都不可靠，只有建立公共政策才能同时约束市场的私权力扩张和政府的公权力扩张。

接下来是奥地利学派。奥地利学派是由门格尔开创的，后来庞巴维克、维塞尔等第二代继承人发展了门格尔的学说。到了米塞斯、哈耶克时期，奥地利学派基本成熟了，米塞斯和哈耶克的学说，也被称为新奥地利学派。这个学派在经济学领域有些特殊，它的理论体系完整而强大，看起来简单，其实颇为深奥。奥地利学派的信徒认为，奥地利学派才真正掌握了经济学的真谛。奥地利学派特别能打，跟哪个学派都不兼容。历史上，奥地利学派与德国历史学派就方法论展开过论战。后来，米塞斯、哈耶克，与以兰格为代表的苏联计划主义者论战，与纳粹主义者论战，与凯恩斯主义者论战，甚至还与弗里德曼论战。米塞斯、哈耶克主张自由主义，但是反对斯密时代的放任自流。很多人认为，哈耶克主张绝对自由主义，这是一种误解。哈耶克在他著名的《通往奴役之路》《自由宪章》中都明确反对放任自流，强调要用法律约束自由。

奥地利学派融合了法国古典主义及坎蒂隆的思想，将人作为研究对象，将市场视为一种自发秩序。米塞斯最著名的作品《人的行为》是奥地利学派最重要的代表作。将人作为研究对象，是这个学派与新古典主义、凯恩斯主义、苏联计划主义的根本区别。后几种学说都犯了同样的错误，即从上帝的视角看待市场。而奥地利学派从个体的角度研究经济，就摆脱了信息完整性、均衡性、完全竞争市场等新古典主义的一切障碍。从奥地利学派的角度来看，经济并不是均衡的、确定性的，没有人能够掌握完整的市场信息，所以经济是无法预测的。对于经济学的初学者来说，从个体的角度来观察和研究经济问题是非常关键的，这样可以避免误入歧途。

最后要介绍的一个学派是欧根开创的德国弗莱堡学派。德国的经济学，与法国、英国、美国相比，似乎逊色很多。当萨伊、巴斯夏等人在法国传播古典政治经济学时，德意志还是一个没有统一的农奴制联邦国家。在巴斯夏时代，德意志出了一位经济学家叫弗朗茨·李斯特。但李斯特并不像巴斯夏那样传播英国的古典政治经济学，而是走向了一条相反的道路。李斯特认为，英国的政治经济学不具有普遍性，不能照搬。他强调德意志的特殊性，主张采用一切手段，比如效仿美国开国元勋汉密尔顿的贸易保护主义，促进德意志的统一与富强。

继李斯特之后，罗雪尔、瓦格纳、施穆勒等德国经济学家继承和发扬了他的主张，形成了德国历史学派，这个学派的观点与英国古典自由主义背道而驰。主要原因是，德国从农奴制到俾斯麦时代的君主制，再到希特勒时代的纳粹主义，都缺乏自由主义的基础。德国历史学派的国家主义、保护主义等主张，与独裁政策颇为契合。在纳粹主义时代，德国历史学派如日中天，全面打压奥地利学派。不过，经过第一次世界大战、第二次世界大战以及一次恶性通货膨胀的洗礼后，德国逐渐成熟。第二次世界大战后，德国重建时，弗莱堡大学教授欧根的学说得以传播。欧根完全摆脱了德国历史学派的影响，传播经济自由主义。所以，欧根学说也被称为“联邦德国新自由主义学派”或德国弗莱堡学派。

欧根信奉自由主义及价格机制，尤其强调货币价格稳定及货币政策优先。不过，欧根并不迷信自由主义，他强调的是有管理、有秩序的自由市场。第二次世界大战后，德国政治家艾哈德使用了弗莱堡学派的思想，成功推动了货币改革，开创了第三条道路，即社会市场经济模式，促使德国经济迅速恢复。从第二次世界大战后到今天，德国社会经济稳定与强大，金融与制造业相得益彰，与欧根、艾哈德及弗莱堡学派是分不开的。

以上便是对新自由主义主要学派的基本介绍。新自由主义学派众多，理论各有差异，总体来说，新自由主义不是像新古典主义那样的确定性的经济学，它更多倾向于动态平衡，研究经济的不确定性、复杂性。有人说，2008年金融危机代表了新自由主义的破产，尤其是弗里德曼的货币主义破产。金融危机爆发后，斯蒂格利茨、克鲁格曼、伯南克等一批凯恩斯主义者对新自由主义大加批判。

其实，当今各国中央银行滥发货币，恰恰违背了弗里德曼的货币主义及新自由主义主张。当今中央银行帮助政府财政融资，也违背了弗里德曼的单一目标制及欧根的货币政策优先原则，更是打破了新自由主义提出的用制度来限制政府干预经济的主张。如今世界各国中央银行实际奉行的是兰德尔·雷提出的现代货币理论，这其实是一种凯恩斯主义的货币理论。2008年之后，全球货币政策及财政政策已近失控，凯恩斯主义大行其道，其中孰是孰非，我们会在后面详细讲述。

Part Three
市　场

我们学习经济学，90%都是在认识市场。把市场学通透了，便掌握了经济的真谛。

市场：人类生存的第三选项

我们学习经济学，90%都是在认识市场。把市场学通透了，便掌握了经济的真谛。现代经济学正是从研究市场开始的，亚当·斯密的《国富论》内容虽然庞杂，但基本都在研究市场。在他之后，经济学家的主要任务也是研究市场规律以及传播市场学说。今天，市场几乎改善了每一个人的生活状况，但是很多人依然不理解市场，对市场的认知依然存在诸多误解与曲解。这是为什么呢？为了解答这个问题，深入理解市场，我们采用对比的方式，来认识市场这种生存方式以及市场发展所面临的挑战。

我们将计划控制的生存方式与市场交易的生存方式做个对比：计划控制的生存方式，追求稳定，排斥风险，拒绝交易，按计划安排生产，凭借权力压制人的欲望，约束人的行为，集体利益至上，根据身份等级分配存量资源；而市场交易的生存方式，追求平等与自由交换，接受风险，反对强权与垄断，按市场需要分工生产、创造增量，释放人们的欲望，个人利益至上，根据价高者得的原则分配资源。

因为这一系列针锋相对的矛盾存在，从16世纪开始，当人类的生存方式从计划控制逐渐切换到市场交易时，便爆发了剧烈的冲突，世界各地相继爆发社会革命，砸碎了一个旧世界，原有的社会结构、生产方式、权力与财富等级被打破，同时，创造了一个新世界。

当然，自由交易是有风险的。每当技术变革进入低潮期、经济增量不够时，或者爆发经济危机时，一些人就开始放弃自由交易，对市场不再信任，害怕交易风险，试图重回计划控制的轨道，让政府、国家来保护自己。这就是凯恩斯主义、大政府主义、计划经济存在的底层社会心理。

在农耕时代，绝大多数人都是风险规避者，拒绝高风险的自由交易。绝大多数人选择出让自由以换取保障。比如，在欧洲中世纪的城邦时代，农民选择向领主纳税，牺牲自由，以换取领主的庇护。如今，市场经济已经发展了几百年，企业、个人可承受风险的能力相对更强一些。在经济危机爆发时，他们依然保持着对自由市场的基本信任。不过，2008年金融危机以来，美联储及联邦政府大规模的救市行动，正在弱化人们面对市场风险的勇气，强化了大政府主义及凯恩斯主义，当今世界正在走向由中央银行主导的计划泡沫经济时代。

更糟糕的是，一旦爆发全球性经济危机，民族主义、民粹主义便会推动国家干预及贸易保护。一些不靠国际市场生存的人、畏惧市场风险的人，就会试图回到强权掠夺的时代，构筑贸易壁垒，超发货币掠夺财富，甚至发动战争赤裸裸地抢占他国资源。1929年世界经济危机爆发后，引发了持续多年的大萧条。在大萧条期间，凯恩斯主义及大政府主义崛起，政府干预经济，国家发动贸易战，德国纳粹上台，最终爆发了第二次世界大战。

从人类发展历史来看，自由交易的历史时间比掠夺与控制的历史时间要短得多。能轻而易举地掠夺，谁又会冒着风险去交易？在自由市场不够发达的国家或时代，自由交易与强权掠夺、计划控制的反复交替、博弈更加明显。总结起来，现代国家若要发展经济，要解决的关键问题是如何压制强权掠夺与垄断控制，将更多人纳入以交易为生的市场经济中，并且获得实质性的好处；降低经济全球化的交易费用，增加对抗甚至战争的成本，让世界更加和平与稳定。

一个真正热爱自己国家、爱好和平的人，定然是希望发展市场经济，希望加入全球经济体的。需要强调的是，以市场为生的人并不一定是道德高尚、热爱和平的人，毕竟一个人内心深处的道德品质无法被证实。但是，我们可以看到，很多时候，自由市场给我们呈现的结果是人与人之间，国与国之间更加和睦相处、互利共赢。显然，自由市场发达的社会，是一个道德水准、文明程度更高的社会。

有人说，近代市场兴起后，尤其是全球化开启后，欧洲人对美洲、非洲及亚洲的殖民掠夺甚于任何时代。人类还爆发了历史规模最大的两次战争——第一次世界大战和第二次世界大战。所以自由市场并不一定能带来和平与稳定。不可否认，近代市场让国家更加强大，将战争从冷兵器推向热兵器时代，战争的破坏性越来越大。不过，这并不能说明市场会引发战争。事实上，早期殖民战争、第一次世界大战、第二次世界大战恰恰是因为自由市场，尤其是全球化市场发展不够充分。欧洲人发现美洲后，由于经济及军事力量存在代际差，掠夺的成本要远远小于市场交易，所以，欧洲人对美洲原住民实施了残酷的掠夺，同时发展殖民贸易。第二次世界大战后，殖民主义逐渐消失了，欧洲社会经济的融合程度要远远高于第二次世界大战之前。很重要的一个原因是，第二次世界大战后欧洲一体化迅速发展，欧洲内部发生战争的成本变得非常高。

从全球范围来看，20世纪80年代信息技术、投资银行及跨国公司掀起的全球化浪潮，形成了全球化产业链。各国的经贸合作，远远超过了第二次世界大战之前，世界也迎来难得的长久和平局面。靠市场生存的人，需要与他人保持博弈与竞争，但不易与人发生激烈冲突。靠国际市场生存的国家，同样不易与他国爆发战争。结果证明如此，交易的逻辑也可以说明这一观点。市场抑制战争的逻辑包含以下两点。

第一点，交易是一种互利机制。我们通常说等价交换，这种说法源自古典政治经济学的劳动价值论，但这种观点是不成立的。如果是等价值交换，我们还有什么动力去交换呢？更好的解释应该是溢价交换。比如，我用一本书跟你交换一个榴莲，如果能够达成交易，说明我认为榴莲的价值要高于书，而你的想法则正好相反。所以，交易是将自己认为价值低的东西去交换价值高的东西，双方都可以获得好处。在新古典主义中，溢价部分被称为消费者剩余。这种解释源自新古典主义的效用价值论。理解了这一点，我们就能明白人们为什么会愿意参与交易。因为交易能够获得好处，并且可以使蛋糕越做越大，参与交易的人的财富越来越多、好处越来越多，这样人们便更愿意交易，而不是去掠夺或计划控制。

掠夺是存量争夺，计划是创造有限增量及存量分配，交易是创造增量。在农耕时代，人们以农业计划为生，按照等级分配资源，同时伴随着不确定的掠夺战争，人类经济在长达一两千年的时间里一直保持极低的水平，经济增长率几乎为零。后来，近代市场帮助人类跳出了“马尔萨斯陷阱”。人类今天99%的财富及文明成果，都是近代市场兴起之后靠交易创造而来的，这就是溢价交易带来的激励效果。

第二点，市场交易是个体行为，全球化是各国无数企业、家庭、个人之间网络密布的交换关系及利益关系。这种包含无数个体的市场关系，犹如大树发达的根系，深深地扎根在土壤里。深度全球化的两个国家很难爆发战争。《世界是平的》的作者托马斯·弗里德曼一直推广他的一种理念：“在全球化时代，任何两个拥有麦当劳的国家都不可能彼此开战。”当然，这种说法有些绝对。亚当·斯密认为，交换是人的天然倾向，他在《国富论》中说：“从来没有发现两只狗为一根骨头进行交换。”但这个观点有待商榷。如果交换的成本大于掠夺，人类也会和动物一样恃强凌弱、强取豪夺，而不是去平等交换。所以，我们必须关注交易费用。如果两个国家交易费用极高，就容易爆发战争与贸易战。

总之，在全球化时代，告别强权、掠夺、垄断、控制，人人以交易为生，人类才能享受更长久的繁荣与和平的福祉。

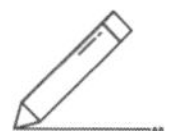

市场：海洋文化与农耕文化

英国学者李约瑟在编写《中国科学技术史》时提出了一个令人困惑的问题，他说："尽管中国古代对人类科技发展做出了很多重要贡献，但为什么科学和工业革命没有在近代的中国发生呢？"1976年，美国经济学家肯尼思·博尔丁将这个谜题称为李约瑟难题。要回答李约瑟难题，首先我们需要理解一点：社会经济的演进并非总是连续性的，有时候可能是跳跃式的。发达的农业国家未必能自动进化为工业国家，还需要很多条件和前提。

以中国宋朝为例，中国宋朝时期，商业繁荣、市场发达，远远超过欧洲。但是，与庞大的农业产值相比，商贸的占比相对还是很低的。商业繁荣只能说明那时的农业经济确实很发达，已经外溢到了商业。并且，中国古代很多杰出的发明和领先的技术并未市场化，所以无法推动技术持续进步。比如明朝初期，中国就能制造大型航海帆船，但郑和下西洋并不是商业活动，不但没有收益，反而耗资巨大，最终被叫停。所以，中国古代先进的技术及繁荣的商业，与近代自由市场、工业革命以及科技进步并没有必然的联系。

农业计划经济与市场经济，是两种不同的生存方式，从文化土壤的角度来看，它们所对应的历史文化基因也是不同的。在近代市场诞生之前，中国与欧洲一样，都属于农业计划经济，但是，二者存在区别。中国是典型的农业计划经济，形成的是农耕文化。农耕文化与市场文化天生格格不入。古代欧洲虽然也是农业计划经济，但欧洲有海洋文化的基因，尤其是从16世纪开始，西欧的海洋文化孕育了近代市场与科技。

那么，海洋文化与农耕文化有什么区别呢？

农耕文化的主要特征为追求稳定、秩序、自然循环、自给自足，排斥风险，注重实用；海洋文化的主要特征为开放、动态、不稳定，更能接受风险和不确定性。文化的形成是由生产力和生产方式决定的。在古代，由于农业技术水平比较落后，生产力和生产方式主要又是由土壤和气候决定的。

西方文明起源于古希腊，雅典城邦是古希腊的代表，地处地中海东北部，在希腊半岛、爱琴海群岛一带。当地属于地中海气候，是全球唯一一种雨热不同期的气候类型，夏季炎热干燥、冬季温和多雨。这种气候非常不适合植被生长，植被叶子上有一层厚厚的、硬硬的蜡质层（地中海植被被称为亚热带常绿硬叶林）。这种气候决定了当地的粮食作物产量很低，没有办法像其他文明古国一样，发展出大规模的农业经济。在古代，没有足够的粮食，就意味着没有办法养活大量的职业军人。即使打了胜仗，占领了一大块地盘，也无法进行有效的统治，因为粮食供给养不活那么多士兵，士兵需要自谋生路。没有大量的职业军人，就很难形成大一统的集权统治以及强有力的国家机器。所以，古希腊只能采取城邦制，城邦制不属于典型的国家概念，而是一种封建领主制，类似于中国商周时期，各个城邦都拥有自己的武装及经济系统。

由于无法建立自给自足的农业经济，古希腊人不得不频繁外出，发展商贸、手工业，通过商品交易的方式来求存。不同地域、城邦、族群之间的大规模交流，促进了信息的碰撞、观念的开放和思想的自由，逐渐形成一种思辨文化，减少了盲信、闭塞和愚昧。在秦朝大一统之前，春秋战国时期的古代中国与古希腊时期有几分相似。当时的古中国与古希腊都处于封建领主制时代，都有着开放的社会文化。古希腊时期，人才辈出，群星璀璨，思维活跃。古代中国春秋战国时期也毫不逊色，诸子百家，百花齐放，百家争鸣。

为什么东西方文化后来走上了两种完全不同的道路呢？主要原因是当时爆发的一场技术革命。就在春秋战国时期，中国发生了铁器革命。在人类历史上，铁器时代比较漫长，范围很广，东亚、印度、东欧、英国及爱尔兰、北欧、中欧、非洲埃及等地都有铁器革命的考证。铁器革命的爆发让古代中国的农业生产力大幅提升，引发了一场社会革命。由于古代中国的河套平原以及黄河流域有着大量耕地，土地平整、肥力充足、灌溉便利，铁器农具的广泛使用可以大幅度提高农业生产力。在春秋战国时期，天下井田皆为周天子所有。但铁器广泛使用后，地方诸侯、贵族、领主就大力开发私田耕种，荒废公田。久而久之，诸侯越来越强，周天子逐渐失去了对天下的掌控。

公元前685年，齐桓公命管仲改革，废除井田，设立盐官、铁官、税官以及铸钱机构，建立行政体系。在“尊王攘夷”之后，周王朝权威旁落，封建领主制逐渐瓦解。到后来，春秋五霸、战国七雄混战了几百年，最后秦国统一了天下。从秦朝开始，中国的“土壤”开始发生改变，走上了与西方不同的道路。农业革命的爆发，让华夏肥沃土地上的粮食产量大增，秦朝有足够的财力供养一支职业化军队以及公务员队伍，从而建立了一整套集权国家体系。农业革命推动国家集权制度建立，反过来国家集权制度又帮助农业经济建立了一套完整的计划经济体系。

农业经济强调自然循环，计划管控，拒绝交易，惧怕风险。在一块肥沃的土地上，权力结构稳定，农民不流动，人口稳定繁衍，世世代代种地，粮食及其他生活资料自给自足，这是成本最低、风险最小的理想状态。所以，统治者大力推行“三纲五常”，保障命令能够彻底贯彻，人口能够持续繁衍，农民不流动、不思考，只干活。通过科举制度，选拔人才去做官，而不是经商和搞科研。皇帝再利用这些优秀的文官控制整个计划经济体系。在这个体系下，除了农业技术，其他技术进步有可能破坏农业经济的稳定以及统治者的权威，所以不被鼓励，甚至被压制。从经济学的角度分析，中国古代这种农耕文化及集权体系，最大的优点就是可以保障农业计划生产稳定以及文化传承，这是交易费用最低的办法。正因为这种保障，中国古代的农耕文明程度及生产力水平才长期领先于世界。

再来看欧洲。欧洲虽然也爆发了铁器革命，但是那里的气候依然不适宜种植庄稼，欧洲不少土地盐碱程度高，不利于粮食生长。放眼整个欧洲大陆，只有法国土地肥沃，适合发展农业。法国是欧洲平原的主体，受塞纳河、罗讷河、卢瓦尔河哺育，土地肥沃，农业富庶。所以，法国一直是欧洲传统的农业大国，这让法国大革命也带有几分农耕国家“推倒重来”的味道。除了法国，欧洲的农业经济并不发达，没有充足的粮食，就无法建立一支强大的职业常备军队，也就无法统一欧洲，形成一个大一统的集权国家。后来，古罗马崛起，继承了古希腊的文化，也沿用了城邦制。古罗马取代古希腊后，逐渐分裂形成了东罗马帝国与西罗马帝国。西罗马帝国很快就被日耳曼的西哥特人消灭了。东罗马帝国也被称为拜占庭帝国，这是一个政教合一的国家。世俗政府与教皇相互利用、相互斗争，全面压制科技、哲学及思想进步。所以，拜占庭帝国统治时期也被称为黑暗的中世纪时期，是“无知和迷信的时代”。

中世纪时期，欧洲采用城邦制，中国采用宗法制，都属于农业计划经济。但是，城邦制的管控力度要比宗法制弱得多，容易受到外界的冲击。14世纪中期，一场可怕的黑死病席卷了大半个欧洲，1/3的欧洲人死亡。这场瘟疫冲击了拜占庭帝国的统治，动摇了信徒对宗教的信仰，改变了欧洲的历史。

15世纪中期，奥斯曼帝国消灭了拜占庭帝国，中世纪时代结束。帝国灭亡了，欧洲城邦开始大混战，爆发了旷日持久的意大利战争。在这个过程中，欧洲的国家开始形成。接下来，有三个因素推动了西欧向市场经济国家过渡：一是政治力量的变化，二是地理大发现，三是宗教改革。我们主要讲前两个因素。

先看政治力量的变化。跟中国同时期明朝中央集权的政治局面不同，欧洲的城邦领主们实力较弱，为了扩充武力，他们不得不向贵族、商人们借钱。这时的欧洲出现了国王与商人相互制衡、相互博弈的局面。在16世纪，欧洲不少国家的王室都面临财政危机，如何解决财政危机，决定了这些国家的历史命运。

尼德兰、英国的王权力量受到贵族、商人势力的制衡，政府不敢随意征税，只能鼓励商贸发展，以增加收入。这样，政府诉求与市场经济的诉求是一致的，自由市场在这些国家得到了迅速发展。而法国则走上了另一条道路。之前讲过法国是一个农业发达的国家，王室力量强大，法王选择用增加税收的办法来解决财政危机，这个办法比发展市场经济要简单粗暴，缺点是让国内矛盾越来越激烈，最终引爆了法国大革命。

再看地理大发现。由于往东方的商路被奥斯曼帝国切断了，西班牙人、葡萄牙人想要开辟海上航线。航海的风险要比种地大得多。由于航海的不确定性，欧洲人更注重研究天文、气象、洋流等自然现象。海洋文化与科技的不确定性、开放性高度契合，有利于科技进步。

在以上种种因素推动之下，欧洲被迫走上了发展自由市场经济、技术创新的道路，实现了社会经济的跳跃式发展。

市场：自然国向法治国变迁

近代市场的出现，代表着一种新的生存方式。这种生存方式改变的不仅是生产力、生产关系，还改变了人类社会的方方面面，包括思想、价值观、社会秩序、国家制度等。市场对国家制度的影响，通常的说法是经济基础决定上层建筑，随着经济的进步，社会秩序或者国家制度也会做相应的调整。诺斯提出，人类历史上一共出现过三种社会秩序，分别是原始社会秩序、限制进入秩序以及开放进入秩序。[1]

原始社会秩序对应的是原始部落时期，限制进入秩序对应的是农耕时期的国家制度，而开放进入秩序则对应现代国家制度。诺斯概括的这三种社会秩序（国家制度），正好对应了我们之前学习的三种生存方式：强权掠夺、计划控制与自由交易。

关于国家的起源，众说纷纭，主要观点有柏拉图、亚里士多德的自然起源说，奥古斯丁、阿奎那的国家神权说，霍布斯、洛克、卢梭的社会契约论，以及马基亚维利、马克思、恩格斯的国家剥削论（掠夺论）。到了现代，社会契约论是被接受程度最高的观点。不过，在国家的起源这个问题上，巴泽尔的说法可能更加贴近实际。

巴泽尔认为，人类社会一开始处于霍布斯丛林，建立国家源自保护需求。但是统治者也是自利的，他们在创建统治机制后便会滥用其权力。只有建立能够控制统治者的机制，如法律体系和决策程序，初始的“自然国”才会渐渐演进为一个法治国。[2]

巴泽尔的这段话包含了三层意思：

第一层意思是，国家建立于丛林时代，人们为了寻求保护，围绕着政治强人而构建了一个利益共同体组织。这个组织早期可能是部落、族群、城邦，发展到高级阶段之后便成为国家。在中世纪，欧洲大陆的土地多得像空气一样充裕，但自由民或农奴没有自行去开垦庄园，而是在城邦庄园内租赁土地耕种，缴纳沉重的地租和赋税，甚至沦为领主的私人财产（奴隶）。诺斯在《西方世界的兴起》一书中对这个现象做出了解释：“因为乡村受到北欧海盗、穆斯林、马扎尔人乃至土匪等抢劫帮伙骚扰的威胁，任何有较大价值的地区都要由城堡和受过训练的士兵保护。”[3]

所以，国家构建的过程是个人的权利与自由对外让渡的过程。个人将自身权利和自由让渡到公共体系中，就形成了公权力，这个公共体系就是国家，行使这个公权力的人就是国王或者政府。这就是私权力与公权力之间的关系、个人与国家之间的关系。个人牺牲部分权利与自由以获得保障，这是国家诞生的根本原因。

第二层意思是，国家形成后，国王或政府掌握了公权力，但是他们会滥用公权力，甚至利用公权力来剥削、压榨国民，侵害个人的私权力。近期启蒙思想家普遍批判那些让渡个人自由的行为。本杰明·富兰克林就曾经说过：“那些愿意放弃基本自由来换得少许保障的人，既不配得到自由，也不配得到保障。”他提出警告:“放弃个人自由，最终你无法获得自由，也无法获得保障。”

第三层意思是，当统治者手中的公权力被法律约束时，“自然国”才会渐渐演进为一个法治国。巴泽尔将公权力未受约束的国家称为自然国，公权力受约束的国家称为法治国。前者是王在法上的国家，后者是王在法下的国家。巴泽尔的自然国，正好对应了诺斯的限制进入秩序，而法治国则对应开放进入秩序。

下面，我们分析一个国家是如何从自然国跨越到法治国的，法治国的出现与市场又有什么关系。从15、16世纪开始，近代市场率先在西欧兴起。那个时候，欧洲国家林立，国王与商人们相互博弈。诺斯在制度变迁理论中提出，商人与政府博弈推进制度变革时，政府有两种选择：选择一是建立一套规则，使垄断租金最大化；选择二是降低交易费用，使社会产出最大化，推动政府税收增加。

在正常情况下，国王是不愿意发展自由市场的，因为自由市场与计划控制、强权掠夺是相冲突的，他们更倾向于选择一。但是，如果获得垄断租金的成本很高、风险很大（民众反抗），自由市场带来的利益更大，这时就有部分国王会选择发展自由市场了。东罗马帝国灭亡后，欧洲城邦领主之间相互混战。战事一开，各国都面临财政危机。在16世纪左右，解决财政危机的不同方式，决定了这个国家的前途。

如果政府选择用征税、印钱的方式来增加收入，而不是发展自由市场，这时政府的目标便与自由市场、经济增长、社会福祉的目标发生背离。在这种情况下，政府宁愿维持低效的制度也不会推动制度改革。诺斯认为，法国与西班牙在当时就属于这种国家。而在政府无法随意征税和滥发货币的国家，政府更可能选择发展自由市场，降低交易费用，靠自由市场创造增量，做大税收基数，从而获得更多税收。这样，政府的方向与市场经济、社会进步的方向就是一致的。这就解释了著名的“诺斯悖论”：“国家的存在是经济增长的关键，然而国家又是人为经济衰退的根源。”

所以，国家制度是否阻碍经济发展，国王是否愿意改革，跟国王手中的权力大小直接相关。通常，国王在没有外部压力下是没有动力改革的，国王的改革一定是被逼迫的，比如难以获得垄断租金，中央集权势力不足。尼德兰、英国等国王权力受限的国家，比较快速地转型成为法治国，大力发展自由市场。而国王权力集中的西班牙、法国以及亚洲、非洲等农耕国家的改革则颇为艰难曲折。

英法百年战争后，英国失败了，国王的权力被削弱。之后，英国羊毛产业快速发展，商人集团获利丰厚，实力大增。1688年，荷兰建国100年时，受英国议会的邀请，荷兰的最高执政官威廉三世前去保护英国国民的“宗教自由和财产”。为了避免当年斯图亚特王朝复辟的前车之鉴，英国议会上下两院决定向威廉三世提出一个“权利宣言”。这一宣言的核心内容是用法律限制王权。威廉三世接受了这些要求，成为英国史上第一位王权受到法律约束的国王。这一伟大的举动被称为“光荣革命”。第二年，英国议会通过了《权利法案》。这部法律的颁布，标志着英国王权受到约束，确立了“议会至上”的原则，保证了议会拥有立法权、财政权、司法权和军权等。这标志着英国从自然国向法治国转型，成为继荷兰之后第二个崛起的近代国家。

而法国的情况则相反。法国是一个中央集权的农耕国家，法王权力很大，可以直接向农民征税。法国曾经有段时间出现了无政府状态，第三阶级以征税权为交换条件请求法王出兵保护。这就是之前说过的出让个人的自由换取国王的保护。不过，法王路易十五把国家财政掏空了，路易十六继位后面临严重的财政危机。为了解决财政困境，路易十六向第三阶级征税，终于引爆了法国大革命。法国大革命极为残酷，持续时间很长，路易十六被砍头，法国贵族基本被消灭。在欧洲人看来，法国大革命是极为特殊的。为什么呢?

这与欧洲的政治传统有关系。欧洲的政治传统是王室贵族执政，各国王室相互通婚，一脉相承，他们没有改朝换代一说。他们理解的革命，就像英国的光荣革命一样。法国大革命不像欧洲的革命，反而更像我们中国历史上的改朝换代。革命党把法国国王的头砍了，彻底打破了欧洲的政治传统。所幸的是，这场残酷的大革命后，法国成功地完成了从自然国向法治国的跨越。

做个总结:

第一，中央集权的农耕国家向法治国跨越的难度相对更大，国王的垄断租金是国家制度变革的关键阻力。税收型财政国家比垄断租金型国家更有机会转型成为法治国；债券型财政国家又比税收型财政国家更有机会转型成为法治国。

第二，只有当统治者的预期收益高于其强制推行制度变迁的预期成本时，强制性制度变迁才会发生，国家才可能迈入法治国。如果改革之后增加的收入，可以补偿被改革者的损失，而且还有剩余，这也是有效率的。这就是卡尔多－希克斯效率。事实上，很多国家的改革都是通过这种补偿来实现的。

第三，根本上还是要确立“制度的制度”，也就是宪法或宪政。宪法是根本大法，可以最大限度地降低改革开倒车的风险，降低来自既得利益者的阻力。

总之，从自然国向法治国转变，是各个国家历史上最为重要的一次跨越。跨过去了，这个国家的自由市场就能得到充分的发展，而自由市场也会推动着国家向法治国迈进。

参考资料

[1] 制度、制度变迁与经济绩效，道格拉斯·诺斯，格致出版社。

[2] 国家理论，约拉姆·巴泽尔，上海财经大学出版社。

[3] 西方世界的兴起，道格拉斯·诺斯，华夏出版社。

市场：自发秩序与人为秩序

前面我们讲过，交易是人类的第三种生存方式，对人类社会的影响深远。那么，市场到底是什么？为什么市场可以带来财富的巨大增加和国家制度的深刻变革？

经济学可以说是围绕市场而建立的学科。亚当·斯密发现了市场机制，他主要从劳动、分工及交换的角度理解市场；之后的新古典主义理论，如马歇尔的供求定律、瓦尔拉斯的一般均衡以及帕累托最优理论，则通过均衡范式来解读市场；大萧条之后，凯恩斯主义发现市场失灵，经济学家们开始研究起了市场的非均衡、不确定性；到了新自由主义时代，弗里德曼又从价格调节机制的角度解读市场。大多数经济学家都对市场提出了自己的理解和主张，但奥地利学派提出的市场理论应该是最细腻、最深入本质的。

奥地利学派认为，市场是一种自发秩序。自发秩序的主张来源于法国古典政治经济学，主要是巴斯夏的思想。为什么说“市场是一种自发秩序”这个理解最深入市场本质呢？斯密学说、马歇尔学说、凯恩斯主义，都将市场定义为一个宏观系统，这种观点源自重农学派的自然秩序理论。但是，将市场定义为宏观系统是非常错误的。因为将市场看成一个宏观系统，人们往往最为关注的是这个系统的效率，而会忽视系统中的个体。

实际上，市场交易是个体自发形成的，是一种自发的秩序。在市场中，个体之间总是相互博弈、相互竞争的；没有任何一个个体是特殊的，缺少任何一个个体，市场这个系统依然可以运转；将市场理解为宏观系统，这是根本上的认知偏差，会导致经济学研究南辕北辙，同时也会极大地误导人们对市场的认知及经济政策。

比如，我们经常会有这样的观点：当经济危机发生时，就像一个人病危，如果这时不及时抢救，经济就崩盘了，所以，发生经济危机时，救市是必要的措施。但是，如果理解了市场是一种自发秩序，你就会发现救市的措施其实是错误的。市场并不是一个生命体，而更像一个分布式的系统。当经济危机爆发时，大量企业倒闭并不会影响这个系统的存在。当经济萧条时，少数企业赚钱，多数企业亏本甚至破产，也只是让市场的规模变小一些，并不意味着市场的死亡，这就是宏观系统与自发秩序的区别。伦纳德·里德写过一篇非常有趣的文章《我，铅笔》，也叫《铅笔的故事》，这个故事可以帮助我们更好地理解市场。

在《我，铅笔》中，里德使用了第一人称来描述铅笔是怎样被制作出来的，故事写得非常生动有趣，展现了以铅笔制造为核心的社会分工、协作及市场交易的整个过程。虽然只是一支小小的铅笔，但从原料准备、制造生产到市场销售其实是一个复杂而庞大的过程。神奇的是，这个复杂的、庞大的交易系统，是有序的、自发的。

故事中有一段话精练地表达了这个过程："我，铅笔，是种种奇迹的复杂的结合：树、锌、铜、石墨，等等。然而，在这些大自然所显现的种种奇迹之外，还有一个更为非凡的奇迹：人的种种创造精神的聚合——成百上千万微不足道的实践知识，自然地、自发地整合到一起，从而对人的需求和欲望做出反应。在这个过程中，竟然没有任何人来主宰！"

经济学家米尔顿·弗里德曼曾经在他的电视专题节目《自由选择》中引用过里德的这个故事，用于说明"市场的力量"，尤其是价格的调节作用。弗里德曼是这样评价这篇文章的：据我所知，再也没有其他文献像这篇文章这样简明扼要，令人信服地、有力地阐明了亚当·斯密的"看不见的手"。这篇文章也阐明了弗里德里希·哈耶克强调分立的知识和价格体系在传播某些信息方面的重要性的含义，这些信息“将使个人无须他人告诉他们做这做那，而自行决定做可欲的事情”。

从这篇文章中得到启发，我们至少可以从以下几个角度来描述市场：

第一，市场是一个陌生人之间大规模协作的体系。在这个铅笔的制作过程中，成千上万个来自世界各地、说不同语言、有不同肤色的人都加入其中，他们彼此不认识、不了解，他们当中甚至大多数人都不知道自己在制作铅笔，也不知道铅笔将要被卖给谁。每个人只做好自己职责范围内的事情。但是，这完全不妨碍他们共同协作，把这支铅笔制作出来。这就是市场的力量，市场将大量彼此不认识的人整合在一起实现大规模协作。过去，人类一直在探索相互协作的机制，但与市场这种机制相比，过去的协作机制规模小，并且大多停留在熟人之间，而不是大规模的陌生人之间。直到亚当·斯密时代，人类才真正发现，市场是一种非常强大的大规模协作机制，可以将几乎所有人纳入其中。

第二，市场大规模的协作没有一个中央机构，完全是自发的、自愿的，市场的结构是分布式的，而不是中央集权式的权利体系。市场中的每一个个体之间都是平等的，更重要的是，他们参与交易是自发的、自愿的，没有任何强迫。弗里德曼曾经说过：“自由市场最重要的一个核心事实是，除非双方都能获益，否则交易不会发生。”“自由市场是人类发现的唯一能让多数人自愿合作的方式。这也是为什么它对于维持个人自由至关重要。”在铅笔的故事里，里德的原文是这样说的：“还有一件事更令人称奇，并没有一个主宰者来发号施令，或者强制性地指挥生产我的无数的生产活动。一点都没有存在这种人物的迹象。相反，我们发现，‘看不见的手’在发挥作用。”这就是斯密提出的“看不见的手”。斯密在《国富论》中说，那些所谓富有同情心的人未必会关心你是否吃了早餐，但是自私自利、素未谋面的面包师为了他自己的利益，却一直在关心你喜欢吃什么口味的面包。“利己之心”是驱动人们创造财富的根本动力。当人人都根据自己的利益行动时，“一只看不见的手”会指引着人们加入生产与交易中。约翰·斯图亚特·穆勒和哈耶克表达得更为具体。穆勒说：“追求金钱是人类生活的最大动力之一。”哈耶克说过：“金钱是人类发明的最伟大的自由工具之一。”金钱会向穷人开放，但是权力不会，这说明自由市场竞争是公平的，每个人都有可能在市场中获利。所以，市场这种自发秩序，其实是符合人性的，金钱让人人自发自愿地参与到市场中，不需要中央集权领导。

事实上，中央集权也无法领导大规模的市场体系运作。因为知识（市场信息）是分散的，世界上没有任何一个人可以掌握有关铅笔制作的所有的知识——客户需要什么，哪里有合适的石墨、木材，哪里有合适的斧头，等等。这就是哈耶克的知识分散理论，这个理论也说明了计划经济为什么会失败。

第三，市场可以大幅度地降低成本，提高资源配置效率。一支铅笔凝结了成千上万个人的智慧，但是一支铅笔的市场价格不过一元。换句话来说，只需要一元钱，就可以指挥成千上万的人为自己生产这支铅笔。不过，这句话也并不完全准确。因为铅笔的成本之所以如此低，是因为分工带来的规模效应，亚当·斯密在《国富论》的劳动分工理论中写道，分工可以提高专业化程度，进而提高生产效率。所以，准确来说应该是，无数的一元钱，指挥成千上万个人为无数人生产铅笔。正如弗里德曼所说的：“每次我们到商店购买一支铅笔，我们都是用我们的一丁点劳务，来换取投入铅笔生产过程中的成千上万个人中的每个人提供的极小量的一些劳务。”

总结以上我们可以得出结论：在如何认识市场这个问题上，古典政治经济学、新古典主义，与凯恩斯主义、苏联计划主义都犯下了同样的错误，那就是使用了“上帝的视角”。但实际上，市场是一种陌生人之间大规模协作的自发秩序。这种秩序，与国家、计划等人为安排的制度不同，它是人人自发自愿参与的，是符合人性的，也是建立在人的自由选择基础之上的。所以，我们在认识市场时，要反复告诫自己：市场是基于个体的，全球化也是基于个体的，而不是建立在集体、国家之上的。

张五常在《经济解释》中说过，我们讨论经济学问题的一个前提是个人选择，这个前提不一定完全正确，但是重要的不是前提是否正确，而是认可这个前提，并且在这个前提下思考和讨论。比如，市场的问题不能用民主的手段来表决。不能因为大企业亏本了，或是多数民众亏本了，就用投票的方式来干预市场，破坏竞争规则，从而损害另外小部分人的利益。这其实是多数人的暴政。

参考资料

[1] 铅笔的故事，伦纳德·里德，《文苑·经典美文》，2012年第7期。

[2] 自由选择，米尔顿·弗里德曼，机械工业出版社。

[3] 国富论，亚当·斯密，商务印书馆。

[4] 经济解释，张五常，中信出版社。

Part Four
人　性

市场的滚滚洪流最终告诉人类，符合人性的行为才具有强大的生命力。

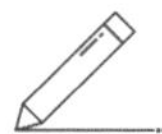

自利：市场的原动力（目的与结果）

通过之前的内容，我们知道市场机制具有非常强大的创富能力。市场机制拥有如此强大的创富能力的根本原因是它符合人性。

首先，私有产权可以满足人性的私欲，产生激励作用。如果个人创造的财富属于公共的或他人的，那么人们的劳动积极性就会大大下降，出现“磨洋工”“搭便车”等现象，产生公地悲剧。其次，市场是按“价高者得”的方式来分配资源的，这种分配机制激励人们努力创造财富。如果平均分配，则会产生逆向淘汰，勤劳者、创新者的积极性受到打击，而懒惰者、无能者则从中获益。所以，市场的人性基础是自利。自利，也是推动市场运行的原动力。

亚当·斯密在《国富论》中描述了自利对生产及交换的作用，他说：“交换倾向出于自利的动机，并且引发了分工。”他还说：“我们不是借着肉贩、啤酒商或面包师的善行而获得晚餐，而是源于他们对自身利益的看重。”[1]

比斯密更早，休谟对人性的论述颇为深刻。他曾经写过一本非常著名的书，叫《人性论》，休谟经济理论的哲学基础就是人性论。在休谟看来，自然赋予了人类无数的欲望和需要，但人类只有一些薄弱的手段，完全不能缓解自身的欲望和需要，只有社会才能弥补这种缺陷。这里说的“社会”，指的应该就是市场。休谟认为，自私和贪欲是人的本性。人们的欲望是劳动的唯一动机。一个人的劳动无法满足自己的多种欲望，这就引起了交换。人的欲望超过了自然界的“稀少的供应”，这就导致了私人占有制度的产生。[2]这段话里面包含了两层意思：

第一层意思是个人欲望不息与资源稀缺产生了矛盾，引发了个人劳动和交换的动机。

第二层意思是当劳动和交换产生富余时，便产生了私有制。个人欲望就演变为私欲，今天我们说欲望通常指的是个人私欲。满足个人私欲的过程便是自利行为。

休谟是斯密最亲密的朋友，休谟的人性论对斯密产生了深刻的影响。在《国富论》之前，斯密写过一本著名的伦理著作《道德情操论》。很多人想当然地认为，《道德情操论》将道德行为的动因归结为同情心、利他，而《国富论》把经济行为的动机归结为利己，所以这两部著作对人性的论述是对立的。德国历史学派还将这种对立概括为“亚当·斯密问题”。但仔细阅读《道德情操论》便会发现，斯密在书中提出了两种不同的人性假设——利他与利己。斯密从同情心（感同身受的意思）出发，衍生出三种美德：仁慈、正义和谨慎。仁慈和正义是关注他人（利他），而谨慎是关注自己（利己）。他在书中说：“出于对他人幸福的关心，我们形成正义和仁慈的美德；出于对自身幸福的关心，我们怀有谨慎的美德。谨慎让我们自我克制，从而使我们免遭伤害和痛苦，而正义和仁慈让我们为他人谋得幸福。一般来说，如果不考虑他人的想法和感受，谨慎是自私的，而正义和仁慈才是无私的。”[3]

实际上，斯密不但继承了亚里士多德、柏拉图、斯多葛学派创始人芝诺及其老师哈奇森关于仁爱德行的基督教思想，同时也吸收了马基雅维利、霍布斯、曼德维尔、休谟等人主张的人性之恶、自利以及自爱思想。霍布斯认为，人的一切活动都是利己的。他说：“每个人生来首先和主要关心的是自己。”斯密在《道德情操论》第七卷介绍了曼德维尔的思想，曼德维尔认为，人类的美德完全源于人的自私，社会发展来自人们对各自激情及自我欲望的追求。曼德维尔是一位荷兰经济学家，他写了一本寓言诗，叫《蜜蜂的寓言：私恶即公德》。书名所说的私恶指个体追求个人的利益和快乐，而公德则指社会经济的发展。曼德维尔在书中提出了著名的“私恶即公德”的观点，即满足个人私欲可以带来公共利益之善果。[4]对私欲与经济理论、公共利益之间关系的论述，曼德维尔比斯密、休谟都更加深刻。斯密在《国富论》中，用更加浅显易懂的语言表达了曼德维尔“私恶即公德”的观点，并且以此构建了自己经济理论的人性基础。后来的凯恩斯也吸收了曼德维尔的思想，并且在《通论》中介绍了《蜜蜂的寓言：私恶即公德》。

1976年，英国生物学家理查德·道金斯写了一本很著名的书，叫《自私的基因》。在这本书中，道金斯从生物进化的角度，说明了基因的基本特性就是“自私”。道金斯认为，所有基因都是自私的，基因为达到生存目的会不择手段。我们的生命，不过是承载一大堆自私基因的载体。[5]道金斯的研究为人性自私论提供了生物学方面的科学依据。但是，今天这种思想受到了科学界的挑战。我们不能确定道金斯的“自私的基因”一定具有科学性，但是从生物学的角度看待这个问题，也给了我们不同的视角。

满足个人私欲，追求个人利益，是人的经济行为动机。今天我们认为这是理所应当、符合人性的。但是，这种观点在历史上存在着巨大的争议，这是为什么呢？休谟把对财富、享乐和权力的追求看作人的本性，并认为无论何时何地，人性是一致和不变的。难道过去这几百年，人性发生了巨大的变化吗？当然不是。个人私欲被压制最主要的原因是，人类第二种生存方式——计划控制的价值观与私欲、自利是完全相悖的。

不管是东方还是西方，计划控制时代的价值观都含有灭私欲、弘扬仁爱与公德的观点。几千年来，孔子、耶稣、释迦牟尼都告诉我们，人类必须抱着友爱之心共同遵守一种规则才能免于混乱与战争。在这个问题上，古代东西方的观点为什么能做到如此一致呢？

经济学的一个基本假设前提是资源是有限的，但人的欲望是无穷无尽的。个人无法满足所有的欲望，进而催生了市场交易。但是，在农耕时代，生产力水平低下，交易费用极高。在农业计划经济体中，个人即使有三头六臂也无法满足所有的欲望。这时就需要压制个人的欲望，尽量缓解资源贫乏的矛盾。

儒学集大成者朱熹提出“存天理，灭人欲”，这个思想贯穿了整个农耕时代的统治。由于农业计划经济在上千年的时间里都没有增量，生产力长期停滞，一旦人口增长到一定规模，就会出现人多地少的矛盾，爆发饥荒、瘟疫和战争，这就是“马尔萨斯陷阱”。统治者为了避免“马尔萨斯陷阱”，不但极力灭人欲，还会不断地强化道德教化，实施愚民政策。灭私欲的反面，就是弘扬公德，就是我们通常说的无私奉献、天下大同。这其实是一种道德教化，这种道德教化从上到下，体系森严。在欧洲中世纪，统治者以天主教教义为核心教化信徒向善。在古代中国，则以儒家教条，如三纲五常为核心教化民众向善。

当然，教人向善是对的，正常人都应该心怀善念、传播善念。但是，问题的核心是古代统治者将“灭人欲，灭私欲”作为思想统治工具，用道德教化实施愚民政策，以稳定统治地位，维护政权合法性。这种存有统治目的且扭曲人性的道德教化，在人类千百年历史中，不但没有带来经济的增长、科技的进步，最终也无法维持王朝的统治。因为人的欲望终究是无法被压制的，一些统治者骄奢淫逸，却要求民众禁欲且大公无私，这种谎言与教化在饥荒灾难面前定然会被戳穿。

所以，到了近代，市场开始兴起，人类从第二种生存方式向第三种生存方式转型时，价值观发生了剧烈的碰撞。统治者不想失去话语权和思想统治武器，他们会站在道德的制高点上竭力诋毁人性之私欲。同时，被长期愚化的民众也盲目附和。休谟当年撰写了《人性论》，但一直不敢承认这本书是自己写的。因为书中对人性的揭露，伤害了天主教教会的利益，当时的教会及大学对休谟进行了无情的打击与批判。曼德维尔发表《蜜蜂的寓言》后，也受到了欧洲贵族及学者的猛烈批判。不过，最终，农耕时代统治者的道德谎言还是被击破了。取而代之的是以市场为基石的更符合人性的新的价值观——自利即利他，或私欲之花开出公共利益之果。斯密在《国富论》中这样描述："我们每天所需的食物和饮料，不是出自屠户、酿酒商或面包师的恩惠，而是出于他们自利的打算。每个使用资本和劳动的个人，既不打算促进公共利益，也不知道他自己是在什么程度上促进那种利益的。他受一只看不见的手的指导，去尽力达到一个并非他本意想要达到的目的。通过追逐自己的利益，他经常促进了社会的利益。"

市场的滚滚洪流最终告诉人类，符合人性的行为才具有强大的生命力。个人的市场行为，从目的、动机上来看似乎是自私的，但是从结果来看，它又是利他的，且符合公共利益。所以，猜测他人的动机是愚蠢的，我们需要关注的是事实与结果。这种市场的价值观，最终是由德国著名的社会学家、经济学家马克斯·韦伯确立的。他在1904年撰写了一本非常著名的书叫《新教伦理与资本主义精神》。韦伯从宗教改革与基督教伦理演变的角度，探索资本主义的内在精神。他认为，天主教注重"原罪说"，其最高理想是通过禁欲和苦修来赎罪。所以，天主教的传统往往排斥世俗的事务，尤其是经济成就上的追求，但是，马丁·路德、加尔文推行宗教改革后，新教徒们摆脱了传统教义，开始注重世俗生活，努力进取，不掩饰对经济利益的追求，这其实是两种不同的生存方式下的价值观碰撞。韦伯认为，新教伦理是资本主义精神的基础，资本主义精神是什么呢？他引用了富兰克林的一句话："时间就是金钱。"这句话也曾经是中国改革开放初期的市场宣言。韦伯试图说明，新教徒在资本主义制度下展现的努力进取、追求利益的精神，是一种积极的精神。[6]

参考资料

[1] 国富论，亚当·斯密，商务印书馆。

[2] 休谟经济论文选，大卫·休谟，商务印书馆。

[3] 道德情操论，亚当·斯密，商务印书馆。

[4] 蜜蜂的寓言，贝尔纳德·曼德维尔，商务印书馆。

[5] 自私的基因，理查德·道金斯，中信出版社。

[6] 新教伦理与资本主义精神，马克斯·韦伯，上海三联书店。

博弈：市场的推动力（理性与感性）

马克斯·韦伯的《新教伦理与资本主义精神》这本书对资本主义的地位之所以重要，是因为它找到了资本主义的道德基础。过去，天主教对资本主义的发展约束较多，新教打破了天主教的束缚，将赚钱本身当作一种目的、一种职业责任、一种美德和能力的表现。韦伯发现："工商界领导人、资本占有者、近代企业中的高级技术工人，尤其是受过高等技术培训和商业培训的管理人员，绝大多数是新教徒。"今天，信奉新教传统的英国、美国等国家的经济发展水平确实也要高于坚守天主教传统的西班牙、阿根廷。韦伯将新教伦理确立为资本主义精神根基后，资本家赚钱便没有了道德负担，可以放开手脚了。

但是，这本书在刚出版时，还是遭受了各种抨击，其中拉什法尔是早期批评韦伯新教伦理的重要人物。在《新教伦理与资本主义精神》中文版的附录中，还收录了一篇韦伯反驳拉什法尔的文章，叫《关于"资本主义精神"的反批评结束语》。

总体来看，批评韦伯的主要有两类人：

一类是历史学者，他们认为，资本主义精神与新教伦理没有必然联系，甚至认为新教伦理是资本主义的产物。这类人对韦伯的批评主要属于学术之争。另一类则是反资本主义者，如当时的马克思主义者、社会主义者。他们认为，韦伯提出的新教伦理是在为资本主义的拜金主义价值观背书，为资本家合法、合理剥削找理论依据。这类批评属于意识形态之争。

在书中，韦伯虽然用“时间就是金钱”这句话简单粗暴地引出了“资本主义精神”，但其通篇所讲述的资本主义精神并非简单的金钱观，而是追求金钱合理性背后的新教伦理。他认为，新教伦理重新定义了财富与劳动，颠覆了天主教一千多年来的观念，鼓励人们创造财富、积极劳动，这背后有一个非常重要的品质，那就是尽责。

宗教改革领袖马丁·路德将《圣经》翻译成德文后，充分强调了教义中的天职观。只有恪尽天职，才能得到救赎。放在资本主义的语境下，恪尽天职便是勤劳谋生。韦伯说：“一个人对天职负有责任乃是资产阶级文化的社会伦理中最具代表性的东西，而且从某种意义上说，它是资产阶级文化的根本基础。”同时，韦伯认为基督教中的禁欲主义对资本主义有益。天职观激活世俗欲望，强调勤劳、上进，而禁欲主义则强调节俭、克制，二者结合有助于原始资本的积累，理性地安排世俗生活及工作，拿现在的话来说就是创富和理财。

但是，第一次世界大战的爆发让欧洲学者对资本主义产生了质疑并掀起一股批判的浪潮。很多人质疑曼德维尔、斯密提出的市场价值观是否正确。如果“利己即利他”，个人在市场中逐利可以促进社会福利最大化，为何现实中还会存在大量的贫穷人口、无产者，为何还会爆发规模空前的世界大战？特别是，近代市场兴起后，殖民战争伴随着国际市场遍布各大洲。可以说，近代资本主义兴起的历史，就是亚非拉国家人民血与泪的历史。所以，人们有理由怀疑，近代殖民主义和掠夺战争是不是私欲与自利价值观所驱动的？韦伯倡导的新教伦理和资本主义精神是不是亚非拉国家及底层民众的灾难根源？

关于这一点，虽然韦伯在《新教伦理与资本主义精神》中也做出了解释，他认为，通过掠夺、殖民等暴力手段获取原始资本积累，这种行为并不是资本主义精神，但是，这种解释在残酷的现实面前显得苍白无力。更糟糕的是，第一次世界大战后，人类爆发了史上规模最大的经济危机和大萧条，大量工人失业、流离失所、陷于饥荒。大萧条直接击溃了经济学家的市场信仰，凯恩斯主义登上了历史舞台，苏联计划主义大行其道。多年的大萧条又诱发了第二次世界大战，亘古浩劫，文明罹难，资本主义差点跌至地狱。私欲创造财富，自利带来文明，交易促进道德，似乎成了谎言连篇的“鬼话”。

经济学家该如何解释这一切呢?

在凯恩斯主义之前，自由市场是经济学家的信仰。在马歇尔、瓦尔拉斯的均衡范式中，充分竞争的自由市场促使社会福利最大化。但是，新古典主义理论有一个基本的假设前提，那就是充分竞争，也就是市场是无摩擦的，交易不会产生费用，人的行为是理性的。然而在现实中，人并不是绝对理性的，信息是不对称的，市场存在大量的摩擦，交易费用也不可能为零。换言之，市场并不是充分竞争的，自然也就无法推出社会福利最大化的结果。所以，从凯恩斯开始，很多经济学家开始从人的非理性、有限理性的角度，探索市场失灵的根源。

美国经济学家阿罗是有限理性假设的提出者，他认为人的行为“是有意识地理性的，但这种理性又是有限的”。行为金融学的基础假设就是人是有限理性的。在行为金融学中，有一个著名的实验叫阿莱斯悖论。这个实验的结果告诉我们，大多数人在决策时，对结果确定的现象过度重视，这种现象叫损失厌恶。比如，炒股被套牢时，很多人不舍得“割肉”，因为“割肉”出局是确定性的损失，如果继续持有，哪怕只有1%的概率能回本，也有很多人愿意博一把，因此很多人越套越深，越补仓越亏损。这就是损失厌恶心理在作祟。

在现实中，人不是绝对理性的，这让传统经济学的人性假设出了问题，整个经济学的理论体系崩盘了，资本主义所宣传的价值观也岌岌可危。在大萧条期间，凯恩斯主义的出现拯救了资本主义世界。但是，凯恩斯主义并没有拯救经济学，甚至还将经济学带入了一个误区。凯恩斯主义与新古典主义就人的理性假设问题展开持续的争论，但是，二者都犯了同样的错误，都从“上帝视角”来看待问题。其实，在经济学中，人是理性的还是非理性的，无关宏旨，也难以证实或证伪。并且，人理性与否与个体有关。有些人理性一些，有些人感性一些。同一个人，在某种情境下理性一些，在另一种情境下又会非理性一些。所以，人的理性与否不能一概而论。

那么，我们该如何看待这个问题呢？

回顾之前的内容，我们知道，经济学研究的是个体行为。所以，人理性与否本身不重要，重要的是，在个体博弈中，理性一方或更接近理性的一方，往往能够获得更大的收益，这一点才是理解这个问题的关键。经济学家西蒙将有限理性的理论界定为“考虑限制决策者信息处理能力的约束的理论”。换言之，人的有限理性主要源于对信息掌握不充分，处理信息的能力受约束。根据哈耶克主张的知识分散理论，任何一个人都无法获得充分的信息，因此，人都是在有限信息下做有限理性的决策的。掌握越多信息的人、决策越趋于理性的人，在博弈中的地位就越有利。

举个例子，假如我家附近有A和B两家超市，B超市比A超市更近、商品更便宜。但我只知道A超市，并不知道B超市的存在，所以，我只去A超市购物。这就是有限信息下的有限理性。这种情况才是交易中的常态，因为没有人能掌握所有的商家信息。而且，要掌握更多的商家信息，需要大量的成本，比如搜索成本、试错成本等，这些成本就是交易费用。人们在进行交易选择时，实际上已经有意无意地权衡了成本。如果搜索信息花费的成本太高，人们就会选择在有限的信息下交易。从这个角度来说，人在有限信息下的决策，也是经过成本及收益考量的，虽然是有限理性的，但绝对不是盲目的。这种有限理性，更准确的定义应该是相对理性。如果有一天我发现了B超市，我可能就会改变购物行为，选择距离更近、价格更便宜的B超市购物，这样我的购物成本就下降了。这就是在交易费用没有大幅度增加的前提下，掌握的信息越充分，消费者就越接近理性，获得的收益也就越大。现代互联网的价值之一就是大大降低了搜索成本，让用户可以就一个商品对全球范围内的商家进行比较，从而掌握更多的信息，更加接近理性，更能够降低交易费用，获取更大的收益。

最后我们做个总结：

一是市场信息是分散的，个体所掌握的信息总是不充分的，人都是在有限信息下做出有限理性的决策的。所以，人是理性的还是非理性的，无关宏旨。

二是掌握信息、识别信息是需要成本的，会提高交易费用，个体会综合评估交易费用与实际费用之后做出相对理性的决策。

三是“上帝的视角”是一种错误的市场认知，个体之间的博弈是市场的常态与内涵，谁能掌握更多的信息，谁就更接近理性，能够获得更大的收益。所以，个体之间的博弈是市场的推动力。

四是市场理论出了问题，而不是市场出了问题。所以，市场的价值观依然成立，私欲创造财富、自利带来文明、交易促进道德，自然也就成立。

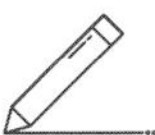

自由：市场的价值观（自由与平等）

在经济学领域，自由不是意识形态式的，而是一种经过科学论证的、严谨的理论。我们甚至可以说，自由是市场的价值观。没有任何经济学家会反对自由市场，就连凯恩斯主义者也不会否认市场自由交易的重要意义。一些经济学家甚至认为，经济学家的责任就是捍卫市场自由。经济学家如此推崇自由市场，让很多人以为，经济学家们是为资本家代言的。其实不是，在经济学中，自由交易的价值是被科学方法论证出来的。

现代经济学刚创立时，威廉·配第、坎蒂隆、休谟、斯密、李嘉图等经济学大师都主张自由市场，但那个时候自由市场并未经过严谨的论证。到了19世纪，法国出现了一位杰出的经济学家——安东尼·奥古斯丁·库尔诺。库尔诺同时也是一位数学家，他是第一位用数学方法解答经济问题的经济学家，所以也被视为数理经济学的创始人。现代经济学教科书中著名的库尔诺模型就是他创建的。库尔诺还是第一位提出完全垄断、双头垄断和完全竞争等不同市场数学模型的经济学家。之后的经济学家们对垄断经济模型的研究基本延续了库尔诺的数学方法。

库尔诺通过自己的数学模型证明：只要市场充分自由竞争，资源配置效率就可以达到最大化，而垄断和寡头垄断都会带来社会福利损失。所以，库尔诺是第一位从数学的角度论证了市场自由交易价值的经济学家。遗憾的是，库尔诺时运不济，年轻时正好碰上了法国大革命，时局混乱，同时法国的空想社会主义思潮及工人运动盛行，他的思想及研究成果遭到了意识形态的攻击，一直没有被世人重视。直到库尔诺晚年时，英国经济学家杰文斯才挖掘出了他的学术价值。

19世纪下半叶，经济学历史开始进入边际主义时代。“边际三杰”中的杰文斯和瓦尔拉斯，都对库尔诺的数学分析方法推崇备至，他们甚至倡导将数学推理作为经济学理论研究的唯一方法。后来，瓦尔拉斯、马歇尔、埃奇沃思、帕累托等新古典主义经济学家继承并发展了库尔诺的数学分析方法。这些经济学家的理论（包括瓦尔拉斯的一般均衡理论、马歇尔的局部均衡理论和帕累托最优理论等）有一个共同特点，那就是都用数学的方法论证了在完全自由市场下，社会福利能够达到最大化。

瓦尔拉斯在1874年出版的《纯粹政治经济学纲要》一书中提出，纯粹经济学实质上就是在假设完全自由竞争制度下，关于价格决定的理论。帕累托最优理论则认为，在完全自由的经济体中，经济效率是最优的，社会资源配置是最合理的。所以，在经济学领域，自由市场最优，是一个被数学论证过的、科学的结论。

在近代科学出现之前，不管是东方还是西方，人们基本上使用经验归纳法来认识事物。比如古代中医就是一种经验医学，主要通过大量的经验案例来探索医学规律。近代科学出现后，诞生了一种与经验归纳法完全不同的方法论——演绎法。演绎法不从经验出发，而是提出一些假设前提，然后通过论证规律，得出结论。今天，我们普通人一般还都习惯使用归纳法认识事物，而科学家、经济学家在学术上通常使用演绎法。

在经济学领域，最早对归纳法提出质疑的是休谟，他认为归纳法缺乏科学性。后来，经济学家在“休谟铡刀”基础上将经济学分析方法分为实证分析和规范分析。其中，实证分析主要使用演绎法的思路，更加强调数学论证。到了19世纪下半叶，经济学发展到了新古典主义时代，瓦尔拉斯等人借着当时“社会科学研究自然科学化”的大势，大力地将数学分析方法引入经济学中，形成了成熟的实证分析方法。但是，在经济学中过度使用数学方法也存在问题。现代有很多经济学家如哈耶克、诺斯、罗默、张五常、张维迎等批判经济学研究数学化，批评经济学几乎成了数学的奴隶。

一般认为，社会是由有思想、有意识的人组成的，自然科学的数学分析方法不能完全适用于社会科学，由人组成的经济社会也有其自身规律。所以，数学分析方法只能作为认识经济规律的重要工具，而不能盲目地崇拜。关键的问题是要搞清楚在具体分析上是否合理。比如，实证分析以某些假设为前提，这些假设前提可以帮助我们去除一些无关紧要的因子，以探寻事物相关性或因果性规律。但是，如果假设前提搞错了，比如把关键的信息排除了，之后的论证逻辑及结论可能都有问题。

以瓦尔拉斯一般均衡理论为例。一般均衡理论是以完全自由竞争市场为假设前提的，这个大前提下又包含了很多小的假设，比如市场中信息完全透明、要素自由流通、不存在不确定性、有足够多的参与者、不存在虚假交易，等等。这些假设前提就是有问题的，排除了分析问题的关键因子。以信息完全透明这个假设前提为例，信息完全透明在现实中并不存在，市场中的每个个体搜索信息、甄别信息、识别风险，都是需要付出成本的。这个成本，被后来的新制度经济学家科斯概括为交易费用。瓦尔拉斯的假设前提忽略了交易费用，而交易费用是不能被忽略的，因为通常来说，交易费用非常大。

为什么瓦尔拉斯忽略了交易费用呢？

主要原因是，瓦尔拉斯等新古典主义经济学家将市场作为一个整体系统来处理，构建了一系列的宏观范式。在宏观范式中，所有的个体，包括个人与企业，都是原子式的，没有差异化，没有主动性。然而，市场并不是一个整体系统，而是一个自发秩序。在自发秩序内，个体在有限的信息下衡量交易费用与实际费用，然后做出最有利于自己的选择。所以，瓦尔拉斯等新古典经济学家将经济学推入了一个重大的误区——上帝的视角。在科斯的基础上，张五常进一步说出了瓦尔拉斯等人理论的本质问题——如果交易费用为零，市场将消失。因为信息完全透明，要素完全自由流通，其实是无法交易的。换言之，瓦尔拉斯一般均衡、帕累托最优等理论的结论不可能是效用最大化，反而是连市场都不复存在了。

所以，新制度经济学家们实际上推翻了新古典主义经济学家用数学方法证明自由市场的资源配置效率最高的一系列理论，但这并不意味着自由市场带来社会福利最大化的结论是错误的。对这个问题更科学的理解是，自由市场依然是成立的，只是自由不能作为一个假设前提，自由是有成本与风险的：能够获取更多信息的个人、更加自由的要素、交易费用更低的市场，经济效益更高。自由市场效用最大化的结论依然成立，我们依然要追求更加自由的市场，只是在有交易费用的前提下去追求。

这个结论否定了放任自流的主张，因为放任自流会带来极大的交易费用。很多人认为，哈耶克是极端自由主义者，其实恰恰相反，哈耶克反对斯密放任自流的主张，强调自由是有风险的。哈耶克在《自由宪章》中引用了约翰·洛克的话："何处无法律，则亦无自由。"[1]在经济学中，自由的含义与法律界应该是一致的，即法无禁忌即自由。我们讨论市场自由或自由市场，都应该在这个确定的概念下讨论。法律以及一切约束自由的制度，其实都是为了降低交易费用，目的是让自由市场效用最大化，而不是阻碍自由市场。比如，器官买卖是被各国法律所禁止的。因为，如果放任资本进入这一领域，市场的交易费用就会变得奇高，可能出现各种人身伤害及伦理伤害，不利于社会福利最大化。

英国经济学家约翰·穆勒写过一本非常著名的书《论自由》，他在书中说："一位（古代）中国高官，跟最卑微的农夫一样，同为专制统治的工具和奴才。"[2]所以，是自由市场解放了人类，解放了古代以来的人身依附。有了市场经济，人类才真正享有自由与平等。但是自由市场是有成本与风险的，一旦市场遭遇危机，很多人又会放弃自由而向政治强人寻求保障，自由市场又面临威胁。阿克顿勋爵曾经警告世人："每个时代，自由都面临着四大挑战：强人对权力集中的渴望、穷人对财富不均的怨恨、无知者对乌托邦的向往，以及无信仰者将自由和放纵混为一谈。"这句话精练地总结了一些人反对自由市场的根本原因。

参考资料

[1] 自由宪章，弗里德里希·哈耶克，中国社会科学出版社。

[2] 论自由，约翰·穆勒，上海三联书店。

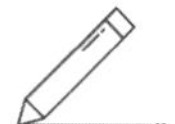

互助：市场的道德观（愿望与动机）

市场，到底是败坏了道德，还是促进了道德？这是一个值得深究的问题。

多数经济学家支持市场促进道德进步的观点。亚当·斯密在《国富论》中多次强调，自由交换促进社会秩序。孟德斯鸠在《论法的精神》中指出，贸易促进道德进步。张维迎教授认为，市场是促进人类道德的制度。但也有人否定市场促进道德进步的说法。孔子在《论语》中说：“君子喻于义，小人喻于利。”在古代中国，人们认为无商不奸，商人几乎与小人画上了等号。到了近代，即使市场给社会带来了巨大的财富，但资本家依然被贴上“丑恶嘴脸”“贪婪小人”的标签。马克思在《资本论》中这样评价：“资本来到世间，就是从头到脚，每个毛孔都滴着血和肮脏的东西。”[1]

市场，到底是促进了道德，还是败坏了道德？商人和资本家，到底更高尚，还是更卑劣？

从市场动机的角度来看，市场并不存在所谓的道德。按照传统道德的标准，市场的逐利动机就是不道德的。这是人们批判市场与资本家的关键所在。近代资本主义兴起时，天主教徒批判商人败坏了社会风气。中国改革开放早期，也有不少人批评市场滋生了拜金主义。但是，从市场发展的结果来看，市场是促进了道德进步的。曼德维尔曾经讲过一句著名的话：

“个人私欲之花开出公共利益之果。”斯密也在《国富论》中说：“我们期望的晚餐并非来自屠夫、酿酒师或是面包师的恩惠，而是来自他们对自身利益的特别关注。”[2]同时，斯密还说：“每一个人，不需要自己关心社会福利，他也不知道自己怎么去推动社会的福利，他只需要关心自己，追求他自己的福利就可以了。但是他在追求自己福利的过程中，会有一只看不见的手，让他的努力转变为对公共事业的推动。这只看不见的手，会让他的自私自利推动社会福利的改进。”[2]

追求个人私利居然能够促进公德，这种逻辑传统观念很难接纳。曾经有这样的传言，说“斯密写了《国富论》之后，认识到自私逐利的局限性，良心发现，于是乎又写了《道德情操论》教诲人们要讲道德”，还呼吁人们多看《道德情操论》，以化解私欲与自利的“原罪”。这其实是子虚乌有的。从时间顺序来看，斯密的《道德情操论》发表于 1759 年，而《国富论》则发表于 1776 年，比《道德情操论》晚了17年。虽然斯密后来反复修订了《道德情操论》，但是这本书并不是道德教化的书籍。在书中，斯密还肯定了自利之心。

人的动机既无法证伪也无法证实。如果以人性自私为假设，任何的善行都是不道德的。因为任何人做任何事情的动机，都是为了追求自我效用最大化。所以，评判道德的标准应该看结果而不是动机。以此来看，市场是促进道德进步的。为什么?

第一，财富促进道德进步。

与农耕计划经济相比，自由市场为人类带来了巨大的财富。《管子·牧民》中有句话：“仓廪实而知礼节，衣食足而知荣辱。”这句话并不是说富人的道德一定比穷人更高尚，而是富庶可以促进道德进步，让人有更多时间去追求礼节，重视荣辱。

第二，交易促进道德进步。

有人提出，市场交易破坏了道德，尤其是货币破坏了道德。理由是，在古代，人与人之间是相互赠予的邻家关系，市场交易将这种温情的关系变为利益交换。在古代，老王家有多余的萝卜赠送给老李家，过几日老李家有多余的青菜又回赠给老王家，这叫投桃报李。但其实，这并不是一种赠予，而是一种交换，一种在有限条件下的跨时间的交换。在古代，由于生产力低下，信息匮乏，又缺乏货币，交换只能跨时间交易，而且是物物交换。到了近代，技术与货币推动大规模的陌生人交易，自由市场兴起。所以，自由市场其实延续并扩大了原来的交易，创造的福利也突破了老李与老王之间，惠及所有人。

通过将古代道德与市场道德进行比较，可以发现，古代道德建立在义务、责任及教化之上，市场道德则建立在权利、自由及交易之上。农业计划经济时代，道德是一种统治工具，是一种生存方式。而在市场经济时代，道德是一种结果，是一种状态。

第三，自发秩序促进道德进步。

市场是一种自发秩序，只有自发秩序才能促进道德进步，因为自发秩序是演化而来的，是人类智慧共同的产物，任何强人设计的人为秩序都将凌驾于道德之上或将道德作为统治工具。哲学家菲利帕·福特于1967年发表了名为《堕胎问题和教条双重影响》的论文，提出了一个非常著名的伦理学实验，叫作“电车难题”：一个疯子把五个无辜的人绑在电车轨道上，一辆失控的电车朝他们驶来，片刻后就要碾压到他们。幸运的是，你可以拉一个拉杆，让电车开到另一条轨道上。但是，那个疯子在另一条轨道上也绑了一个人。考虑以上状况，你应该拉拉杆吗？[3]

这个例子被著名政治学家迈克尔·桑德尔引入其畅销书《公正》后广为人知。很多人用这个例子来批判经济学家主张的市场道德——功利主义。从利益最大化的角度来看，你应该拉拉杆让电车切换轨道，牺牲一人换取另外五人。这显然是不道德的。不过，如果你不拉拉杆，也是不道德的。于是，“电车难题”似乎成了无解之题，唯一的作用是批判经济学家主张的市场道德。

其实，这个问题在自由市场中是个“伪命题”。因为自由市场是一个自发秩序，没有上帝，没有救世主，也没有中央权力，没有任何一个人可以决定其他人的命运，所有人也不需要基于道德做选择。在市场中，每个人只要按照自我利益最大化做选择即可，最终市场的结果自然会促进道德进步。只有在强人设计的人为秩序中，才存在这种决定他人命运的选择，才需要所谓的明君，才被道德绑架而左右为难。这个实验是哲学家设计的，让政治学家困惑不已，因为他们的思维都是整体思维、人为秩序思维，没有自发秩序思维。

沿着这个思路，我们可以进一步延伸到全球化时代国与国之间的关系。在政治学家看来，全球化是国与国之间的关系，政治家决定了国家之间的关系，决定了战争与和平。但是，全球化其实是一个国际性的自发秩序，是数以亿计的个人与个人之间的关系。全球化的过程，也是弱化国家的过程、国家主权对外让渡的过程。在全球化时代，两个国家的关系是战争还是和平，不应由一两个政治人物决定，因为两国关系是数以亿计的个人及相互关系组成的。这种庞大的自发秩序关系有助于国家之间的长久和平。

所以，总结以上三点可以得出结论：市场是促进道德进步的，是符合人性的，而传统观念有不少是违背人性的，或过度教化的。比如，我们通常教育小孩，要有同情心，不要自私，要有爱心。但是，人的本性是自私的，人虽然也有同情心和爱心，但是人的同情心与爱心是以自我为中心，然后不断地向外扩散的。斯密在《道德情操论》中说："人的同情心，是随着人与人之间距离的拉远而急速下降的。"[4]在现实中，我们不可能做到"老吾老以及人之老，幼吾幼以及人之幼"，更多的是像费孝通所描述的差序格局——亲疏有序。

这里，并不是全盘否定传统道德，而是指出，违背人性的过度教化的道德，其实对社会并没有益处，反而可能有害。用哈耶克的话来说就是："通往地狱的路，往往是由毫无原则的善良铺就的。"过去，有很多历史教训，天下大同、平均主义，这种善良的愿望带来了糟糕的结局：人人"搭便车"、机会主义盛行，败坏了道德的同时，还引发饥荒与灾难。

过去的道德观认为，农民是淳朴的、诚实的、重情重义的，没有被金钱与物质玷污。商人则是市侩的市井小人，一身铜臭，自私贪婪，蝇营狗苟，冷漠无情。这其实是一种歧视，而且违反人性。比如，嫉妒是人性中最基本的成分。在古代农村，道德教化人们不要嫉妒别人有钱。但是，如果地主家很有钱，天天炫耀，让他人做到不要嫉妒，这是违背人性的。而在自由市场中，不需要教化人们不要嫉妒他人，参与交易的人更希望他人富裕，因为他人富裕才能购买更多自己的产品。虽然人还是有嫉妒心的，但是自由交易淡化了嫉妒之心。这里的根本区别就是，在自由市场中财富是流动的，交易可以促进财富流转与增值，他人富有可以促进自己收入增加。但在农耕计划经济时代，因为很少有市场交易，财富基本上是由地主垄断的，这样反而容易激发人的嫉妒心，渴望地主破产，甚至斗地主、均分财产。为了平抑风险，统治者便使用道德教化，强化集体主义、国家主义及宿命论，让人认命、顺从、向善、敬畏。这种教化的道德其实是伪善的，最终败坏了道德。

总结起来，古代道德、教化和向善的动机，最终败坏了道德与社会；市场自私的动机，最终促进了道德与文明。在自由市场这一自发秩序中，我们看到了人类的自由、平等、协作、和善，以及大规模的陌生人之间的互助。

参考资料

[1] 资本论，卡尔·马克思，人民出版社。
[2] 国富论，亚当·斯密，商务印书馆。
[3] 公正，迈克尔·桑德尔，中信出版社。
[4] 道德情操论，亚当·斯密，商务印书馆。

Part Five
条　件

只有让阳光普照大地，万物自然苏醒、自由呼吸，才能催生一个自由流通的自然秩序。

市场前提一：思想市场

什么是思想市场？思想市场主要指信息、知识的流通与交易市场，如学术市场、传媒市场。新制度经济学家对思想市场研究比较深入。早在1973年，美国经济学会组织了一个专题研讨会，内容是“第一修正案的经济学”。美国宪法第一修正案的主要内容是国会不得立法禁止新闻自由。

思想市场为什么重要？为什么是自由市场的前提条件之一呢？

从历史的角度来看，先有思想市场，后有市场经济。市场经济、近代科学、现代国家始于宗教改革，宗教改革开启思想市场，促进信息流通，然后才有文艺复兴、启蒙运动、近代科学与自由市场兴起。

我们知道，在中世纪的欧洲，天主教教义森严，控制了人的思想与言行。这时，没有思想市场，也没有自由市场。14世纪中期，一场黑死病席卷而来，天主教没能挽救众生，大量神职人员也被感染死亡，信徒们的宗教信仰开始动摇了。东罗马帝国灭亡后，中世纪的统治结束了，马丁·路德、加尔文等人推动了宗教改革。宗教改革推动了欧洲思想市场的兴起。宗教改革后的新教，打破了天主教的思想垄断，兴办学校，催生了人文主义。16世纪到18世纪，欧洲思想市场异常繁荣，可谓百花齐放、百家争鸣。1753年，伏尔泰反思那段历史时写道：在路易十四时代，尽管有战乱和宗教冲突，一个“通信共和国（Republic of Letters）”悄悄流行欧洲。

什么是通信共和国？当时欧洲学术风气大开，欧洲的学者们经常相互通信，共同探讨。当时的邮递网络就相当于今天的互联网。比如，休谟在18世纪中期参加了关于重商主义的讨论，休谟与欧洲学者们通过书信表达自己的观点，这场讨论的时间长达十年之久。休谟很多经济学思想就是在这场书信讨论中形成的。休谟与现代经济学创始人亚当·斯密是亲密好友，两人大量通信，休谟的经济思想对斯密影响至深。

所以，从历史的角度来看，只有让阳光普照大地，万物自然苏醒、自由呼吸，才能催生一个自由流通的自然秩序。从经济学的角度来看，思想市场也促进了自由市场的发展，主要体现在以下两个方面。

第一，思想市场是一个基本的要素市场。

思想市场受阻，意味着要素无法自由流通，经济效率便会下降。如果思想市场完全消失，自由市场也无法兴起。之前我们讲过人类农耕时代的经济出现了千年停滞。在农耕时代，人们也很勤劳，但人们为什么依然贫穷呢？勤劳为什么没有创造发明呢？因为农耕时代，生产力低效，为了降低交易费用，人们选择了计划控制的生存方式，也就是发展农业计划经济。为了稳定农业计划经济，统治者需要采用道德纲常与国家机器来控制人的思想与言行。对人的严格控制，消灭了思想市场，也消灭了创新创造，人类被锁定在没有思想的井底。近代市场中的科技、知识、信息、管理、制度、企业家精神，以及资本、土地等要素的运用，都需要思想市场。只有思想市场繁荣，这些要素市场才会发达，技术、知识与制度创新才会源源不断地涌现。

在农耕时代，人们并不知道知识有什么用。在古代中国，人们只知道学圣人之学可以考取功名然后做官，光耀门第。除此之外，连读书人都不知道读书有何用。《礼记·大学》中强调格物、致知、诚意、正心、修身，其目的还是齐家、治国、平天下。

16世纪，英国有一位哲学家叫弗朗西斯·培根，他有一句名言："知识就是力量。"他采用归纳法来获取知识，倡导用科学知识认识规律，从而获得行动上的自由。培根是人类思想市场史上的一个转折点。所以，没有思想市场，便没有创新创造，便没有自由市场，更没有近代工业文明。

可以这么说，是人的思想创造了今天这个世界。

第二，企业家、每一个人都是根据思想市场而做选择的。

没有一个人能够获得市场所有的信息，但是不可否认的是，所有人都是依据有限的信息做选择的，信息越充分，选择越有利。这就是市场竞争的基本法则。企业家的事业是一个风险事业，如果信息不对称或信息失真，就容易遇到巨大的市场风险，甚至威胁到人的生命安全。美国著名大法官路易斯·布兰代斯曾说过一句很经典的话："阳光是最好的消毒剂，灯光是最有效的警察。"从自由市场的角度来看，信息公开可以降低市场风险，减少损失，让人们变得更加安全。

以上两点是思想市场与自由市场之间的关系，接下来我们看，思想市场该如何管理。科斯的一篇文章《商品市场与思想市场》讲到了美国社会当时的一个悖论：多数美国人都支持新闻自由、思想自由，但是很多人却认为对商品市场要加以管制，因为商品市场有许多虚假信息、欺诈行为。为什么美国人对思想市场与商品市场的管理态度截然不同呢？有一个理由很有代表性：人们认为思想市场是高尚人士在从事活动，而商品市场充满了卑劣的利益诉求。

科斯的观点是，思想市场和商品市场没有什么不同，也需要对其进行管制，但认为要根据成本来确定管制的内容。科斯一直是睿智的。其实每个市场都需要管制，但是管制的目的不是干预市场流通，而是降低交易费用。交易费用不同，管制的程度就不同。比如，医药行业是人命关天的行业，交易成本高，所以，医药行业需要严格的准入机制，药品上市的标准十分严格，需要经过大样本随机双盲试验，以杜绝假货，保护生命。相对来说，服装行业的标准要求就可以低得多，只需要保证布料安全的底线，产品的质量好坏就可以交给市场去分辨和博弈。

那么，思想市场的管制和标准，是高一些好还是低一些好呢？

从交易费用的角度来考虑，思想市场的管制标准要尽可能低，而不是尽可能高。思想市场的安全边界应该是诽谤、侮辱、中伤、欺诈、抄袭等，在此安全边界之内，信息可自由流通。这其中最容易引发争议的是谣言。我们以李文亮事件来举例。中国最高人民法院对李文亮事件曾经发文解释："谣言"是生活用语，法律上对谣言的表述为"虚假信息"。编造、散布，或者组织、指使他人散布虚假信息造成社会秩序混乱的，属法律严格禁止的对象。若仅根据"虚假信息""不实信息"便将发布、传播谣言者以违法论处，是否具有正当性？最高人民法院的解释是，执法机关面对虚假信息，应充分考虑信息发布者、传播者在主观上的恶性程度。所以，如果不是主观存在恶意，虚假信息、不实信息，是可以自由传播的。

最高人民法院的解释是"虚假信息起源于个体认知能力的局限"。人都有认知局限，普通人之间的认知水平存在差异，无法完全识别信息的真实性，所以，法律应该对个体保持足够的宽容。其实，人类历史上出现的许多信息，都是偏见、虚假以及不实的信息。在这个问题上，英国经济学家斯图亚特·穆勒（又译密尔）在其著名的《论自由》中说得很清楚。他说："对于任何不能一见即明的事物，一百个人中倒有九十九个完全不能予以辨别判断，而只有一人能之，且仅有的这一人，其判断能力也只是相对比较而言的；还有，历史上大多数盛名之士所持的诸多意见现在都被知悉为错误，他们曾做过或赞成的很多事情现在也已经没人会认为正当。"

事实上，没有人能够掌握绝对真理，也很少有人能够第一时间发现真相。即使牛顿的经典力学，也遭遇量子力学的挑战。美国新闻自由史上有一个著名的沙利文案。在这个案子中，美国法院也支持任何个人或新闻媒体不可能确保所发布的信息绝对真实无错。所以，从这个角度来看，我们无法在思想市场上确定一个严格的真实标准。如果这个标准确定下来，思想市场也就消失了。

但是，如果虚假信息大量存在，如何杜绝谣言呢？

有些人说"谣言止于智者"，他们认为应该将信息发布权交给"智者"。这里面存在一个关键问题，那就是将人划分为智者与愚者。愚者容易造谣生事、传谣扰乱，案例似乎比比皆是。但是，愚者因何而愚？百姓的愚昧，不正是信息垄断的结果吗？谣言并非止于智者，因为我们一无法保证智者不会主动造谣、垄断信息；二其实人人都不是什么智者。信息市场是一个竞争性市场，信息、知识不是一个静态的产品，而是一个在竞争中不断迭代、快速更新的产品。信息、知识是在不断被质疑、碰撞中形成的，在错误甚至虚假中发展的。在自由竞争的思想市场中，信息发出后，哪怕是失实的信息，竞争者便马上会跟进，在公开、怀疑、争论、调查、研究中，真相逐渐浮出水面。英国思想家约翰·弥尔顿在其著名的《论出版自由》中早就说过："虽然各种学说流派可以随便在大地上传播，然而真理却已经亲自上阵；我们如果怀疑她的力量而实行许可制和查禁制，那就是伤害了她。让她（真理）与谬误交锋吧，谁看见在自由而公开的交战中，真理会败下阵来？"所以，谣言并非止于智者，而是止于信息公开，止于信息流动，止于信息竞争。

归根结底，人是有思想的动物。人有独立思考、自由表达的权利与欲望。如果人丢失了这些，人就会丧失独立性，变得愚昧、低能，那与动物有何区别？信息产权应该归属个人，而不是政府。只有确保了个人的信息产权，才存在共同讨论的空间，才能更好地推进公共治理。总之，无思想市场，便无工业文明，无人类灵魂。

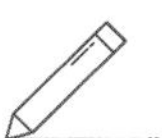

市场前提二：私人契约

什么是私人契约？我们通常说，政府、公共用品、货币属于公共契约；而私人契约，简单理解就是个人与个人之间的交易集合。为什么说私人契约是自由市场的前提条件之一呢？

在远古时代与农耕时代，人类为了应对自然灾害、外族威胁与其他不确定性，长期过着群居、集体生活，依靠集体协作，建立了氏族、城邦、国家等政治机制。这种集体协作便是一种公共契约。后来即使私有制产生，公共契约在很长一段历史内依然是主流，私人财产无法得到充分的保护，个人寄托于宗族、集体的力量，私人契约与自由市场没有太大的生存空间。因为，如果个人没有商品或经济要素的私人产权（包括所有权、处置权等），自然就无法享有商品赋予的个人权利与义务，更无法在市场自由交易。

与自由市场相比，公共契约的产权是属于公共的，没法交易、切割，是私人让渡个人权利的结果；而自由市场，是建立在私人契约之上的大规模协作，个人拥有产权，个人对自己的财产、行为负责。近代市场兴起后，古典主义经济学家主张“小政府”，以压缩公共契约。个人开始脱离集体生活，以自由交易为生。经济学家主张，让自由市场来解决问题，公共政策尽量少干预。这时，私人契约得到极大的扩张。但是，令人感到奇怪的是，经济学家对私有产权的研究是非常滞后的，直到大萧条后，科斯、阿尔钦、威廉姆森、德姆塞茨、诺斯、张五常等人才将产权理论完善。用张五常的话来说就是，古典主义、新古典主义缺少了制度这个闭环。

其中的原因其实也并不复杂。在古典主义和新古典主义的宏观范式中，经济学家忽略了微观差异，也就是个体之间的差异。在他们看来，个人、企业都是原子式的，没有什么差异。同时，他们也不承认不同的产权制度对人的激励存在差异。当时的经济学家忽视个体之间的差异，很大原因是被亚当·斯密的《国富论》误导了。在《国富论》中，斯密为了逻辑自洽，放弃了对知识积累可以带来规模递增的研究，也就间接否定了技术进步会带来个体差异。后来很长一段时间，经济学家们都继承了这一观点。所以，即便斯密及新古典主义者推崇大市场小政府，但他们也只是关注市场机制，而忽视了市场之下的个体差异，如私人契约、个人权利、个人选择、私人产权等，这是一个很关键的问题。我们之前说过，自由市场是一种自发秩序，是个人与个人之间的契约集合。但是，当时的经济学家并未认识到这一点。

虽然奥地利学派很早就将人作为经济学研究的核心，但直到新自由主义时代，经济学界才基本达成了共识：经济学是以个人自由选择为前提假设的。也是到这时，经济学家才意识到，私人契约是自由市场的前提条件，意思是自由市场是建立在个人的权利与行为之上的，而不是建立在公共利益、公共选择之上的。历史上有不少经济学家，包括如今很多研究宏观经济的经济学家，都没能从个人选择的角度认识市场，从而产生诸多错误的理论。

真正旗帜鲜明地将个人选择作为经济学研究对象的是奥地利学派，奥地利学派最完善的著作是米塞斯的《人的行为》。英国著名的新古典主义经济学家莱昂内尔·罗宾斯吸收了奥地利学派的经济思想，弥补了古典主义的巨大理论缺陷。大萧条后，凯恩斯主义崛起，剑桥大学抛弃了新古典主义，英国经济学被凯恩斯主义统治。但是，罗宾斯依然坚决捍卫英国古典自由主义。罗宾斯是伦敦经济学院的领军人物，开创了伦敦学派。

1931年，罗宾斯邀请奥地利学派的杰出代表哈耶克来伦敦经济学院讲学。在奥地利学派将个人选择作为经济学研究对象的理论启发下，罗宾斯写作了一本非常著名的书籍，叫《经济科学的意义和性质》。这本书的重要意义在于重新定义了经济学。罗宾斯在书中写道："经济学是把人类行为当作目的与具有各种不同用途的稀缺手段之间的一种关系来研究的科学。"这是一个非常经典的定义，如今绝大部分经济学教科书都沿用了这一定义。

所以，当今一些经济学家能够摆脱凯恩斯主义的束缚，能够跳出新古典主义的局限，从个人选择角度研究经济学，认识自由市场，要归功于罗宾斯，归功于他重新定义了经济学。中国著名经济学家张五常先生就承认罗宾斯对他的影响很大，他也继承了罗宾斯以个人选择为前提研究经济学的思想。

到这里，我们就更加明白，自由市场是一个自发秩序，是建立在个人选择之上的私人契约，市场关系是个人与个人之间的博弈关系，经济全球化是个人的全球化，而不是国家的全球化。有了以上的认识，接下来，我们再来学习自由市场私人契约的具体内涵。自由市场的私人契约包括三个层面的含义：一是私有产权；二是个人权利与义务；三是个人独立、自愿、自由决策。

这其中，最重要的是私有产权。有些人会提出，私有制很早就出现了，农耕时代不也有私有产权吗？这是完全不同的概念，我们讲的私有产权，是指能够真正受到法律保护的产权。"风能进，雨能进，国王不能进"，这样的产权才是真正的私有产权。这句话出自英国老威廉·皮特1763年在国会的一次演讲，题目是《论英国个人居家安全的权利》。意思是，再穷的人、再破烂的寒舍，也有拒绝国王的权利。只有受法律保护、不被侵犯的私有产权确立，人才有生存的自由与尊严，自由市场才有发展的可能与机会。

财产权等于生命权。生命权是一切权利的前提，没有财产权便无法保障生命权。如果没有土地所有权，人无立锥之地，如何在这个国家生存？

同时，人们只有通过不断的努力，获得、占有及支配更多的财产，比如房产、汽车，才能维持、延续生命，提升生活品质。财产权也等于自由权。没有财产权，人们的自由交易、自由迁徙及自由言论就无法进行下去，人类不可能有可持续的经济秩序和稳定的社会秩序。没有财产权，便无自由与尊严。所以，财产权与生命权、自由权，都是最基本的人权。

新制度经济学家主要从私有产权的制度激励性，即制度效率上做了深入探索。他们认为私有产权更有效率的主要原因是符合人性。道理很简单，为自己干活最有效率，为他人干活无效率，绝大多数人都脱离不了这条人性规律。在私有产权制度下，人人都在自由市场中按照“价高者得”的原则竞争资源，每个人都对自己的行为负责，多劳才能多得，多创造才能多得，鼓励人人积极努力，淘汰懒惰与愚昧。所以，私有产权一旦与自由市场的价格机制相结合，便可发挥出巨大的制度激励性。诺斯等新制度经济学家用历史归纳法也论证了这一点。

市场前提三：自由竞争

自由竞争，是自由市场最基本的前提。人类始终面临资源稀缺的问题，为了解决这个问题，人类历史上主要使用过三种手段：一是强权掠夺，二是计划控制，三是自由交易。到目前为止，唯有自由交易能够带来增量，人类才走出了零和博弈的“马尔萨斯陷阱”。自由交易是靠自由竞争来分配资源的，谁的能力强、谁出的钱多，谁就能够获取更多的资源。

自由竞争，是自愿的、平等的竞争，任何人不能阻碍信息、技术、资本、商品、土地及劳动力的自由流通，干涉自由竞争。如果没有自由竞争，人类可能重新回到强权社会，谁的拳头硬谁就能够获得更多资源，自由交易就不存在了，自由市场也难以存活。所以，自由竞争是自由市场的前提条件，自由竞争是资源配置效率最高的方式。经济学是捍卫自由竞争的学说。真正的经济学家是反对干预主义，反对行政垄断，反对一切破坏自由竞争行为的。

我举个例子，假如一个小镇上现在有100辆汽车、200个家庭，人多车少，应该如何分配呢？现在有四种办法：

第一种是镇上一个恶霸霸占这100辆汽车，然后高价出租或出售；

第二种是交给一个所谓的政治贤人，这个人将镇里的人化为三六九等，按等级分车，第一等人优先获得最好的汽车，第二等人次之，以此类推；

第三种是抽签，这是我们熟悉的限价摇号；

第四种是自由竞争，按价高者得原则，谁出钱多谁买走。

你会支持哪种分车的方式？如果我是恶霸，当然支持第一种。如果我是所谓的政治贤人或贤人的关系户，那肯定支持第二种。但如果我是普通人，肯定支持第四种。只有价高者得的竞争原则才能激励除了恶霸、政治贤人及其关系户之外的大多数人，一方面可以刺激购车者努力创造财富，另一方面可以刺激厂商供应更多的汽车，推动整个社会的财富增加。

还有一些人宁愿选择让政治贤人分配汽车，也不愿意自由竞争。这些人多数都有懦弱无能、好吃懒做、异想天开的倾向，他们惧怕竞争，渴望计划分配。他们甚至知道计划分配比自由竞争的效率更低、财富更少，但他们依然愿意选择计划分配的方式。

畏惧竞争，其实是畏惧风险；排斥竞争，其实是拒绝不确定性。自由竞争是自由市场的前提，但自由竞争也有前提，那就是勇气与责任。哈耶克曾经说过，自由是需要付出代价的。追求自由，意味着冒险。一个没有勇气与愿担责任品质的民族，就无法接受和坚持自由竞争，也无法建立真正的自由市场。

现在，有很多人反对自由竞争，包括斯蒂格利茨等一批凯恩斯主义经济学家。斯蒂格利茨认为，自由市场并不是最高效的，经济全球化导致所有国家的人生活都可能变得更糟。从表面上看，斯蒂格利茨的观点有些道理，因为经济全球化确实导致了一些国家、一些人福利受损。但是，造成这些福利损失的真正原因，不是因为自由市场的竞争，而恰恰是因为自由竞争程度不够。比如，在经济全球化中，资本可以自由流通，但是劳动力难以自由流通。这就导致全球化越发展，发达国家的资本越受益，而劳动者的收入提升却缓慢，贫富差距扩大。美国华尔街资本在全球逐利，流动性极强，收益也很高。华尔街资本在中国投资，利用了中国劳动力的红利；在美国投资金融，利用了美国资本的红利。同时，各国为了吸引国际资本纷纷降低资本利得税，这让华尔街资本能够在全球避税。而劳动力无法在全球自由流通，劳动收益就大大减少了。我们过去为人口红利感到自豪，其实人口红利正说明我们国家的劳动者收入很低，这并不是好事。美国的工资很高，但是中国的劳动者无法到美国工作，只能在国内拿低薪。美国劳动者也是受害者，美国跨国公司将工厂搬迁到中国，美国的工作机会大量消失，而美国工人也一样无法到中国工作，只能失业或转行，收入很难提升。这就是当今经济全球化的核心问题。

但是，这个问题能归咎于自由竞争吗？事实上，这个问题是经济全球化与国家制度之间的矛盾造成的。国家这种制度阻碍了劳动力的流通，国界将全球劳动力市场切分成一个个区域市场。所以，我们真正要解决的问题不是经济全球化，不是自由市场，而是国家制度及任何阻碍全球化的干预主义。但是，很多人陷入了因果颠倒、本末倒置的逻辑错误。他们不知道是干预主义阻碍了自由竞争，然后嫁祸给自由市场，所以也跟着一起指责自由市场。

再举个例子，很多人将房价高的原因归咎于自由市场。理由是，自由市场导致垄断，地产商垄断了市场，抬高了房价。实际上，房地产市场真的是自由市场吗？房价被扭曲到底是自由市场的问题，还是干预主义造成的？

香港的房价是全球最高的城市之一，全球购房者痛苦指数最高。人们普遍认为，香港房价是被李嘉诚等大资本家垄断土地所推高的。但是，为什么香港的大资本家可以垄断土地？大资本家的土地从哪里来的呢？香港的土地是国有的而不是私有的，土地被香港政府垄断，政府采用批租制度，通过拍卖的方式对外出租土地使用权，个人无权对外供应土地。这意味着，香港政府是房地产市场的唯一土地供应方，垄断了土地。所以，香港房地产市场存在这样几个问题：

一是香港的房地产不是完全的自由市场，香港政府垄断了土地供应。

二是香港政府将土地批租给大地产商，导致土地被大地产商垄断。

三是香港政府减少土地供应导致严重的供不应求，这才是香港房价暴涨的根本原因。

从1985年到1997年，香港政府所批出的土地，每年不超过50公顷。

1997年后，香港政府为了刺激房地产，增加土地财政，进一步减少土地供应。从2002年到2010年，香港年均出让住宅用地仅5公顷，比回归之前的50公顷还低。极低的供应和大量的需求将香港房价不断推高。

香港房地产的反面例子是德国。第二次世界大战后，德国千疮百孔，很多人没有房屋居住，房户比不到0.65。德国的土地是私有制，德国政府没有土地大规模建设保障房。但是，德国政府通过贷款、税收补贴等方式鼓励各种主体，比如私人、企业、合作社、教会等大规模建房。到了20世纪70年代，德国房屋就很充足了。1978年，德国的房户比达到了1.21，住房供给出现了过剩。如今，德国房户比在1左右，基本能够满足居民的住房需求，房价也普遍比较稳定。德国房地产模式的成功在于，土地没有被政府垄断，房源可以自由化供应。在德国，私人自己建房比例最高，占比达64.3%，房地产公司开发的占比23.5%，住房合作社开发的占比5.4%，政府和教会开发的占比6.8%。所以，房价扭曲的真正原因不是自由市场，而是土地供应被垄断，破坏了自由市场。土地供应多元化、自由化，反而可以减缓房价扭曲。

斯蒂格利茨是信息经济学的开创者，他提出了一个反对自由市场的理由，那就是信息不对称。这是一个相当有力的理由，这个理由可以反驳新古典主义的完全市场假说。但是，斯蒂格利茨反驳的只能是新古典主义的市场理论，而不是自由市场本身。这怎么理解？

市场本身就是信息不对称的，市场是一个在有限信息下的个人决策的集合。正因为信息不对称，市场才能存在。如果信息完全充分，市场将不复存在。换言之，信息不对称不是市场失灵的原因，恰恰是市场存在、自由竞争的前提。

斯蒂格利茨认为，信息不对称导致市场失灵，因此需要政府干预。这是被新古典主义的完全市场假说给误导了。这也正好说明了，斯蒂格利茨与新古典主义一样都没有正确地认识市场。虽然斯蒂格利茨对自由竞争的反驳不准确，不过，自由竞争的主张需要回答另一个难题：市场是不是越自由越好？

政府设置准入门槛，制定行业标准，是否与自由竞争相违背？这种情况要引入交易费用来理解。自由竞争面临一个不可回避的问题，那就是交易费用。如果自由市场的交易费用很高，就需要借助制度来降低交易费用，牺牲一部分自由。比如，医药行业的准入门槛是非常高的。为什么普通人不能行医、制药？这不是阻碍人们自由参与竞争吗？因为医药行业人命关天，如果每个人都能制药、行医，通过市场信誉机制来自由竞争，很多人的生命可能得不到足够的保障，这时就需要设置一定的门槛。但如果是思想市场，交易费用低，这个门槛就可以低得多。在现实中，货币、医药、食品、汽车、航空等市场的准入门槛和行业标准都很高，尤其是货币，是由国家垄断的；而信息、理发、服装等行业的门槛要求则低得多。所以，自由竞争是自由市场的前提，自由竞争的激烈程度取决于交易费用。政府的干预，不能阻碍自由竞争，而只能以降低交易费用为目的，促进自由竞争，最终提高市场效率。

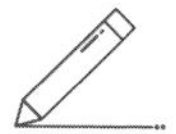

市场前提四：公正制度

新古典主义的理论体系一直忽略了制度这个关键的一环，后来被新制度经济学补上了。新古典主义认为，市场本身就是最高效的制度，人人参与交易都可获利。但是，它忽略了交易费用的存在。交易费用会降低市场效率，过高的交易费用可能导致一部分人受损，极高的交易费用还可能让市场中断，甚至引发战争。为了降低交易费用、提高市场效率，就需要建立公正的市场制度。

不过，也有人提出，市场本身就是不公正的，天然会造成贫富差距，何来公正制度呢？这种观点是对公正制度的一种误解，需要着重强调的是，我们讲的公正制度是指机会公平，而不是结果公平。具体来说就是，交易双方的地位是平等的，交易的过程是公正的。制度的设计绝不能以结果公平为目的。受“不患寡而患不均”思想的影响，不少人有一种乌托邦式的理念，渴望结果公平。但不管从历史教训，还是从理论推演，把结果公平作为目的只能导致共同贫穷。理解了这一点，我们再来讨论以下两个问题。

第一个问题是当今世界的福利制度。

从政治的角度来看，财政转移支付是为了实现结果公平，维护社会稳定；而在经济学领域，这属于福利经济学的范畴。英国经济学家庇古在其著作《福利经济学》中提出，金钱对于穷人的边际效用大于富人，因此通过转移支付，将富人的财产转移到穷人手上，可以增加社会总福利。庇古学说虽然本意不是主张结果公平，却无意中为结果公平找到了一个似乎合理的理由。但是，主流经济学对庇古的福利经济学一直存有质疑，因为效用是一个主观的概念，每个人的效用是外人无法知晓并测量的，所以把富人的财产转移到穷人手上会让社会总福利增加这个结论是站不住脚的。

虽然主流经济学不支持福利经济学的结论，却也难以解释为什么要搞福利政策，为什么要追求结果公平，这让主流经济学陷入了“效率与公平”的悖论之中。我们通常说，市场追求效率，政府负责公平，这种观点其实也是有问题的。如果政府的福利政策以公平为目的，一定会对市场效率造成伤害。比如，福利民粹主义导致部分欧美国家高福利养懒人，政府因此负债累累。努力干活的人，还不如不干活的人拿得多，这对市场的公平是一种伤害。并且，西方国家是民选政府，中低收入者有人数优势，政府经常被福利民粹主义者的选票所绑架，按照多数选票的原则，惠及中低收入者的高福利法令更容易被通过。所以，福利政策虽然可以缩小贫富差距，缓解社会矛盾及不稳定性，但尺度拿捏不好，又容易陷入“我穷我有理”“会叫的娃有奶喝”的悖论，相当于在向非理性妥协，甚至变相鼓励贪婪与暴力。

那么，如何把握福利政策的尺度呢？从经济学的角度来看，可以从交易费用的角度来掌握福利政策的尺度。具体来说，转移支付和福利政策不能为了“政治正确”而片面地追求结果公平，福利政策应该保障机会公平，其根本目的应该是提高市场效率和降低交易费用。换言之，一旦福利政策提高了交易费用，阻碍了市场效率，就必须废止或扭转。

我们以对失业者的救助来举例。当劳动者失业时，如果没有储蓄，可能会慌不择路，希望尽快找到一份工作维持生计。这时这个人的就业选择其实是不自由的，社会劳动资源就无法做到有效配置。所以，发放失业救济金的目的并不是让失业者和就业者获得一样的收入，而是帮助失业者有足够的时间缓冲，能够更加自由地选择工作。这就是机会公平，而不是结果公平。这是一个观念的转变，也是一种制度的转变。福利政策应该以市场效率为尺度，以机会公平为目标，而不是以结果公平为目标。长期以来，福利政策以结果公平为目标是错误的，这一政策导致了福利民粹主义，严重地伤害了市场效率。

理解了这一点，我们再来讨论第二个问题：公正的制度是自由市场的规则，但不是自由市场的竞争机制。打个比方，十个人参加百米赛跑，公正的制度是裁判公正、参赛资格公平。但是，制度不能干涉比赛结果，不能让这十个人民主投票，选出冠亚军。公正制度是市场的“围栏”，但这种规则不能干涉交易本身，不能干涉个人选择。换言之，市场交易不能使用民主制度，民主制度如果干涉了市场交易，就违反了市场的竞争规则，违背了市场的公平性。这个观点可以做一些延伸：在市场中，少数人的利益也应该得到维护，必须避免多数人的暴政。不能因为经济衰退，多数人亏本，就采用民主投票的方式，破坏竞争规则。比如，股票暴跌时，少数人成功逃顶，多数人被套亏损，这时不能民主表决让交易回滚，或者均分少数套现者的利润。

所以，交易规则是机会公平，竞争规则是优胜劣汰。优胜劣汰的结果虽然是不均等的，但也是公平的。关于这一点，经济学家米尔顿·弗里德曼有过精彩的论述。弗里德曼认为，早期美国开国者如杰斐逊提出的“上帝面前人人平等”，主要是指人身平等，打破人身依附。但是，当时美国还存在奴隶制，这就与杰斐逊起草的《独立宣言》相违背。直到林肯废除了奴隶制，才解决了这个问题。林肯废奴后，美国人对平等的讨论转向了机会均等。弗里德曼支持机会均等，并且反对结果均等。因为机会均等支持自由市场，而结果均等则往往会利用政府权力破坏自由市场。

我们经常听到左派和右派的称呼，这种称呼源于法国大革命。最初这两派的革命手段类似，革命目的似乎也很类似，但是当推翻法国王权、夺取政权后，在政权及国家建设上，他们出现了严重的分歧。什么分歧呢？左派将平等作为国家建设的目标，而右派将自由作为国家建设的目标。我们之前可能听到过很多左派和右派的区别，包含了很多批判的色彩，有些似是而非。其实，左派和右派最根本的区别是，平等为左，自由为右。提出这种区隔方法的是哲学家诺贝托·波比欧和丹尼尔·艾伦。他们认为，唯一准确的左右派差异是人们对平等理念的态度。我们可以看到，左派和右派同样都宣称追求平等和自由，但是他们对这两个词的解释是完全不同的。

左派将自由视为手段，将平等视为目的；右派恰恰相反，将平等视为手段，将自由视为目的。所以，结果公平是左，机会公平是右。这是两种完全不同的价值观，从而导向两种完全不同的国家制度以及经济水平。左派追求平等，这意味着使用大政府干预自由与市场，在极端情况下甚至消灭自由与市场；而右派追求自由，将机会公平视为实现自由之目的的手段，可以放任结果不公平，抵制破坏自由的干预主义。

左派和右派，到底哪种主张更好?

关键看哪种主张更加符合人性和规律。弗里德曼有一句经典名言把这个问题说得很清楚，他说："一个社会如果把平等置于自由之上，就既不会有自由也不会有平等；如果把自由置于平等之上，就能同时得到更高程度的自由和平等。"如果以自由为目的，可以在获得自由的同时，至少还能获得机会公平；如果以平等为目的，结果是既没有自由，也没有公平。因为以平等为目的，一是纵容了人性之恶，鼓励贪婪、懒惰及"搭便车"，打击积极、努力与创新；二是违背客观规律，漠视了资源有限下的竞争法则。平等主义过度追求均等分配从而打击了创造，最后既没有平等也没有自由。纵观历史，左派所构建的国家建立在乌托邦之上，最终都遭到了规律的惩罚，结局都失败了。我们经常将平等与自由挂在嘴边，但切勿盲从，以免陷入理性主义的意识形态误区。

另外，市场竞争机制还有一个问题让很多人困惑。市场竞争机制是按照价高者得的原则来竞争稀有资源的，这样越会赚钱的人，越可能获得更多财富。很多人认为这对勤劳、富有知识的人来说是不公平的。比如，大学教授擅长写论文、搞学术，如果按论文数量和质量分配资源，那么大学教授肯定认为这是最公平的。但是，现实中论文很难在市场交易中获得巨额收入，以至于很多学者的财富还不如智力水平、文化知识比他低的人。

这对教授来说是不是不公平呢？市场机制将人导向追求金钱，而不是创造知识，这是不是存在问题呢？如果按学术论文的质量竞争稀有资源，人类的知识创造可能大爆炸，这是否更科学呢？

这其实是一个误解。

市场竞争机制是价高者得，引导人们追求金钱的背后是价值的创造。到底是教授的价值大，还是个体户的价值大？不能一概而论，谁也无法评判，只能交给市场，让需求与供给相互博弈来共同确定一个人所创造的价值。哈耶克曾经说过一句经典名言：“金钱是人类发明的最伟大的自由工具之一。只有金钱才会向穷人开放，而权力永远不会。”市场的分配机制表面上是价高者得，背后其实是按竞争来分配的。谁能更好地满足社会的需求，谁便能竞争到有限的资源。如此，这个社会才会丰富多彩，才能创造出各种不同的产品来满足不同的需求。

Part Six
分　工

分工是自然界天然禀赋差异的结果，在物竞天择的规律作用下，自然界按趋利避害的原则不断地强化分工。

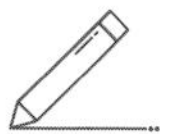

成本与分工：交易费用决定分工？

分工是经济学中非常重要的概念。亚当·斯密在《国富论》的开篇花了三个章节来论述分工。为什么分工如此重要？主要原因是市场交易就源于分工。

在斯密之前，休谟、杜尔阁、曼德维尔、哈里斯、配第以及斯密的老师哈奇森都论述过分工。哈奇森认为，分工对促进经济增长具有非常重要的意义。他指出，专业化、技能与交换相对于孤岛上低微的生产力具有巨大的优势，并且，精细化的分工意味着有更为广泛的知识交流，从而会促进机器在生产中发挥更大的作用。斯密继承了哈奇森在分工方面的观点，还进一步对分工做了系统的论述，包括分工产生的原因、分工的作用、分工与市场的关系，等等。经济学家熊彼特指出，在斯密之前没有任何经济学家给分工赋予了这样具有决定性的重要支配地位。

斯密认为，分工是人类的本能倾向，受交换、互通有无的利益驱使，人类参与分工，进而相互交换。但其实，分工应该是自然界的客观存在，是物竞天择、趋利避害的结果。这怎么理解呢？

一方面，自然界存在天然禀赋的差异，天然禀赋决定了分工。在自然界中，狮群中的雄狮体格庞大、凶悍，擅长争斗，负责保卫领地，而母狮则负责捕猎及抚育后代，双方相互配合，才让狮群得以延续。这种群体内个体的分工在其他动物种群中也十分常见，比如狼群、蚂蚁和蜜蜂等。另一方面，物竞天择和趋利避害的规律，会持续强化分工。生物的演化，都遵循趋利避害的原则。在竞争的压力之下，趋利避害能以最小的成本获取最大限度的生存机会。这样，自然界的分工就会持续强化，沿着天然禀赋的方向持续积累、延展。如此，我们才看到生物的多样性。这也是“用进废退”的道理。

所以，分工是自然界天然禀赋差异的结果，在物竞天择的规律作用下，自然界按趋利避害的原则不断地强化分工。从经济学的角度来看，趋利避害其实就是基于成本、风险与收益考量的。总结起来，自然界的分工受两个方面的支配：第一是天然禀赋的客观性；第二是成本、风险与收益原则。

与很多生物一样，人类最早的分工也是按性别分工的。雄性与雌性，是人类最典型的、最基础的天然禀赋差异。当人类进化为智人时，人类的分工依然沿着趋利避害的原则继续深化，但逐渐摆脱了天然禀赋的束缚，上升到主观意志。所以，人类在以上两个支配条件的基础上，又加上了第三条——主观意志，但主观意志也受天然禀赋和成本、风险与收益原则支配。

大约距今一万年，世界上不少地方已经形成了原始村落。这时，人类的分工在性别分工基础上深化了劳动分工。原始村落是人类繁衍及幼儿养育的集体巢穴。在这方面，女人有天然的优势，女人温柔的母体以及充盈的乳汁，确保了幼儿免于饥寒。男人一般在外打猎，村落自然留给了女人守卫和照看，因此女人成为原始村落的经营者和守护者。在原始村落中，女人利用自身的智慧逐渐开启了人类早期的农业革命和皿器革命。除了养育幼儿，她们在村落里要负责的工作还有很多，比如打制石器、挥锄刨地，筑建篱笆，编制藤筐，捏制泥罐等。到新石器时期，制造技术已从打制演进到了磨制，女人在村落里制造石制、泥制、陶制等皿器。皿器可以储存食物，防止老鼠、蚊虫偷吃和生鲜食物腐烂变质，这有利于家庭食物供应的稳定以及调节余缺，进而促进商品交换。所以，仅仅基于天然禀赋的分工并不能促进商品交易，只有凭借主观意志及人类智慧的分工才能将生产力推到一定的高度，进而产生物资剩余，催生商品交易市场。

但是，人类在很长的一段时间里，分工生产并没有催生出商品交易市场。在农耕时代，人们甚至反对交易，反对分工。这又是为什么？最主要的原因是我们上面提到的第二个支配点：分工产生的成本与风险。分工可以提高劳动效率，但是分工也产生成本与风险。如果一个人放弃狩猎，专门从事打制铁器的工作，这个人可能面临的风险是，没有稳定的食物来源。这就是分工的风险。可能有人会提出，这位铁匠可以用铁器交换食物，以解决温饱问题。这个观点在今天的市场条件中是成立的，但是，在远古社会，因为信息不对称、货币匮乏、生产力不发达、劳动剩余不足，导致铁匠很难找到合适的交易对象，这个铁匠就可能面临饥饿与死亡的威胁。物物交换必须满足“需求双重耦合”，也就是双方的产品都必须在同一个时间、同一个地点、同时满足对方的需求，这样才能形成交换，而这样的交易费用是极高的。

于是，人们总是在分工的风险、成本与收益之间权衡。当发现分工的风险高于收益时，人们会弱化分工。在农耕时代，人们长期弱化、甚至打压分工，以追求生产的稳定性。在古代农村，一个人从事的工作包括耕田、打制器具、育种、饲养、织布、狩猎、砌墙、木工、维修、凿井等。从生到死，衣食住行等所有需要的物资都是自己亲手制作的。即使在今天的农村，我们也还能看到一些“全能式的人才”，什么都会一点。很多农村的“60后”“70后”儿时的玩具都是自己或父母亲手制作的。这就是弱分工体系下的社会。先秦时代有一首歌叫《击壤歌》：“日出而作，日入而息。凿井而饮，耕田而食。帝力于我何有哉。”这首歌的大意是，农夫日出而作、日落而息，自己凿井喝水，自己耕田果腹，日子过得极为快活逍遥。

反观那些靠分工、交换而生的人，活得就比较惨了。比如小手工业者，到处叫卖，换取钱财，经常朝不保夕。过去社会歧视这类人，叫他们“贩夫走卒”。农耕时代的小手工业者并不富有，生活条件和社会地位比农民更低。古代重农抑商的观念具有很强的目的性，本质上就是打击分工与交换，拒绝风险与不确定性，稳定农业人口及生产。这种观念还延续到了今天，时至今日，很多人依然不愿意让自己的孩子从事商业活动。

到这里，我们就明白了，分工与交换固然是好的，但是也需要考虑成本、风险与收益。那么，分工与交换是如何在农耕计划经济体系中演化的呢？这里，我们要注意两个词：一个是熟人的交易，另一个是时间的交换。

熟人的交易可以大大地降低交易费用。如果一个村落足够大、村民足够多，需要打制的器具就足够多，这个村里的铁匠或许就能够生存。因为铁匠可以相对低风险地在全是熟人的村落里完成交易。但是，在农耕时代，村落的金属货币极为匮乏，村民可能没有货币来购买铁匠的器具，只有一些农作物与之交换，而铁匠需要有合适的农作物才愿意交换。这就是上面所讲的“需求双重耦合”，这个难度也是极大的。这时就有了“时间的交换”。比如，一个农民没有合适或足够的农作物与铁匠交换，但春耕需要农具，怎么办?

一种做法是，铁匠先将铁制农具赊给这个农民，这个农民到秋收时以约定好的农作物支付给铁匠。这种交换，有别于物物交换的空间交换，属于时间的交换。这种交换以村民稳定的信用做背书，交易费用更低。在农耕时代，时间的交换要远远大于空间的交换。古代农村存在大量的熟人间的时间的交换。本质上，这是一种债券债务协议。今天，在金融市场上，时间的交换随处可见。

在很长一段时间，这种熟人之间的时间的交换维持着脆弱的分工。直到近代，大规模的陌生人之间的空间的交换出现后，才支撑起人类往深度分工方向发展。经济学家道格拉斯·诺斯认为，跳出熟人的交换，是人类文明的重大进步。但是，这同样面临着风险。铁匠清楚他的铁器卖给了谁，而在当今全球化贸易中，大多数人并不清楚自己的产品销往何方，最终谁又在使用。这种信息不对称、这种未知的风险，既是亏损的源泉，又是利润的来源；既打击人们因而回避分工与交易，又激励着企业家冒险逐利。

芝加哥学派创始人富兰克·奈特在1916年的博士论文《风险、不确定性和利润》中，首次提出风险是利润来源的观点。出于交易的成本与风险考虑，倒逼人们变得理性，既追求深化分工、提升效率，又不盲目追求分工。

在这个问题上，新制度学派创始人罗纳德·哈里·科斯是最为理性的。早在伦敦经济学院读书时，科斯就发现，如果分工与交易是效率最高的，为什么还需要企业？这个发现在当时是惊人的。因为当时的经济学家没有考虑过这个问题，他们认为市场是最有效率的，深度分工与大规模交易是理所当然的。但是，科斯提出，如果无限分工和无限交易，就会出现无数个交易商、无数次交易，市场最终将崩溃于极高的交易费用。所以，无限分工是不存在的。反过来，有限的分工与计划才是合理的。那么，什么程度的分工才是合理的呢？这其中的关键要看交易费用。1937年，科斯将他的主张写成了一篇著名的论文，叫《企业的性质》。

分工的成本、风险与收益理论，在今天依然有效。我们可以用企业的经营来理解这个问题。假设你是一位企业主，当你的企业规模很小时，你一定不会盲目追求企业分工精细化，只有随着企业规模扩大，职能部门逐渐扩张、分工才会日渐精细。另外，你也不会盲目地将企业的业务外包。你会考虑业务外包的风险与成本，如果内部完成这个业务的成本更低，你就不会将这个业务交给外人做。这就是最为简单的分工的微观决策。

市场与分工：为什么要对外开放？

为什么分工可以促进技术进步？为什么分工可以促进财富增加？这两个问题，斯密在《国富论》中做了一些论述。斯密给出的解释是，分工可以提高工艺的娴熟度，从而提高技术。同时，分工为机器生产提供了可能。

这两点都不难理解。首先，在分工体系中，每个人专研某一项技术，如博士、工程师专研某一个领域，就有可能在这个领域内达到比前人更精深的程度，从而有所突破。所以分工可以促进技术的专业化，提高效率。同时，由于机器更善于完成流水线上单一的动作，所以分工为机器在流水线上的大规模应用提供了条件。另外，劳动分工将复杂的工作分解成多个工序，也有利于监察，降低了管理成本。所以，劳动分工的深化，能够促进技术进步，从而创造更多的财富。

在农耕时代，有很多全能型的人才，他们自给自足，什么都会，会织布、会耕田、会打猎、会凿井，还会盖房子，并且，那时的人们都非常勤劳而忙碌，从早干到晚，但他们一辈子创造的财富却非常有限。而现代人在产业分工体系中只需要掌握一两项技能，干好一份职业，创造的财富就可以远远大于古代的“全能人才”。这也在某种程度上说明了分工的优势。所以，要想多创造财富，要想提升技术水平，就需要强化分工，从事专业工作。但是，如何才能促进分工精细化呢？

亚当·斯密在《国富论》第三章“论分工受市场范围的限制”中提出了一个重要的观点：“分工受市场范围的限制。”意思是，如果市场交易规模太小，专业化分工就会受到限制。斯密的这个发现来源于他对市场的观察，他指出，水运开拓了比陆运更大的市场，从而“各种产业的分工改良，自然而然地都开始于沿海沿河一带。这种改良往往经过许多年以后才慢慢普及到内地”。这就是“斯密定理”。

再举个例子。假如，一个只有几百人的小镇，与其他市场是隔离的，其中只有一个人需要一辆汽车，这个人是注定得不到他想要的汽车的。因为，如此小的市场是没办法支撑起一家汽车厂的。为了生产这辆汽车，人们要建立玻璃厂、橡胶厂、皮革厂、电子厂、油漆厂等，同时还要培养相应的技术工人。即使这些厂是现成的，也需要调整机器及产品规格，专门为这辆汽车而生产配件。没有足够的市场规模，这一切都不会发生。

从本质上来说，“分工受市场范围的限制”这个观点也隐含着分工的成本、风险与收益。比如，第一列蒸汽火车是英国人史蒂文森发明的，而铁路运输发展最快的国家却是美国。主要是因为美国疆域大，对火车运输的需求大，所以美国强化了火车产业的分工及技术革新。

1928年，美国经济学家阿林·杨格在就任英国科学促进协会经济科学与统计学分部主席一职时，发表了就职演说《报酬递增与经济进步》，对斯密定理做了进一步发展。杨格的观点是“分工取决于市场规模，而市场规模又取决于分工，经济进步的可能性就存在于上述条件之中”，这就是“斯密—杨格定理”。

在现实中，中国就是一个很好的例子。中国庞大的市场有利于促进分工更加精细，而更加精细的分工又会进一步扩大市场。同时，分工精细化，还有助于技术的提升。比如，在工业智能化领域，中国最大的优势就是庞大的数据市场。大数据犹如人工智能的发展“能源”，不断刺激人工智能算法革新。特别在无人驾驶领域，只有积累大量的测试数据，无人驾驶才可能走入商用领域。从这个角度来看，中国发展经济具有很大的优势。而其他市场规模较小的国家或地区，受市场规模的限制，很难深化分工，推动技术进步。它们只有对外开放，依靠国际市场才能弥补国内市场的不足。

例如，新加坡、中国香港等小规模市场，只能向全球化市场开放，从全球化市场中获取更多的用户、资本及人才。全球化的大市场，也会倒逼这些国家及地区深化分工，成为国际产业链中的重要一环，从而推动这些国家和地区的技术革新。新加坡和中国香港都是国际金融中心和航运中心；瑞士在机械制造及化工领域的技术全球领先；荷兰的光刻机则是全球半导体产业的领先者。从全球范围来看，小市场国家和地区往往比大市场国家和地区更具有开放性，这就是根本的原因。

大市场本来是大国深化分工、技术创新的优势，但是有时候也会成为大国对外开放的阻力。小国则没得选，小国的小市场限制了这个国家的分工及技术提升，于是不得不对外开放，参与到国际市场的分工体系中，提升技术。新加坡、瑞士、荷兰都是对全球自由开放的国家。在这些小国中，几乎全体民众的利益都与对外开放一致，都依靠国际市场生存，因而国内反对开放的势力很弱。大国如果不持续开放，其分工精细化程度、技术水平、经济水平可能反而不如全面自由开放的小国。这是由“斯密定理”决定的。这也印证了过去的历史，闭关锁国、缺乏信息交流，国家定然会落后。

过去，苏联搞计划经济，重工业快速发展，军工技术对美国造成了相当大的威胁。那时，苏联模式一度让人误以为不需要市场经济，不需要对外开放，技术也能够保持领先。但苏联其实在建国之前，与欧洲各国就有着频繁的技术交流，具备一定的科技基础。第二次世界大战时，美国对苏联的技术支援，以及第二次世界大战后苏联对德国的技术占有，都是苏联军工技术发达的重要原因，并且，苏联透支了民生，集全国之力发展重工业，导致了国内经济结构极度失衡。后来，由于苏联计划经济缺乏激励性，并且被西方世界长期封锁，技术创新没有足够的市场支撑，久而久之，创新乏力、经济崩溃，最终走向解体。所以，持续的技术创新源于市场，而且是广阔的市场。

中国的市场规模很大，虽然可以形成产业分工，也可以推动技术进步，但是，全球化市场是一个更大的市场，这个大市场可以促进分工更加精细化，整合更多资源，推动技术更快地创新。这也解释了我们为什么要对外开放，加入全球化。中国家电技术领先就是对国际市场开放竞争的结果。国际资本进入中国投资设厂，引进流水线，中国家电企业从配件厂、代工厂开始起家，一步步学习、吸收国际技术，进而推出自己的产品，创立自己的品牌，拥有自己的专利技术。而在汽车行业，中国采用“市场换技术”的合作方式，国有车企与外资车企合作，市场准入门槛很高，汽车关税不低，回避直接的国际竞争，结果是今天中国的汽车工业技术发展不够快。

资本与分工：穷人为什么要储蓄？

之前我们学习到，市场规模会限制专业化分工的发展。除了市场规模，资本规模也同样会限制分工。这如何理解呢？

19世纪英国经济学家杰文斯在其《政治经济学理论》一书中，指出了资本对分工的促进作用，书中提出："资本的唯一的最重要的功能，是使劳动者能够等候长久工作的结果——使企业的开始至终局，可以距离一个时间。"[1]杰文斯借用了经济学家詹姆斯·穆勒的例子来证明自己的观点：靠打猎为生的人，无法预料一天之内是否能够打到猎物，但若有食物存储，就可以支持他有一个星期或一个月的打猎时间而不至于挨饿，存粮可以帮助其渡过难关。

奥地利学派第二代掌门人庞巴维克，在杰文斯的基础上更进一步地发现了资本的价值。庞巴维克在《资本实证论》一书中指出，资本可以延长迂回生产的时间，可以促使分工更加精细，提高生产效率。[2]

所谓迂回生产，就是通过投资、组织生产资料，再进行生产的经济活动。一般来说，迂回生产可以获得更多的投资收益。这其中的道理其实很简单。古人就说过，手中有粮，心中不慌。如果猎人有足够的存粮，不用担心这一两天的收成，那么他就可以花一些时间来打磨工具，为狩猎做好更充分的准备，提高狩猎的效率。在这种情况下，猎人有机会获得更多的猎物，这就是我们通常所说的"磨刀不误砍柴工"。所以，迂回生产的好处是，可以使用先进的工具、技术来提高生产效率。

不过，与直接生产相比，迂回生产需要更长的时间周期，有时间周期就意味着有风险。比如，在打磨工具时，山上的猎物被人打完了，错失了机会。在现实中，商人、企业家从事的事业就是迂回生产的风险事业，他们需要承担迂回生产的风险和亏损。从迂回生产的角度来看，企业家与商人没有本质的区别。

诚品书店的创始人吴清友创办诚品书店后，连续亏损了15年。若没有足够的资本支撑，早就止损离场，关门大吉了；“钢铁侠”马斯克干的都是飞天遁地的事业，他的SpaceX公司研发的龙飞船已经能够将宇航员送上太空，并且成功地在海上回收一级火箭。SpaceX的成功，充分地说明了企业家、私人公司也能够以低成本的方式实现航天梦想。诚品书店的人文气质源自慢工出细活，SpaceX的卓越技术源自精益求精，二者的共同点都是强大资本支撑下的精细化分工。

要注意的是，充足的资本是精细化分工的必要条件，但不是充分条件。马斯克当年投资特斯拉、SpaceX时，比他资本更雄厚的投资家比比皆是。马斯克嘲笑这些资本大佬都将眼光聚焦于推特及互联网上，而不是投资于改变人类的事业。在中国，财力惊人的富豪也不少，但致力于长期投资的并不多。所以，足够的资本只是促进分工、提升技术的必要条件。那么，多少资本才足以促进分工、提升技术呢？

商人、企业家会根据自己的资金实力及债务状况，安排分工程度及投资周期。当资金不足时，企业主往往会压缩部门、整合职能、削减人员，以降低成本，如此便弱化了分工。所以，我们往往可以看到，实力弱小的企业，其产品和服务相对粗糙，而大企业的产品和服务则更加精细。

理解了这个简单的道理后，我们接下来从个体的角度出发，重点讨论一个穷人，或者一家普通的创业型企业，该如何提升技术，改变命运。

穷人和创业型企业主面临的共同难题是资金不足，资金不足导致他们的风险承受能力脆弱，渴望短期回报，从而弱化了分工与技术提升。但是，落后的技术又会进一步弱化他们的竞争力，导致无法积累资本，朝不保夕，如此就更难提升技术了。这其实是一种恶性循环的“贫困陷阱”。想要摆脱“贫困陷阱”，就必须快速地积累原始资本。只有积累了足够的原始资本，才能降低焦虑，支持他们投资于未来。因此，靠节俭储蓄资本就变得极为重要了。自休谟以来，斯密、李嘉图、马尔萨斯以及韦伯等经济学家都强调应尽量节俭，以储蓄资本、增加投资。

在现实中，很多企业主的第一桶金是靠自己倒卖产品获得的，然后他们将这笔钱的一部分用于投资设厂。工厂赚得更多钱后，再扩大流水线，引进更好的设备、研发更好的产品，持续强化分工、提升技术。这就是从资本积累到劳动分工，再到技术革新的逻辑。当然，这套逻辑的前提是有相对自由的市场，如果政策干预过多，会抑制企业主持续投资的意愿。

接下来，我们来看资本与教育的关系。诺贝尔经济学奖获得者阿比吉特·班纳吉和埃斯特·迪弗洛在贫穷国家做过大量的田野调查，他们发现诸多的“贫困陷阱”。比如，“为什么穷人的孩子即使上了学也不爱学习？”“为什么这群孩子会失去想象力？”[3]“贫穷限制了你的想象力”，这句话很好地说明了资本的匮乏限制了分工与技术进步。

穷人的孩子迫于生存压力，不得不跳过学习阶段直接进入社会谋生，或者只学习一些能够尽快变现的技能，如简单的搬运工作。他们没有办法像普通人一样承受从小学到大学漫长的投入与等待。即便进入了大学，他们也会因贫穷的压力分心，无法完全投入到精深的学习与研究领域。过去，很多农村家庭都知道，让孩子学习木匠、铁匠、泥瓦匠等技术，未来收入会更好一些，但是迫于眼前的生计，只有相对宽裕一些的家庭才可以这么做。因为按照传统的学徒制度，孩子学习手艺的时间成本极高，几年后出师了才能赚钱。

想象力、创新、创造源自慢工夫，源自长期的积累、钻研与热情的驱动。而穷人的学习则走了一条相反的道路，也就是短期变现与实用主义，很容易就陷入“贫困陷阱”。良好的教育应该具备宽容精神与长期计划。在相对较长的学习周期及较大的投资预算之内，培养学生的学习能力和专业能力，允许学生试错，甚至鼓励学生试错。功利主义的学习，往往只抓知识点，忽略知识的来源及逻辑演绎，不允许对权威提出质疑与挑战。这样的学习缺乏足够的专业分工及精细化，“三步并作两步”，一个人完成五个人分工协作的研究任务。

在欧洲中世纪及之前，绝大多数学者都出自贵族家庭，只有贵族家庭才有资本允许孩子长期学习。古代中国的情况也类似。在近代，大量科技创新诞生于经济条件相对较好的家庭。所以，功利主义教育试图压缩教育投资的周期，追求以最小的成本最快速地获得最大的回报。这种方式确实可以让一批人快速地掌握知识，具备一定的职业竞争力及技术水平，但是，这种方式弱化了学习分工，打击了想象力和创造力，不利于专业能力的提升。长此以往，会导致国家在各个顶级领域都缺乏足够的创新能力。这就是资本、分工与教育的关系。

参考资料

[1] 政治经济学理论，斯坦利·杰文斯，商务印书馆。

[2] 资本实证论，欧根·庞巴维克，商务印书馆。

[3] 贫穷的本质，阿比吉特·班纳吉、埃斯特·迪弗洛，中信出版社。

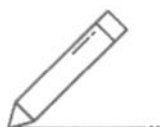

协作与分工：如何整合社会分工？

古典主义经济学家和奥地利学派经济学家都不太关注协作的问题，因为他们认为，协作是自发的，受“看不见的手”驱使，在茫茫人海中交易会自动达成，所以，奥地利学派称市场为自发秩序。在自由市场中，从广泛分工到大规模协作，确实是自发的，交易源自每一个个体的需求。但是，这种自发秩序是不是可以自动长期运行下去，需不需要外力的干预呢？这个问题就涉及干预主义与自由主义、政府与市场之间的争论。我们先把这个争论放下，重点关注自发秩序在大规模协作中是不是平滑的、无障碍的？

打个比方，在真空中，没有空气的阻力或者摩擦力，射出去的飞矢可以一直飞。但是，现实中的世界存在摩擦力，飞矢不可能一直飞下去。自由市场也是如此，在自由市场这个自发秩序中，交易费用就是摩擦力。

什么是交易费用呢？交易费用的概念，是罗纳德·哈里·科斯1937年在《企业的性质》一文中提出的。所谓交易费用，就是为了完成交易而需要支付的费用，是包括信息搜索、订立合同、讨价还价、违约仲裁以及维护交易秩序的各种费用的总和。严格来说，政府、法院、国防、警察及维护各项公共制度的开支都是市场交易费用的组成部分。交易费用是市场交易总成本的一部分，但是将它从总成本中单独拿出来讨论，非常有价值。在自由市场中，交易费用越高，市场的效率就越低。当交易费用高到一定程度时，市场就可能终止。

我们可以用永动机这个例子来更好地理解其中的原理。为什么这个世界不存在永动机？因为永动机违背了热力学定律。热力学第一定律就是我们熟悉的能量守恒定律。热量从一个物体传递到另一个物体，或者机械能转化为其他能量，在转化过程中，能量的总值是保持不变的。换言之，机器在能量转化中不会产生更多的能量，但是机器运动会有摩擦，摩擦会消耗能量，机器最终会因摩擦引起的能量消耗而逐渐停止。市场的交易费用就像摩擦力，交易费用不可能为零，而且还往往高得惊人。正如科斯所说，如果市场的交易费用为零，那么这个世界就不再需要国家、政府、企业及各种公共制度了，市场会自发运行。不过，自由市场与物理世界不同的是，自由市场的交易可以创造新的价值，而物理世界只能维持能量守恒。但是如果交易费用高于新增的价值，自由市场依然会停止运行。

其实，自由市场更接近于第二类永动机。人们从海洋、大气、太阳乃至宇宙中吸收热能，然后驱动机器运转，这就是第二类永动机。第二类永动机有源源不断的新增能量，避免了能量枯竭的问题。但是，第二类永动机违反了热力学第二定律，也就是我们经常说的熵增定律。熵增定律提出，热能只会由高温处流向低温处，而不可能自发地从较冷的物体传递到较热的物体。机械能转化为热能后，热能不可能重新转变为功，它只会向低温处流去。也就是说，当热能产生后，它会向低温处四处扩散，就像一滴墨水滴到水中向四处扩散一样，导致熵增或混乱。宇宙的热量发出后也是向四处扩散的，导致能量消散和混乱。因此，第二类永动机，即使吸收的是太阳的热量也不可能永远持续运转下去。

从熵增定律来看，自由市场这种自发秩序，只要持续运转就会出现熵增，从有序到无序。这是物理学规律推导出来的自由市场的演化。在实际的自由市场中，熵增又是如何表现的呢？科斯做过详细的分析，他说，如果不存在企业，资源整合都交给市场交易，就会出现无数个交易者和无数次交易。如果没有企业，都是个人，那么市场中的每一个分工、每一道工序，都需要交易来实现连接。如果生产一枚针需要100道工序，制针工人要完成上一道工序后再找到下一道工序的买家，层层交易，才能最终把针制造出来。如此，自由市场会因无数的交易者和无数次交易而费用过高走向崩溃。这就是熵增制造的混乱。

对抗熵增的办法就是管理。比如通过企业组织生产，以计划的方式在内部整合供需，压缩交易对象，减少交易频率，从而降低交易费用。科斯说，降低交易费用就是企业存在的价值。后来，新制度经济学的命名者奥利弗・威廉姆森继承了科斯的思想，他形象地将交易费用比喻为物理学中的摩擦力。威廉姆森在其《资本主义经济制度》一书中，拓展了交易费用理论，将企业、工会、大学、政府等视为资源的计划组织者，这些计划组织者和经济制度存在的目的就是降低交易费用，提高经济效率。由此我们可以得出结论：国家、企业以及所有的公共用品及制度，目的都是为了降低混乱、对抗熵增，也就是降低市场交易费用，提高经济效率。

我们再来看市场的协作。协作有两种方式：一种是自由交易，属于自发的；另一种是计划管理，属于人为设计的。这两种方式一直都在相互竞争，正如科斯所说，哪种方式的交易费用低就选择哪种。假如你是一家房地产公司的老板，现在面临一个选择，公司的设计工作是自己组建设计团队，还是在市场上找外包公司来做呢？通常来说，这个选择主要考虑的是成本及风险。如果设计工作外包的成本更低，你就更可能选择将设计工作外包，也就是交给市场。但如果自己组建设计团队更可靠、成本更低，你就更可能选择自建团队，也就是选择企业内部计划的方式。

在自由市场中，社会分工如何协作？是选择计划还是自由交易？关键要看交易费用。交易费用理论在新制度经济学中占据着重要地位，很多经济问题的根源都在交易费用中可以得到很好的解释。以纳税为例，纳税的最终目的是什么？一般情况下，是建设公共用品。但建设公共用品的目的又是什么？是降低交易费用，提高经济效率。所以，税收多还是少其实并不重要，重要的是转移支付的效率。转移支付的效率高，才能降低交易费用，提高经济效率。

从中我们可以发现，人类的两大协作机制——计划和自由交易，并不是并列的关系。政府、企业、社会组织及制度等，这些计划协作机制只是手段，计划协作的目的最终是促进自由交易。具体来说，计划是为了降低交易费用，从而提高自由市场的效率。人类不是为了协作而协作，不是为了管理而管理。

只是当今世界，很多人完全没有理解人类为什么要建立国家、组建政府、成立企业，以及设置如此之多的社会组织和各种制度。很多人也只想在国家、政府这种协作机制上“搭便车”，享受更多的公共福利，导致福利政策被民粹主义挟持。福利民粹主义又刺激财政及货币政策扩张，促使经济政策完全偏离了提高经济效率的目的，沦为公地悲剧。

Part Seven
供　求

需求定律是有关市场最为重要的理论，是自由市场最为基本的规律。

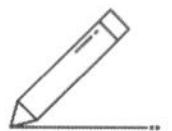

需求第一定律：谁也逃不出的规律

需求定律是有关市场最为重要的理论，是自由市场最为基本的规律。不论哪个国家、什么文化，只要是自由市场，都符合一般规律，都无法跳出需求定律。需求定律在经济学中如此重要，以至于19世纪英国著名的历史学家托马斯·卡莱尔开玩笑说："教会鹦鹉'供给和需求'这两个术语，你就会得到一位经济学家。"后来，美国经济学大师保罗·萨缪尔森也调侃过"鹦鹉经济学家"，他说："你甚至可以把一只鹦鹉培养成一位训练有素的经济学家，只需要教会它两个词：'供给'和'需求'。"

值得注意的是，卡莱尔说这番话时，正处于边际革命时代，供给与需求的一般规律已被广泛认知。稍后的英国经济学大师、新古典主义的集大成者阿尔弗雷德·马歇尔对需求定律进行了完整的表述，需求定律也是马歇尔对经济学最伟大的贡献。马歇尔在其著名的《经济学原理》一书中是这样说的："……因此，就可得出一个普遍的需求律：要出售的数量越多，为了找到购买者，这个数量的售价就必然越低；或者，换句话说，需要的数量随着价格的下跌而增多，并且随着价格的上涨而减少。"[1]后来，马歇尔这一理论被概括为需求第一定律，其严谨的表述是：当其他情况不变时，只要价格提高，商品的需求量就会减少；价格降低，商品的需求量就会增加。

从表面上看，需求第一定律很容易理解，在其他条件不变的情况下，价格上涨，需求量减少；价格下降，需求量增加。这个规律，在任何一个市场中都是成立的，也是最为常见和普遍的。不过，也有人很快就能举出一些反例，比如，一些高端奢侈商品、黄金首饰等价格上涨，需求量反而增加；或者在经济萧条时，大米、土豆等生活必需品价格上涨，其实际销售量反而增加。美国经济学家凡勃伦发现了前一种现象，这类代表优越身份、具有炫耀作用的商品被称为凡勃伦商品；苏格兰经济学家吉芬发现了后一种现象，这类特殊的低档商品被称为吉芬商品。这两种现实中存在的现象似乎都没有遵循需求第一定律。正是这些现象的存在，很多经济学者都试图挑战需求第一定律，但结果都是徒劳。

在解释这些现象之前，我们需要对需求定律做严谨的分析。张五常先生在其《经济解释》中也非常重视需求定律，正如他所言，要知道一个经济学家的水平，看他对需求定律的理解便知其斤两。所以，要深刻理解需求第一定律需要下一点功夫。分析需求第一定律，我们要特别注意以下两点。

一是其前提条件 —— 当其他情况不变时。

经济学理论都是有假设前提的，没有假设前提的放之四海而皆准的理论，其实是不可证伪的，并不是科学的。假设前提，可以帮助我们培养科学精神，让我们知道科学的理论是有边界的。恰恰因为有严谨的假设前提，这些理论才值得信赖，才具有科学性。

需求第一定律的假设条件非常严格，是“当其他情况不变时”，这其他情况包括什么呢？包括除价格因素之外的所有情况，比如技术提升、货币贬值、产品质量变化、通货膨胀、外汇波动、收入增加、税率变化等，这些都属于其他情况。换言之，除了价格，任何一种因素发生了变化，需求第一定律就可能不成立了。我们在用需求第一定律分析问题时，一定要记住这个假设前提，否则就容易犯错误。

如果其他情况发生了变化，会怎样？这就是我们要注意的第二点：需求量和需求的区别。在需求第一定律中，需求量随价格而变动，注意是需求量而不是需求。需求量与需求有什么不同？需求量一般指有效需求量，是我们愿意且能够购买的某种商品的数量。而需求是我们希望购买某个商品的消费欲望。

举个例子说明一下。通常情况下，停车场收费价格上涨，去停车的人应该会减少。但是，有一天，停车场收费价格上涨了，停车的人反而多了，为什么？可能其他条件发生了变化，比如那天停车场周边的体育馆正好在举办张学友的演唱会，不少观众驱车前往。这就是其他条件发生了变化。

再举个例子，超市牛奶涨价，牛奶的需求量会因价格上涨而下降，这就是需求量的变化规律。但如果其他情况发生了变化，比如发生了通货膨胀，整体物价都上涨了，这时，牛奶价格上涨，其需求量不一定会下降，甚至可能增加。这就是需求曲线发生了移动。或者没有发生通货膨胀，但你的收入增加了一倍，这时牛奶价格虽然上涨，你也可能不会降低采购量，甚至还会增加采购量。这是因为收入这个条件发生了变化，从而改变了你对牛奶的需求，进而影响了需求量。

理解以上两点，我们再来分析之前提到的凡勃伦商品和吉芬商品，看看它们是不是真的不符合需求第一定律。首先来看凡勃伦商品。从某种程度来说，黄金、房子、股票都属于凡勃伦商品，关于凡勃伦商品的解释有很多，其中有两种解释比较符合实际。

第一种是用价格弹性来解释，即商品边际价格的变动不足时，边际需求不会改变。

假如苹果手机涨价一元，这时价格上涨的幅度不够大，大多数人对苹果手机涨价一元没有感觉，所以需求量没有太多变动。但是这并不违背需求第一定律，这是边际的问题，或者叫弹性的问题。但是，边际和弹性只能解释商品价格在稍微变化时，需求量不发生变动的原因，而无法解释为什么商品价格上涨，需求量反而增加的原因。

这时就需要第二种解释了，也就是我们刚才学习的，需求第一定律的假设条件发生了变化。比如，股票价格上涨，可能是股票价值发生了变化，即公司业绩上涨，整体估值增加，引发了股票价格上涨。换言之，这个股票的价值其实发生了变化，从而改变了市场需求。这就是其他条件发生了变化。所以，股票价格上涨时，需求量不一定下降，可能还会上涨。还比如房子，房价上涨，市场需求反而增加，这是不是违背了需求第一定理呢？房价上涨，引发追涨，往往是其他条件发生了变化，如发生通货膨胀，经济环境恶化，投资市场萎靡等。例如，2020年，新型冠状肺炎疫情暴发以来，经济衰退，但深圳房价短期跳涨，主要是因为投资低迷，大量资金缺乏出路，深圳楼市成为矮子中的高个儿，资金纷纷涌入。这也是其他条件发生了变化引起的。

我们再来看吉芬商品。在经济萧条或通货膨胀时容易出现吉芬现象。这时，市场购买者的购买力降低了，他们不得不采购更多的生活必需品来抵消购买力降低的影响。市场购买力降低也意味着其他条件发生了变化，也违反了需求第一定律的假设前提。

所以，需求第一定律在符合其假设条件下，是无法被挑战的。即在其他条件不变的情况下，价格上涨，需求量减少；价格下降，需求量增加。需求第一定律对我们理解市场规律非常有帮助。它虽然简单易懂，但容易把人弄糊涂，各位可以在工作生活中反复训练这种认知思维。

参考资料

[1] 经济学原理，阿尔·弗雷德·马歇尔，华夏出版社。

需求第二定律：原油价格为何暴跌？

根据需求第一定律，我们知道，需求量会随着价格的变化而变化，并且，不同的商品，其需求量随着价格变化的幅度是不一样的。在现实中，有些商品的价格变化对需求量影响很大，有些则很小。比如，汽车降价20%，需求量增加幅度会比较大；而图书降价20%，需求量增加幅度则要小一些。需求量随价格变化的幅度，我们称为价格弹性。一般情况下，食盐属于价格弹性小的商品，而女装属于价格弹性大的商品。这就是需求第二定律。

需求第一定律探讨的是需求量与价格之间的关系。需求第二定律在需求第一定律的基础上，探讨需求量与价格之间的变化率的关系。一般认为，价格弹性大于1的商品是奢侈品，小于1的则为必需品。

需求第二定律有什么作用呢？举个例子，假如你是一家超市的老板，为了提高超市的销售额，通常的做法是搞一些商品优惠活动来吸引客人。那么具体应该选择哪类商品呢？如果你是一个有经验的老板，你会选择需求量大、价格弹性大的商品，比如鸡蛋、酸奶、蔬菜等。因为这些商品价格下降，很容易引起需求量大量增加，从而吸引更多的客户进店。现实中我们也可以看到，大部分超市搞促销都会选择这类产品，而很少会选择药品、书籍、锅碗瓢盆等价格弹性不大的商品。

当然，需求第二定律远不只体现在超市促销上。2020年上半年，国际原油价格暴跌也是需求价格弹性造成的。受新型冠状肺炎疫情的冲击，2020年上半年国际原油需求量快速下跌。伊朗等产油国为稳定油价，就协商一起降低原油产量，但是未能达成共识，于是伊朗就带头砸盘，逆向操作，反而扩大了原油产量，最终油价被打到了极低的价格。这里的问题是，为什么油价下跌时，供给方不缩减产能，需求方不扩大需求呢？

这里有一个小知识，那就是关闭油井的成本极高，储存原油的成本也非常高。这就好比农业生产周期，水果价格下跌了，不能立即把果树砍了。同理，当油价下跌时，原油供应方对价格不敏感，缺乏足够弹性，虽然也会降低产出量，但是一般不会关闭油井。同时，需求方对原油的价格也不会太敏感，因为疫情之下，原油需求低迷，同时原油储存成本非常高，即使价格很低，需求方也不会大量买入石油储存。

从以上两个例子可以看出，弹性是理解市场规律的重要视角。接下来我们来讨论四个问题，帮助我们更好地理解需求第二定律，理解价格弹性在自由市场中的影响。

第一个讨论的问题是：市场中有没有绝对刚性的商品？

所谓绝对刚性，是指价格弹性为零，就是不管怎么涨价，人们都会购买的商品。通常我们会把这类商品理解为刚需商品。有人说，大米这类商品就是绝对刚性的商品，理由是每个人都得吃饭。但实际上，大米只是价格弹性较小的商品，而不是绝对的刚性商品。为什么呢？在自由市场中，有一个最为基本的原则是凡事皆有代价。当大米的价格涨到一定程度时，一些人就会转而寻求代价更低的替代品了。比如，大米价格上涨时，人们就会少吃或不吃大米，而用玉米、小麦等粮食来替代。所以，在自由市场中，不存在绝对刚性的商品，也就是需求曲线不会是垂直的。从中，我们也可以理解价格上涨扩散的通货膨胀逻辑。比如，2019年中国的猪肉价格大幅度上涨。猪肉是中国人食用量最大的肉类，但也绝非刚性商品。当猪肉零售价上涨到一定程度时，猪肉的需求量便逐渐下降，而鸡肉、鱼肉、鸭肉、牛肉等替代品的需求量逐渐上升，同时它们的价格也在上升。如此，猪肉的价格上涨，就引发了肉类价格的普遍上涨。

第二个讨论的问题是：有没有不管供给量、需求量如何变化，价格都是恒定的商品？

在自由市场中，似乎很难找到这样的商品。有人说，成品油地板价就是这样的商品。2016年出台的《石油价格管理办法》规定，当国际市场原油价格低于每桶40美元时，成品油价格就不再下调了。从表面上看，成品油确实属于这类商品，但要注意这种黏性价格属于人为定价，并不是市场定价。

也有人提出，固定汇率算不算？比如，香港的联系汇率制度确保汇率比价在7.8港元比1美元附近，但这也是一种人为干预的定价。汇率的稳定极为重要，很多国家都会采取干预手段确保汇率稳定，所以这种情况也不能算。

还有人提出，工资算不算？我们经常听说工资黏性这个词，所谓工资黏性就是指工资不能随劳动力供求的变动及时而迅速地变动。这种情况在现实中比较常见。员工与公司签署了三年劳动合同，约定工资1万元/月。那么这三年，除非公司给员工涨工资，否则不管劳动力市场中的供给量和需求量怎样变化，工资都是不变的。凯恩斯主义者认为，工资黏性的存在说明市场失灵，价格不会随着供给而立即调整。这其实是一种误解。在自由市场中，价格不是越灵敏越好，如果价格变化过于频繁，会大大增加交易费用。这时，交易主体，比如企业，就会选择签署合约，在一定时间内以约定的价格成交。比如大宗原料采购合同，以约定的价格成交。又如劳动合同，一年或三年都按照约定的工资支付。所以，这是市场主体自发的正常的市场行为，并不是市场失灵。用前面我们所学的交易费用理论来解释，企业签署合同，约定价格，是为了降低交易费用。所以，在自由市场中，并不存在绝对黏性的商品。

第三个讨论的问题是：是不是谁的价格弹性小，谁支付的额外费用就多呢？

比如，两个国家打贸易战，甲国对乙国的一些商品加征20%的关税，这20%关税的额外费用到底是谁支付的？通常，加征关税这种额外费用，谁来承担，或者谁承担得更多，关键看供求双方的博弈情况。如果供给方强势，他会表现出对价格极度敏感，拒绝支付更多的额外费用，这样额外费用更多地是由需求方来承担的。但如果需求方更强势，他也会对价格极度敏感，如果商品涨价，他就可能放弃采购，转而采购性价比更高的替代品。所以，增加的关税费用，要一一分析具体的商品情况，才能知道到底是谁支付了这笔额外的费用。

最后，我们讨论的第四个问题是：商品价格弹性大还是小，与人群有关系吗？

以酸奶这种商品为例，当超市发起酸奶促销活动时，可能富人相对没那么在乎，而穷人可能比平时多购买一些储存起来。从这个角度来看，商品价格弹性确实会因人而异。

关于这个问题继续展开来讲。假如在一个水果摊前，一位穷人和一位富人同时在买西瓜，西瓜标价2元/斤（1斤＝500克）。穷人对西瓜的价格敏感，与摊主讨价还价，最终摊主让利0.5元/斤，以1.5元/斤卖给了穷人。富人原本对西瓜价格不敏感，可以接受2元/斤，但穷人将价格谈下来0.5元，所以富人也以1.5元/斤成交。这种情况就是富人搭了穷人的便车。

再把这个问题放大，在现实生活中，富人和穷人都要消费生活必需品，比如大米、水果、蔬菜、鸡蛋，但是穷人要比富人对这些商品的价格更加敏感，于是商家主要参考穷人的购买力来定价。所以，在信息不对称的条件下，富人搭穷人便车的现象是普遍存在的。对于商家而言，最佳的定价策略是价格歧视，穷人一个价，富人一个价。但是，商家很难识别谁是穷人、谁是富人，为了降低讨价还价的交易费用，大部分商家只能明码标价，统一价格。而由于商家主要以中低收入者的购买力为参考定价，所以这个价格往往会低于富人的预期，导致富人对生活必需品的价格不敏感。比如，富人预期西瓜价格为3元/斤，或者可以接受3元/斤，但商家定价2.5元/斤，相当于富人获得了0.5元/斤的消费者剩余。这个消费者剩余，就是中低收入者帮助富人省下来的钱。

这个问题还可以帮助我们理解为什么发生通货膨胀时穷人的日子更

难过。当发生通货膨胀时，生活必需品价格上涨，穷人对生活必需品的价格比富人更加敏感，并且生活必需品的开支占穷人总开支的比例较大，因此，穷人的损失要大于富人。

但是，如果信息相对透明，富人就很难占到穷人的便宜了。为什么呢？富人预期西瓜价格为3元/斤，但商家定价为2.5元/斤。这说明商家没有赚取到富人这部分的消费者剩余。这时，商家就会想办法，比如采用歧视性定价，把西瓜按3元/斤卖给富人，以获取更大的利润。当然，这种方式在实际操作中会比较困难。还有一种办法是，商家开发多样性的商品，来识别穷人与富人，区分不同的购买力，以赚取富人的消费者剩余。比如，宁夏压砂瓜卖2.5元/斤，日本进口西瓜卖20元/斤。所以，随着信息更加透明、竞争加剧，价格弹性会趋于刚性。注意，我们并不是说价格弹性是刚性的，而是说趋于刚性。比如，富人原本对2.5元/斤的西瓜不敏感，价格弹性很小，但是商家针对富人的需求，提供了20元/斤的日本进口西瓜，这时富人的价格弹性就会变大了。如此，多样性商品满足不同的需求，促使市场中的价格弹性更大。

科斯定律：谁用得最好就归谁

科斯定律是由经济学大师罗纳德·科斯发现的，但这个定律并不是他本人提出来的，而是后人对其观点的总结概括。我们将科斯定律列为需求第三定律。

科斯是一位非常睿智的经济学家，他的思维具有严密的逻辑，并且对市场的观察富有洞见。他不像萨缪尔森、弗里德曼那样涉猎广泛，也不像哈耶克那样坚持固守自由主义，更不像马歇尔那样搞折中主义。面对经济学界激烈的争论，他并没有选择站边，而是像一个冷静的科学家，丢出交易费用这把刀，让你们看着办。

科斯一生最重要的著作是两篇论文，分别是1937年发表的《企业的性质》和1960年发表的《社会成本问题》。这两篇论文深刻地改变了经济学历史。1966年，美国经济学家乔治·斯蒂格勒根据《社会成本问题》中的理论，提出“科斯定律”这一术语。

科斯定律到底是什么？因为科斯本人没有明确提出过科斯定律，所以科斯定律也就有了不同的版本。最为流行的定义是：只要产权明确，在交易费用为零或很低时，不论将最初的财产权交给谁，市场最终会实现均衡，达到帕累托最优。用通俗的话来说，科斯定律的意思就是“谁用得最好就归谁”。为了让大家更好地理解科斯定律，我们先把这个理论的来龙去脉讲一下。

最初，英国著名经济学家庇古在其著作《福利经济学》中讲述了一个案例，用来说明如何解决外部性，从而实现帕累托最优。这个案例是这样的：在铁路沿线分布有很多农庄，火车经过时喷出的火花可能对周围的树木或农作物造成损害，而受损者却很难得到赔偿。这是一种典型的外部性问题，火车的火花烧毁了庄稼，属于负外部性。

这该怎么解决呢？庇古提出的办法是，政府通过税收、财政补贴或立法等手段，促使私人和社会之间的边际成本相等，从而实现福利最大化。在火车烧毁庄稼这个例子里，火车公司属于私人，铁路沿线的农庄和居民属于社会，庇古认为政府应该出手干预，对火车公司征税，然后将税收转移支付给农场主、居民以补偿其损失。这样火车公司就付出了更多成本，农场主和居民们获得了补偿。当火车公司支付的边际成本等于农场主、居民们付出的边际成本时，市场是最有效率的。这个案例蕴含着一个非常重要的经济学理论，即私人边际成本等于社会边际成本，是实现帕累托最优的条件。

庇古的这个主张在很长时间内都是经济学界的主流观点，这也是各国收取环境税的理论基础。不过，1959年，科斯写了一篇文章叫《联邦通讯委员会》，批评了庇古的观点。这篇文章观点很新颖，很快就引起了杂志编辑阿伦·迪雷克托和一些著名的芝加哥学派经济学家的兴趣。这些经济学家最开始是支持庇古观点的，他们都认为科斯不知天高地厚，于是邀请科斯去芝加哥，想让科斯当面将观点说清楚，然后再好好教训他一番。

于是，一天晚上他们约了科斯在迪雷克托家中会面，当时到场的经济学家有马丁·贝利、米尔顿·弗里德曼、阿诺德·哈伯格、格雷格·刘易斯和乔治·斯蒂格勒等，这似乎是一场经济学界的“鸿门宴”。然而等到聚会结束时，这些经济学家都相信，他们刚刚见证了经济理论上的一个重大进步。其间发生了什么呢？据参加聚会的人描述，科斯在阐述其观点时，一开始在场的经济学家都没听明白，不知道科斯想表达什么。但听到一半时，聪明的弗里德曼最先领悟到了科斯的想法，他将话锋一转，对除科斯之外的在场经济学家挨个进行批评。最终，大家都被科斯的理论折服了。

科斯到底说了什么？他的理论是如何让那些世界顶尖的经济学家信服的呢？

一年后，科斯将这个理论写成了著名的《社会成本问题》一文，这篇文章详细地阐述了他的观点。科斯用了牛与庄稼的例子来说明：牛吃了农作物，不一定是牛的错。因为牛和农作物的外部性是相互的，不存在不公平的问题。如果产权是明确的，那么养牛者和农民就会协商，通过市场机制来解决。如果土地产权归属农民，那么养牛者就会与农民协商，支付一定的地租，让农民同意划出一部分土地给他养牛；如果土地产权归属养牛者，那么农民可能与养牛者协商，支付一定的地租，让养牛者缩小养牛规模，划出一部分土地给他种庄稼。简单来说，只要产权明确，农民与养牛者会通过协商的方式，也就是市场交易的方式来解决问题，最终互惠互利。

这个牛吃草的例子就说明了我们最开始讲的科斯定律：只要产权明确，在交易费用为零或很低时，不论将最初的财产权交给谁，市场最终会实现均衡，达到帕累托最优。对这个理论我们需要理解两点：

第一点，科斯定律探索的是市场如何达到效率最高（帕累托最优）的状态。对于我们学习经济学来说，这一点是非常重要的。因为经济学要解决的就是效率问题。科斯提出来的市场效率最高的条件是，产权明确和交易费用为零。从这一点可以看出，科斯在理论上相信市场可以达到均衡。注意，我们这里说的是理论上。科斯对市场的信任，远远高于庇古。庇古并不相信市场能够自动达成均衡，所以他提出只有政府干预，才能促使社会边际成本与私人边际成本相等，从而实现帕累托最优。而科斯则相信市场可以自行决定最优的资源分配，简单来说就是“谁用得最好就归谁”。

比如，果农生产出了优质的水果，一般果农不舍得自己吃掉，而是会销售出去。优质的水果卖给了谁？果农不知道，也没有人知道，但可以确定的是，一定是卖给了用得最好的人，也就是获得了最大效用的人。

再比如，“郎才女貌”就是科斯定律在自由婚恋市场上的体现，但是，现实中也经常会发生“鲜花插在牛粪上”的情况。为什么会出现这种资源浪费的情况呢？这就是我们需要理解的第二点，有关交易费用和产权明确的问题。科斯定律有两大前提：交易费用为零和产权明确。如果这两大前提不成立，就会出现资源浪费的情况。比如，牛吃草的矛盾，就是因为产权不明确导致的。

我们先来看产权制度。不同的产权制度会带来不同的配置效率，所以产权制度的设置很关键。科斯、阿尔钦等新制度经济学家都主张私有产权制度。张五常则将使用权与所有权分离，强调使用权比所有权更有效率。20世纪80年代中国改革开放时，张五常建议中国政府引入批租制度搞土地改革。什么是批租制度？土地产权是国有的，政府将使用权批租给个人。之后，中国的房地产市场就是基于这种制度发展起来的。张五常认为，这种制度是有效率的，使用权产生的效率不亚于所有权。不过，这种制度只能算“曲线救国”，只是为了降低改革阻力的权宜之计。事实上，与土地所有权制度相比，基于使用权的批租制度，其市场效率明显更低。土地私有产权制度则不存在这个问题，其土地供给是市场化的，不被政府垄断，也不被大型地产商垄断。在这种制度下，土地和房地产市场竞争明显更充分，市场更有效率。

下面我们再来看交易费用。在现实中，只要发生交易就会产生费用，比如信息的搜寻与发布、讨价还价、谈判、签约、监督、合约执行和违约等都会带来成本。科斯自己也认为，现实中的交易费用往往是非常高的。公共选择学派创始人布坎南也分析了这个问题。他在庇古的火车烧毁庄稼的案例上做了延伸，假设了“一对多”的情况，他提出：如果铁路沿线的农场主很多，那么收集农场主信息并协调的成本就很高，也就是信息费用、博弈费用很高，这些交易费用会大大降低市场效率。这时该怎么办呢？

布坎南在庇古和科斯之外，又提出了第三种解决方案，那就是引入公共政策。具体的操作方式是，在公共政策中规定火车内燃机车的排放标准，督促火车公司改进内燃机，避免火星飞溅烧毁庄稼。公共政策的做法是通过法律来约束火车公司的行为，避免火车产生负外部性。这种方式同样提高了火车公司的边际成本，从而使私人边际成本与社会边际成本相等，以达到帕累托最优。

Part Eight
价　格

市场价格是唯一没有浪费的竞争准则。如果这句话成立，那就意味着市场是资源配置效率最高的机制。

价高者得：唯一没有浪费的竞争准则

价格理论，在经济学中非常重要。张五常先生曾经说过："价格理论是经济学的灵魂，有决定性的作用。单以这个理论在操作上所达到的程度，就可以衡量一个人懂不懂经济。"

从休谟、斯密开始，经济学家就一直探讨价格问题。到了新古典主义时代，马歇尔提出了需求定律，将价格与供给、需求相结合，探索出了最基本的市场规律，即在其他条件不变的情况下，价格上涨，需求量下降；价格下跌，需求量上涨。到了新自由主义时代，价格理论进入巅峰时期，芝加哥学派甚至将微观经济学都定义为价格理论。当时的经济学大师阿尔钦、赫舒拉发、弗里德曼、斯蒂格勒都在教授价格理论。关于价格理论的著作在这个时期也不断涌现，包括赫舒拉发的《价格理论及其应用》、弗里德曼的《价格理论》，以及斯蒂格勒的《竞争价格理论》和《价格理论》。

张五常先生出自芝加哥学派，他也对价格理论推崇备至，认为弗里德曼最大的贡献就是价格理论。他说："弗里德曼把价格理论提升了一个层面。"为什么说弗里德曼把价格理论提升了一个层面呢？

主要原因是，弗里德曼在马歇尔需求定律的基础上，将价格的作用提高到了人类市场行为的起点。弗里德曼认为，价格可以传递信息，人们根据这种信息行事；价格也是一种竞争规则，人们根据竞价分配资源，促使资源配置效率最大化，进而决定收入分配。价格理论说明了市场价格自由波动的重要性，从而否定了政府的价格管制政策。这是价格理论的核心内容。

学习价格理论，我们首先要理解价格的概念。张五常的老师阿尔钦曾经问他：“什么是价格？”在日常生活中我们去市场购物，大部分商品有商品标价，有些商品虽然没有标价，但人们对它也有心理预期价。但是，请注意，商品标价和预期价都不是真正的价格，只有成交价才是真正的价格。所以，张五常是这样回答阿尔钦老师的：“价格是消费者在边际上愿意付出的最高代价。”这是对价格概念一个比较准确的定义。

张五常曾经说过一句话：“市价是唯一不会导致租值消散的竞争准则。”这句话翻译过来就是，市场价格是唯一没有浪费的竞争准则。如果这句话成立，那就意味着市场是资源配置效率最高的机制。

举个例子。小朋友的家长带小朋友出去玩时，经常会遇到小朋友之间抢玩具的情况。这时，一般家长都会怎么做呢？一般情况下，极少有家长会支持自己的孩子去抢对方的玩具，或是默许别人的孩子抢自己孩子的玩具。大多数家长的做法都是阻止小朋友们互相抢夺，然后让小朋友们自己去协商处理。协商处理的方式一般有两种：一是让小朋友跟对方商量借玩具；二是让小朋友拿自己的玩具与对方交换。我们为什么会选择让孩子用协商、交换的方式分配玩具，而不是暴力抢夺呢？原因很简单，暴力抢夺可能带来损失，比如小朋友受伤、玩具被破坏等。本质上，借与交换都是市场行为，是市场交易的方式。当竞争稀缺资源时，这种方式的效率要明显优于暴力手段。通过暴力的方式分配资源，会降低人们创造的积极性，同时增加保护成本。

在中世纪，欧洲大陆上到处都是闲置的土地，为什么农民不去开发，而要依附城邦领主才能生存呢？因为那时欧洲大陆社会动荡，农民离开了领主的庇护，强盗、海盗甚至其他领主都可能掠夺他们的财产，破坏他们的土地。欧洲领主要想守住自己的土地和财产，也不得不建立军队和强大的防御设施，以对抗野兽袭击，打击掠夺者、偷窃者。所以，暴力抢夺不是一种好的资源竞争规则。它是一种丛林法则，这种丛林法则长期统治了人类社会，直到自由市场出现，尤其是经济全球化发展，人们才逐渐摆脱了掠夺规则。

市场交易相比暴力抢夺有哪些好处呢?

小朋友之间借玩具，是一种市场交易行为。有些人会将这种行为定义为道德行为，而非交易行为。其实不是，人类像动物一样天然懂得趋利避害。小朋友虽然不懂经济学，也不会计算成本与收益，但是他们天然能够感知得失之悲喜。小朋友大方出借玩具，得到了父母的夸奖，或者对方小朋友及父母的夸奖与谢意，这些都能让小朋友感到快乐，使其愿意付出借玩具的代价。抑或小朋友期望出借玩具后，对方下次也能借玩具给他。这是一种交换预期，一种基于时间交换的预期，就像我们请人吃饭，让利于人，同时也期望对方下次能帮到自己。大人的世界也是如此，出借、交换等市场交易，都是一种能够促进价值增值的机制。小朋友玩具出借和交换并没有价格，但成人的市场交易的准则是价高者得。那么，价格是怎么得来的呢?

价格有两种：一种是显性的价格。货币出现后，就有了显性的价格。比如，普通大米价格为3元/斤，优质大米价格为10元/斤，谁出得起商品的价格，谁就能够竞争到相应的大米。还有一种是隐性的价格，即使没有标价，人们内心也有价格。比如，A小朋友的奥特曼玩具与B小朋友的玩具车发生了交换。这时，A小朋友对奥特曼玩具的定价，是对方的玩具车；而B小朋友对玩具车的定价是对方的奥特曼玩具。如果C小朋友拿一根棒棒糖想与A小朋友交换被拒绝了，说明在A小朋友心里，他的奥特曼玩具价格要高于棒棒糖。如果D小朋友用一只小足球与A小朋友交换，A小朋友答应了，说明D用小足球的价格竞争到了A的奥特曼，B和C小朋友双双落败，这就是价高者得。

人类最初的交换是物物交换。后来，人们在不方便的交换中逐渐摸索到了一个规律，所有人都渴望获得某一类商品，比如贝壳、黄金。于是，越来越多的人拿这类商品与对方交换。这类商品便进化成货币，商品交换就出现了显性价格。货币出现后大大降低了交易费用，提高了交易效率。

通过以上分析，我们可以得出以下几个结论。

第一个结论是“价高者得”的规则是相互的，并非只对卖方有利。

A、B两个小朋友交换玩具，双方都试图用更好的玩具，也就是更高的价格竞争到心仪的玩具。结果，A用奥特曼竞争到了对方的玩具车，B用玩具车竞争到了对方的奥特曼。同样地，商家以10元/斤的价格出售大米，完成一笔交易时，客户用10元竞争到了1斤大米，而商家则用1斤大米竞争到了10元货币。

讲到这里，就可以纠正一个常见的错误观点：收入是消费者给予的。假设这个观点是对的，那么A和B小朋友之间相互交换玩具，谁是消费者呢？实际上，A和B小朋友只是交易双方而已，他们二人的收入是相互给予的。同样，商家出售1斤大米获得的收入是10元，而客户获得的收入是1斤大米。严格来说，交易双方获得的收入都应该是交易溢价。A小朋友获得的收入是玩具车的边际价值减去奥特曼的边际价值，商家获得的收入是10元的边际价值减去1斤大米的边际价值。所以，收入是消费者给予的这个说法是不准确的。

第二个结论是价高者得的竞争规则可以提高经济效率。

在上面的例子中，A拒绝了B和C的交换，最终与D达成交换。落败的B和C下次可能就会拿出更好的玩具，与其交换。如此，相互为对方的需求而创造、供给，经济效率自然提升。所以，价高者得是一种正向激励的机制。同时，价高者得可以促使资源合理分配。比如，有钱人购买豪宅，中产者购买商品房，低收入者租房居住，各自都可以用最小的代价换取最大化的效用。

总结来说，价格机制是自由市场最有效率的竞争机制，对交易双方都有利。但我们在理解价格机制时，还需要避免以下几个误区。

一是道德指责。

在价高者得的竞争机制下，有钱人要比穷人获得更多的资源，结果定然是不平等的。从道德伦理来看，很多人会认为价格竞争机制有些太残忍了。但是，发展自由市场绝不是不顾及道德伦理，恰恰相反，自由市场其实在促进道德伦理。所有人只要加入交换之中，按照价高者得的方式竞争，人人都可受益，受益最低的人的生活也可以得到改善。所以，我们不能因为感觉价格竞争机制残忍而去破坏竞争规则，但是我们可以通过政府的福利制度来改善穷人的状况。政府的福利资金也正是来自自由市场中的税收。

二是仇富心态。

价格竞争下的结果不公平，可能引发仇富心态。我们要做的是，努力改善机会公平，让竞争更加公平，进而减弱仇富心态。

三是拜金主义。

很多人说，价格竞争机制是一种拜金主义，有钱人说了算。其实这是一种误解。价高者得的背后并非是金钱的价值，而是满足对方的价值。富人之所以富有，是因为创造了许多满足他人的价值，从而获得了收益。所以，价高者得的价值观并非拜金主义，而是我为人人、人人为我的价值创造、价值互补。

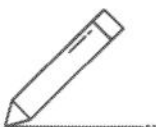

价格信号：通货膨胀是如何破坏市场的？

之前，我们在学习自由市场的前提条件时讲到过思想市场。在发达的思想市场中，信息能够充分流通，这是自由市场发展的重要前提。价格也是一种非常重要的信息。更准确地说，价格是自由市场中的重要信号。

价格信号在市场中发挥作用，我们可以概括为以下三个步骤。

第一个步骤是价格发现。

首先，我们需要理解价格是怎样生成的。价格生成的过程就叫作价格发现。举个例子，中国集体性质的土地目前还不能进入市场自由交易，所以这类土地的价格还没有被发现。但是，集体土地一旦进入市场并开始自由交易，那么土地的价格就被发现了。又如，农产品还未丰收时，产品价格还没有形成。但如果引入农产品期货市场，那么即使没有到丰收时节，农产品的期货价格也可以形成，这也是价格发现。价格信号属于信息市场的一部分，如果其他信息被限制流通了，商品真实的价格就不容易被发现。

当价格被发现后，第二个步骤是信号传递。

弗里德曼在其《自由选择》一书中指出，价格在经济活动的组织中发挥了三个作用，其中第一个作用是"它们传递信息"。哈耶克也表达过类似的观点。哈耶克获得了1974年诺贝尔经济学奖，他有一篇论文在这次获奖中占了很重的分量，那就是哈耶克在1945年发表于《美国经济评论》的《知识在社会中的运用》一文。在文中，哈耶克提出，价格向消费者、生产者传达信息。关于这一点在生活中其实很常见。以电影市场为例，当《阿凡达》电影票价格上涨时，其发出的信号是，观影人数多，消费需求旺盛。于是，影院会增加《阿凡达》的放映场次以满足市场的需求。好莱坞电影公司未来也会更愿意投资这类影片，以赚取更多利润。这就是价格信号发挥作用的第三个步骤——指导资源配置。

正常的价格信号能够指导我们理性决策，从而促进资源配置效率的提升。哈耶克在他的《知识在社会中的运用》一文中指出：各个个体的价格信号合在一起，可以成为指导整体资源配置的有用手段。面对同样的价格信号，市场中的个体可能做出完全不同的决策。股票价格上涨时，有人追涨，有人则选择清仓套现；房价下跌时，有人买入，有人则卖出；超市的榴莲降价销售时，不少顾客可能抢购，有些顾客则无动于衷。个体的决策与自身偏好及其所获得的信息有关，不论个体采取何种选择，价格都是指导资源配置的重要信号。

在之前的内容中，我们介绍过一个著名的小故事《我，铅笔》。价格只有一元的铅笔，竟然可以调动全世界不同国家、不同肤色的人参与进来，配置的资源包括资金、木材、矿山、机械、劳动力、运输等。当然，我们不能说，一元钱可以调动如此多的资源，准确的说法应该是，无数个一元钱调动了整个产业网络的资源，各个交易环节都按照价高者得的原则参与进来。所以，最终是价格决定了社会生产什么、生产多少、如何生产、为谁生产这些基本决策。

在价格信号发挥作用的过程中，我们要注意时间维度。离开了时间维度，价格信号是没有意义的，或者容易失灵。比如，股票价格实时变动，即使同一个价格，今天和昨天就可能是完全不同的市场信号。假如昨天股票大涨，股价从每股20元涨到30元，投资者普遍认为释放的是看多信号；但今天股票又从每股30元跌回20元，这时的20元价格释放的就可能是看空信号了，投资者可能抛售离场。所以，市场是一组组以时间为维度的价格发现程序。

下面，我们就用通货膨胀为例，分析价格信号在被干扰、被扭曲的情况下，市场会发生什么。

弗里德曼在1977年获得诺贝尔经济学奖时发表的演讲中引用了哈耶克在1945年发表的论文。弗里德曼认为，通货膨胀扰乱了价格变动产生的信号，既降低了经济效率，也导致了产生偏离其自然（或充分就业）水平。

如何理解这句话呢?

举个例子。假如你是一家工厂的老板，当通货膨胀发生时，你的产品价格也会上涨，通常你很难立刻意识到是发生了通货膨胀，而更可能认为是市场需求旺盛推高了产品价格。所以，你很可能扩大生产规模，购买更多的原料和设备，招聘更多的工人。但是，几个月过后，你逐渐发现涨价是一种通货膨胀现象，不但产品销售价格上涨了，原材料、设备以及工人的工资也在上涨。这时，因为市场的实际需求量其实没有增加，但是你扩大了产能，导致产能过剩，工厂的利润率甚至可能比产能扩张之前还低。这时你才发现，你做了错误的决策。为了纠正错误，你会马上压缩产能，解雇扩招的工人，以降低库存。

很显然，是通货膨胀引发了物价上涨，扰乱了价格信号，给你发出了错误的信息，从而致使你做出了错误的决策。从这个例子中我们就可以得出一个结论：货币超发引发通货膨胀，干扰了价格信号，可能带来短期的产能增加、就业增加，但企业主会逐渐纠正这一错误的决策，进而压缩产能，解雇工人。然后产能、就业及经济增长又恢复到之前的水平，甚至更糟糕的状态。这就是长期货币中性的理论。

有人提出，通货膨胀不是会推动物价全面上涨吗？如果一开始企业主就发现了物价在全面上涨，他怎么会认识不到发生通货膨胀了呢？其实，这只是一个理想的假设。通货膨胀发生时通常有两个路径：一是像波纹一样从中心向周边扩散；二是从下游消费市场向上游要素市场传递。所以，通货膨胀爆发时，很多人都无法判断到底是通货膨胀还是需求增热。更重要的是，通货膨胀容易引发追涨心态，人们担心货币贬值，所以会大量抢购商品囤积起来。20世纪90年代初，中国爆发了一次通货膨胀，很多人大量采购食盐、肥皂、大米，有些家庭囤积的肥皂用到21世纪都没用完。

从以上的分析中，我们可以得出两个结论：一是保持物价稳定非常重要；二是应该让价格自由波动。保持物价稳定主要是指不能人为地超发货币，引发资产价格上涨或通货膨胀。按照弗里德曼的货币数量理论，货币数量决定市场价格，通货膨胀是货币超发现象。简单来说就是，任何通货膨胀都是由货币超发引起的。讲到这里，我们就要从价格信号讲到货币理论了。

这里需要介绍一下德国弗莱堡学派创始人瓦尔特·欧根的理论。欧根是联邦德国战后经济政策的理论奠基人，促进了联邦德国战后经济快速复苏。欧根的理论体系被称为竞争秩序自由主义，也叫联邦德国新自由主义。他的理论逻辑非常清晰，而且实操性强，容易转化为有效的经济政策。他提出了经济宪法的七个原则，其中第一个原则就是“有运行能力的价格体系”。所谓“有运行能力的价格体系”就是指让市场价格机制正常运行。欧根认为，只有市场价格机制正常运行，才能保障自由竞争。如果做不到这一点，任何经济政策都会失败。

那么，如何才能保障价格体系有效运行呢?

这就是欧根提出的第二个原则，即货币政策的首要地位。欧根认为，中央银行必须把稳定货币价值作为其货币政策的首要目标。这个原则实际上是价格体系的延伸，是根本性的原则，是整个政策体系的核心。欧根在书中写道：“只要币值的某种稳定性得不到保障，一切为实现竞争秩序的努力都是徒劳的。因此，货币政策对竞争秩序来说是占有优先地位的。”

什么叫优先地位？优先地位就是指当中央银行稳定货币价值的政策目标与其他经济政策目标发生冲突时，或稳定货币价值的政策与经济发展出现矛盾时，中央银行必须顶住来自各方面的压力，坚定不移地把稳定货币价值放在首位。简单理解就是，稳定货币价值高于一切宏观目标。

欧根之所以如此重视稳定货币价值，是因为他经历过第一次世界大战后德国最惨痛的通货膨胀。从那次惨痛的教训中，欧根得出结论：只有货币价值稳定，才能保证物价稳定，价格信号才不会被干扰，企业主、消费者才能合理决策。

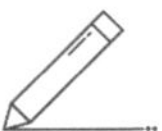

价格奖惩：企业如何在风险中获利？

弗里德曼认为，激励是价格的三大功能之一。我们可以将激励作用概括为奖惩，因为价格不仅有奖励（正激励）作用，还有惩罚作用（负激励）。举个例子，假如你以十元一股的价格买入了一只股票，如果股票价格上涨，这对你来说是一种奖励；而如果股票价格持续下跌，这对你来说就是一种惩罚了。

在市场中，奖惩主要是以企业的利润来体现的。经济学家弗兰克·奈特是第一位解释了企业利润来源的经济学家。奈特是一位土生土长的美国经济学家，是美国早期经济学家的代表人物，他还是芝加哥学派的创始人。

1916年，奈特获得了康奈尔大学的博士学位，他的博士毕业论文叫《风险、不确定性和利润》。在经济学历史上，这篇论文非常重要。在奈特之前，新古典主义的理论建立在完全竞争市场这个假设前提之上。在完全竞争市场中，企业遵循边际成本等于边际收益的原则进行生产，从而获得正常利润。但是，在完全竞争市场中，企业既不会有利润，也不会亏损。因为在完全竞争市场条件下，信息是透明的，产品、成本及价格趋于一致。这显然与实际不符。于是，奈特在他的论文中提出，只有在不完全竞争条件下，才会产生利润。具体怎么产生呢？奈特认为，理论与实际的不一致性造成了不确定性，然后才会产生利润。所以，利润的真正来源是不确定性。

这篇论文在经济学历史上第一次打破了完全竞争的假设前提，从不确定性的角度思考经济行为，既解释了利润的来源，也解释了企业存在的价值，还推动了经济学这门学科从确定性向不确定性迈进。其实，奈特的这篇论文就包含了价格的奖惩机制，价格奖励带来利润，价格惩罚带来亏损。与奈特预设的不确定性条件一致，每个人掌握的信息都是有限的，谁也无法准确预测未来价格的变化。当未来价格高于预期时，便产生了利润；当未来价格低于预期时，便出现亏损。

从企业家才能的角度来看，利润也是一种价格。就像工资是劳动力的价格、租金是土地的价格、利息是资本的价格一样，利润则是企业家才能的价格。利润是作为剩余索取权支付给企业家、风险承担者、决策者、创新者的价格。之前我们讲过，企业家从事的是迂回生产的风险工作，他们向工人支付工资，向业主支付租金，向银行支付利息，就相当于买断了产品未来收益的索取权。未来如果产品的价格高于预期，企业家就可获得利润；如果产品价格低于预期，企业家便亏损。将产品生产出来并销售出去的过程中充满着不确定性，这个不确定性从表征上来看就是价格的不确定性。这就是奥地利学派的迂回生产理论。

下面，我们讲三组关系来更加深入地理解价格奖惩。

第一组关系是价格奖惩与收入分配的关系。

在市场经济中，市场是最重要的收入分配方式。准确地说，交易即分配，价格的奖惩决定了收入的分配。在自由市场中，每一次交易和交易的价格，都决定了一次收入的分配。在现实中，很多人一次股票买卖、房屋买卖、公司买卖，就决定了其一生的财富。所以，很多人认为，市场分配太不公平了，导致贫富差距过大。有些人炒股一夜暴富，有些人买对了房子一生轻松。特别在期货等投机市场上，价格奖惩机制似乎更像赌博。这其实是一种误解。我们需要理解平均与公平的区别。市场竞争导致的结果虽然往往是不平均的，却是公平的。就像在股票交易市场中，有人买入，有人卖出，有人赚钱，有人亏损。价格奖惩对每个人来说都是公平的，但交易的结果定然是差异化的。

当然，如果太多人通过股票市场赚钱，大量资金不流入实体经济，造成资产价格通货膨胀，实体经济通缩，这实际上奖励了投机者，惩罚了实干者，这种经济是存在问题的，这个问题说明经济结构出现了问题。

从整体上和长期来说，价格奖励的是质量更好的产品、更优质的服务、经营更好的企业、更杰出的企业家和创新者。价格惩罚的往往是失败的创造与不善的经营。更好的产品受到市场的追捧，价格更高，抗风险能力更强，获利概率更大，而更差的产品则更容易被淘汰。但从个体和短期来说，就未必了。因为市场是有风险的，尤其在资本市场中，价格波动风险大大增加，这时更好的产品和企业也可能因为短期的失误而失败。这是市场投机性和不确定性的一部分，也是企业家才能体现的一部分。我们上面讲到，利润是企业家才能的价格。企业家才能包括对价格风险的控制，谁能更好地预测价格，谁就更有机会获得利润。

第二组关系是价格奖惩与中介服务的关系。

我们经常听到这么一句广告语："没有中间商赚差价。"这句广告语给人们传递的信息是：中间商的差价是不应该有的。换言之，价格奖励不应该给中间商。这其实符合很多人的观念，中间商是没有价值的，中间商越多，会导致商品价格越贵，消费者就越吃亏。但这种观点只对了一半。我们可以用两句话来表述中间商的价值：

一是如果没有中间商，我们购买的商品价格会更贵。

二是我们确实需要努力降低中间商的费用。

这两者并不矛盾。我们先来看第一句话，为什么没有中间商，我们购买的商品会更贵？美国经济学家斯蒂格勒在他的《价格理论》中写道："如果市场信息是完全的，同样的商品之间的价格差会很小，甚至接近零。而如果信息不完全，商品价格的差异就会很大。"受信息不完全的影响，消费者为了购买这个商品需要支付一定的搜索费用，也就是交易费用。而中间商的作用就是帮助消费者更方便地搜索到商品，从而降低搜索费用。

越是发达繁荣的自由市场，交易费用就越低，这就是第二句话的道理。互联网大大提高了信息透明度，互联网上同一种商品的价格差比线下要小得多。互联网打破了信息的空间障碍，从而降低了中间费用，使得商品更加便宜，购买更加便捷。所以，价格奖励中间商，实际上是供求双方共同向中介服务支付信息搜索费用。

第三组关系是价格惩罚与市场心理的关系。

很多人有这么一种心理，渴望价格奖励，拒绝价格惩罚，而且说得还振振有词。常见的论调有："房价不能跌，跌了中国经济就完了。"如今只要经济一衰退，宏观经济学家、投资者都呼吁政府救市，印刷钞票，扩张财政，把房地产、股票等资产价格硬生生地拉上去，然后制造一大堆泡沫，接着再一次又一次地说："房价崩了就完了"。

这里存在两个问题：

一是趋利避害是市场交易的正常心理，谁都害怕价格惩罚，喜欢价格奖励，但这不是我们干预市场的理由。价格奖惩是市场规律最为重要的组成部分。在这个世界上，只赚钱不亏本的市场不是好市场。

二是价格惩罚不是世界末日，但是一次次救市制造价格泡沫，那就是灾难。

总结一下，到这里我们已经介绍了价格的三大功能：价格信号、价格竞争、价格奖惩，它们之间是有逻辑关系的。价格是市场信息中最为重要的一部分。在自由的信息市场中，价格信号能准确地、及时地向每一个个体发出。价格信号发出后，个体根据价格信号及相关信息决策，按照价高者得的原则进行竞争，有人卖空，有人买空，有人按兵不动。决策之后，价格会给出奖惩结果，有人获利，有人亏本。这就是价格三大功能的逻辑，也是市场规律的逻辑。价格信号正常传递，是自由市场的基本前提。

价高者得是市场竞争的基本规则。价格奖惩是最基本的市场规律。任何干预价格信号、价格竞争规则以及价格奖惩的行为，都将遭到市场规律的惩罚。理解了价格理论，我们便可以更好地理解市场规律及市场理论，同时对市场规律保有更多的敬畏之心。

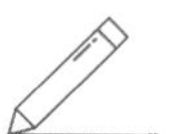

价格管制：价格管制最终为何失败？

价格机制是经济规律最为重要的组成部分，价格管制对经济的危害性是显而易见的。在市场经济中，几乎所有的价格管制最终都以失败告终。20世纪70年代，美国爆发了通货膨胀，政府为了抑制商品价格上涨，采取了价格管制措施，但最后不但没能抑制价格上涨，甚至还恶化了危机。

早在20世纪二三十年代，苏联建国不久后就开始推行计划经济，计划经济也叫指令型经济，按计划生产，按计划分配。在这种经济体中，不存在价格，或者价格是受管制的。奥地利学派的米塞斯、哈耶克与主张市场社会主义的兰格之间爆发过一场论战，史称兰格论战。兰格论战的焦点就是关于价格机制的争论。

论战最开始是由米塞斯挑起的。1920年，米塞斯发表了一篇简短的文章叫《社会主义制度下的经济计算》。在这篇文章发表之前，欧洲经济学家对社会主义计划经济的批判大多只是泛泛而谈。而米塞斯逻辑缜密，一击致命，他以经济计算为切入点否定了计划生产与分配的可能性。后来米塞斯将他的这一理论出版成书，书名叫《社会主义》。米塞斯认为，经济计算的前提是价格运行是正常的，但是社会主义计划经济不存在正常的价格信号。简单理解就是，如果没有价格信号，我们就搞不清楚某种产品市场需要多少，需要怎样的产品，也不能确定需要多少劳动力与原材料。这样的经济计划其实是盲目的、低效的，甚至是无效的计划。用米塞斯的话来说就是“一切都将在黑暗中摸索。社会主义就是合理经济的抛弃。”

在自由市场中，当价格上涨时，商家就清楚人们对这一产品的需求量在增加，商家还清楚哪类产品更受市场青睐。换言之，商品价格会告诉商家客户需要什么、需要多少、什么时候需要，商家可以根据价格信号满足人们各种不同的、实时变化的需求。但是计划经济做不到这一点。没有价格信号，人们的有效需求是表现不出来的。中央计划部门不清楚人们多样化的、实时变化的需求，只能大概确定总量，比如今年社会需要多少粮食、汽车等，但是这种预估是非常不精准的，容易造成浪费和失误。

同时，市场是根据价高者得的原则分配的，人们可以根据价格做出最优选择。比如，要满足城市出行需求的人会购买经济型轿车，要满足生意需求的人会购买豪华型轿车。如此，每个人都可以获得最高的效用。但是，如果采用价格管制，原本100元的车票限价30元，结果很多人乘车，需要长时间排队等候，导致效率低下。即使你赶时间，愿意多支付70元，但因为限价，你也会白白地浪费宝贵时间。这就是价格管制带来的租值消散和资源浪费。

最后就是价格激励。价格竞争下的价格激励是积极的，当价格高于预期时，人们就愿意从事生产与创造。一些人认为，100元的车票限价30元，很多人受益，因而可以激励生产，但现实恰恰相反。价格管制打击了积极的创造者，纵容了无能的懒惰者，制造了“搭便车”现象。更严重的是，因为限价而无利可图，很多生产者选择退出，导致供给减少。供给减少，又加剧了供需紧张，导致效率更加低下。在现实中，价格管制往往伴随着供给垄断和权力寻租，限价30元的车票可能在黑市被炒到300元，人们付出更多的成本，还需要排队等候。这无疑是雪上加霜。

所以，计划经济相当于废除了价格这三大功能，违背了经济规律。用米塞斯的话来说就是，“市场是不可能人为仿制的”，中央计划经济不可能配置好经济资源。这篇文章的发表可谓石破天惊，遭到很多当时拥护社会主义的经济学家的批判，其中最著名的是奥斯卡·兰格。兰格是波兰经济学家，为了回击米塞斯的挑战，他撰写了一篇长文叫《社会主义经济理论》。于是，这场论战就开始了。

兰格提出的理论叫市场社会主义，他将自由市场的价格机制和私有制引入计划经济中。具体怎么操作呢？兰格提出，消费品和劳动力是由市场来定价的，生产资料的价格则由中央计划部门模拟市场竞争的方法来确定。兰格认为，通过这种方式可以同时利用市场和计划两种手段来调节资源配置。他认为，光靠市场是不行的，因为市场会导致不公平。同时，市场经济会引发经济危机，所以市场经济的价格信号是虚假的，资源配置也是无效的。从理论上来看，市场社会主义是一个完美的经济模式，既讲究效率，又能够确保公平。但是，兰格依然面临一个问题：如何模拟市场来确定生产资料的价格？

兰格认为可以通过“先进的计算机”来实现对全社会数百万种生产资料及商品“合理定价”，进而满足市场的各种不同需求及生产需要。这个问题其实现在还有人在讨论：超级计算机能否替代市场，实现全社会所有商品及生产资料的精准定价和精准配置？尤其是进入大数据时代后，计算机能否做到按需分配？

我们先将这个问题搁下，继续讲兰格论战。在这场论战中，很多欧美学者，包括当时一些著名的经济学家都支持兰格，所以当时公认兰格在这场论战中获胜了。资本主义世界的经济学家都来支持社会主义理论，这是为什么？因为当时欧美世界正处于前所未有的大萧条时期，传统的新古典主义经济学跌下神坛，很多处在恐惧之中的人们不再信任自由市场，转而积极拥抱社会主义。并且，与欧美世界形成鲜明对比的是，苏联采用计划经济模式取得了巨大的经济成果，这让欧洲学者更加相信计划经济模式是可行的。

但是，历史最终证明了米塞斯是对的，没有价格体系的计划经济最终在低效中走向了崩溃。从20世纪七八十年代开始，东欧一些国家开始改革，推动经济转轨，从计划经济向市场经济转型，其中首要的就是价格改革。如果价格体系不恢复，市场经济就无法正常运行。从中我们可以看出价格机制的重要性。

1984年，中国也迎来了一次重要的关于价格改革的讨论。这年9月，一批青年经济工作者在浙江湖州德清县的莫干山上组织召开了一场学术讨论会，史称莫干山会议。这次会议对中国改革开放非常重要，被认为“经济改革思想史的开创性事件”。这次会议的主题主要有中国经济体制改革的理论问题和现实问题，包括国企改革、14个城市的对外开放、金融改革等问题，其中最受关注的是价格改革问题。会议一共收集了1300多篇来自全国各地的论文。

关于价格改革，现场争论激烈，火药味十足，从白天争到晚上。最后形成了三派：以田源为代表的调派、以张维迎为代表的放派，还有就是以华生为代表的折中派。当时张维迎只有24岁，是参会者中年龄最小的，刚刚从西北大学拿到硕士学位。他在会上做了现场发言，宣读了他的论文。会议结束后，他的论文《价格体制改革是改革的中心环节》发表在《经济日报》上。

张维迎首先指出：“现行的价格制度必然对应于高度集中的、以行政命令为主的、不讲物质利益原则的管理体制。这种管理体制又必然导致政治对经济的不适当干预，妨碍经济系统的正常运转。”他进一步指出：“价格的问题在于现行的价格制度切断了供给与需求的关系，使得价格不成为价格。”在他看来，根本解决之道是改革价格体制。张维迎认为：“市场机制的核心是价格，价格体制的改革过程实际上就是市场机制的形成过程。”如果价格体制不改，其他体制就不可能有根本性的改变。他把价格体制视为整个改革的“牛鼻子”。这个观点跟我们上面的观点是一致的，价格是自由市场的起点，也是经济规律最重要的组成部分。张维迎提出的办法是，实施价格双轨制，旧价格用旧办法管理，新价格用新办法管理，最后建立全新的替代价格制度。当时多数青年学者都支持价格双轨制。

莫干山会议后，中国大力推进价格双轨制改革，具体措施是放调结合。所谓价格双轨制，就是同一商品分成体制内价格和体制外价格，体制内价格按计划定价，体制外价格按市场定价。我们知道，价格双轨制是不可能长期持续的，它只是一种过渡策略。因为商品是会根据价格来流动的。同一种商品，体制内的价格便宜，市场中的价格贵，有人就会想办法将体制内的商品倒卖到市场中，从中赚取差价。所以，在20世纪80年代，中国出现了一批“倒爷”。

价格双轨制的初衷是，随着商品在体制内外相互流通，双轨价格差逐渐抹平，最终实现并轨，这样市场价格就形成了。但是，在现实中往往没有那么理想。由于物资相对紧缺，体制内获得较多资源，市场需求旺盛，1990年前后物价快速上涨。这时，邓小平看到了问题的严重性，主张取消体制内价格及供给，加速并轨，广泛的市场价格得以快速形成。这就是价格双轨制改革的过程。

了解了之前价格改革的这段历史，我们就会明白，市场价格的自由运行是整个经济系统的前提。没有价格信号，经济系统就像“瞎子”，全然不知人们需要什么，该生产什么；没有价格竞争，资源的配置就会发生巨大的浪费；没有价格激励，仅仅依赖精神胜利法，人们会变得懒惰、贪婪和无知。所以，政府及任何个人都无法替代市场的功能，也无法模仿市场的价格系统。再强大的计算机也不可能找到一种足以使市场需求恰好等于供给的产品出清价格。这种人为的理想价格是不存在的。有些新古典主义者之所以会误信兰格市场社会主义和“先进的计算机”，是因为他们的理论长期建立在宏观范式上，形成了与兰格类似的“上帝的视角”。

Part Nine
竞　争

不论是相对还是绝对，资源总是稀缺的，所以人类才需要想办法竞争稀缺资源。

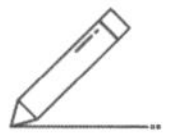

代价：天下没有免费的午餐

经济学中的成本，更准确的理解应该是代价。竞争意味着要付出代价，不考虑代价的竞争不是理性的市场行为。所以，当我们在谈论自由竞争时，首先要考虑的就是代价。经济学家弗里德曼曾经说过，如果要用一句话来概括经济学，那就是“天下没有免费的午餐”。这句话浅显易懂，任何人都能明白，但这句话背后的经济学逻辑，很多人未必真正理解。

在经济学的假设中，资源总是稀缺的，我们要获取稀缺资源时就面临竞争，而我们为了竞争到稀缺资源定然需要付出一定的代价。这个代价未必是金钱，也可能是时间、精力或者其他机会成本。比如，你的朋友请你吃午餐，虽然你没有花钱，但是你欠了朋友一个人情，并且这顿午餐可能会占用你和你女朋友共进午餐的时间。这就是你的机会成本，也是为这顿“免费的午餐”付出的代价。

另外，在经济学中，资源的稀缺性这个假设前提是很重要的。资源的稀缺性不是绝对的而是相对的，并且，资源的稀缺性只有在自由交换的环境下讨论才有意义。比如，通常我们认为阳光不是稀缺的，晒太阳是不会有人跟你收费的，但是这种表述是没有意义的。假如今天你需要晒被子，但是天公不作美，下了一天的雨，这时的阳光就是稀缺资源了。因为你产生了对阳光的需求，这个时候阳光才有稀缺还是非稀缺的讨论价值。如果几天都不见太阳，你就不得不去找阳光的替代品，比如买一台烘干机，把衣服烘干。这台烘干机就是你获取阳光资源不得不付出的代价。

19世纪时期，法国的经济学家弗雷德里克·巴斯夏曾经写过一篇文章，里面有一段内容很有趣，大意是这样的：如果把太阳遮住，蜡烛需求量就会大幅上升，蜡烛工厂将忙碌起来，蜡烛工人就不会再失业了，收入也能够增加。所以看起来把太阳遮住似乎是一个解决失业问题的好办法。不过，这个好办法似乎忘记了遮蔽阳光是需要付出代价的。阳光是自然赐给我们的礼物，我们遮蔽它，相当于花费成本去浪费天然资源。巴斯夏的本意当然不是鼓励人们去遮住太阳，而是通过这个例子告诉人们，当你在制造新的就业和收入的时候，不要忘记这一行为背后的代价，尤其是那些看不见的代价，那些地位卑微的人不该为此付出的代价。

今天我们看遮蔽阳光这个例子有些匪夷所思，但是，这种例子在现实中并不少见。当经济下行时，政府组织反复挖路，带动基建、建材产业发展，人为制造就业。把修好的公路反复开挖，这与巴斯夏所说的遮蔽阳光，其实是同一种行为。挖路看似带来了生产与就业，其实社会为此付出了额外的代价。一条好路被破坏，花费额外的费用再把路修好，造成社会财富的净损失，这是看得见的代价。看不见的代价可能更大，如反复挖路可能引发价格信号混乱，导致基建、建材行业产能过剩。

不管经济是上升还是下滑，市场中做出正确决策的人获益，做出错误决策的人受罚，这就是市场的价格奖惩机制在发挥作用。如果经济下滑时，政府积极救市，这就相当于奖励做出错误决策的人，惩罚做出正确决策的人，会带来严重的经济后果。比如，2008年全球经济过热，金融危机爆发，房价开始快速下跌。但是，全球政府都紧急救市，错过了让市场出清、挤压经济泡沫的机会。之后在货币贬值大潮下，房地产等资产价格逆势上涨，一日千里。政府的干预破坏了市场公平性，打击了投资者积极性，引发了当下全球的经济危机和社会问题。这些看不见的代价，都是干预经济的代价。

凯恩斯主义者认为，政府基建投资具有乘数效应，可以带来各种产业的兴旺。他们认为，乘数效应带来的收入，可以覆盖政府投资的代价。这种观点无疑是违背经济常识的。就和之前举例说的遮蔽阳光、反复挖路可以带动经济发展一样，如果这种观点成立，就相当于“破坏有理”“战争有利”。人类不需要从事创造性活动，只需要反复破坏，反复修复，即可获得无数财富，但这可能吗？

其实，如果政府基建投资有乘数效应，私人投资应该也同样具有乘数效应，并且，私人投资还不会产生上面这些看不见和看得见的代价。政府可以将财政资源用于失业保障，帮助失业者渡过难关；还可以用于为个人及企业减税，提高私人投资的信心。

渴望政府在经济衰减及危机来临时干预经济，本质上是那些做出错误决策的人拒绝接受来自市场公平竞争的惩罚。他们试图利用公权力来逃避惩罚，而那些做出正确决策的人则为此付出了惨重的代价。更要命的是，政府长期干预经济，让大众产生了错觉，当危机真正来临时，大部分人都是错误的决策者。这时，所谓的经济民主就开始发挥作用了，以投票或游说公权力的方式，干预自由经济。

讲到这里，我们进入了一个更加深刻的问题的讨论。你或许已经发现了一个有趣的问题：经济民主对自由市场构成伤害。我们需要重申一下这个重要的观点：民主制度不能运用在自由市场的竞争规则之中。市场竞争是一种个人竞争秩序，而不是集体决策机制。危机来临时，多数的错误决策者不能动用民主机制打击、侵害少数的正确决策者，少数人的利益也应该得到公平竞争规则的保护。否则，就是多数人的暴政。当多数人的暴政发生时，所有人都将付出惨重的代价。

在经济周期性衰退时，我们需要警惕的不是经济衰退带来的代价，因为这一代价是公平竞争的结果，是我们可以承受也应该承受的代价。我们需要警惕的是，干预经济、破坏公平竞争所付出的代价，这一代价是不公平的代价，是人类难以承受的代价。这个时代比任何时代，都更需要对那些恐惧者、懦弱者、贪婪者表达这一观点。

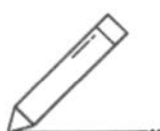

竞争：唯竞争获取稀缺资源

经济学一个非常重要的假设就是资源是稀缺的。马尔萨斯主张资源绝对稀缺，大卫·李嘉图则主张资源相对稀缺。不论是相对还是绝对，资源总是稀缺的，所以人类才需要想办法竞争稀缺资源。竞争稀缺资源的办法有很多，本书的开头，我们概括了人类的三种生存方式，这三种生存方式其实都是竞争稀缺资源的方式，它们分别是掠夺、控制和交易。

用掠夺的方式竞争稀缺资源，是一种零和博弈、丛林法则，不能带来经济的增长、社会的进步以及资源的高效利用，也无法改善资源的稀缺性；用强权控制来分配稀缺资源的方式有多种形式，比如，按等级划分、按资排辈、随机抽签、以垄断价格出售等。虽然这种方式比直接掠夺要进步了很多，但对资源利用效率的提升也是非常有限的。经济学家最推崇的是用自由交易的方式来竞争资源，因为他们认为，自由竞争带来的资源利用效率是最高的。在新古典主义时期，瓦尔拉斯、马歇尔等经济学家论证了这一点，他们提出了完全竞争理论，认为完全竞争市场是帕累托最优市场，也是资源使用效率最高的市场。

什么是完全竞争市场?

完全竞争市场，有这么几个特点：市场中有无数个卖方和买方，这个市场的信息是完全透明的，产品是同质化的，买卖双方的价格是既定的，任何一个厂商都无法影响市场的价格。同时，资源是自由流通的，任何行业、市场都没有进入和退出的壁垒。在很长一段时间里，完全竞争市场理论占据了经济学的主流地位。但是，大萧条爆发后，世界经济长期衰退，经济学家们开始怀疑完全竞争市场，怀疑这种理论是否真的有效。

美国经济学家张伯伦在其著作《垄断竞争理论》一书中，摒弃了新古典经济学“完全竞争”的假定。他提出，实际的市场既不是完全竞争的，也不是垄断的，而是这两种状态的混合。同期，英国经济学家罗宾逊夫人也出版了《不完全竞争经济学》一书，提出了类似的主张。其实，完全竞争市场不但在现实中不存在，在理论上也是不成立的。为什么？

在完全竞争市场的假设下，信息是透明的，交易双方掌握了完全信息，产品是同质化的，这样的市场不存在差异竞争。同时价格是既定的，厂商既不会产生亏损，也不会产生利润。所以，这种市场在理论上是不存在的。新古典主义在提出完全竞争市场的假设时，忽略了一个非常重要的问题：资源效率是如何提升的？实际上，资源效率的提升一靠自由竞争，二靠创新创造。

只要自由竞争存在，就一定会存在差异化，比如产品的差异化、价格的差异化、信息的差异化、经营方式的差异化等。如果没有差异化，就不存在竞争，而差异化靠的就是创新创造。所以，完全竞争市场的假设其实是反自由竞争、反创新创造的。这种市场没有经济效率，在理论上也是不存在的。新古典主义者认为，产品的差异化会造成垄断。这种观点是错误的，差异化是竞争的结果，也是竞争的目的。新古典主义者之所以有这个错误观点，主要原因是他们没有真正理解经济是如何增长的，没有揭开市场宏观范式下的“黑箱”，也就是企业是如何运行的，个人是如何创造的。

我们为什么要花这么多篇幅讲这个理论？因为这一理论引发的问题，给经济学发展带来了巨大的困扰。由于完全竞争市场理论存在重大缺陷，所以很多反对自由市场的人就提出，自由市场经济效率最高的结论是站不住脚的，需要政府干预经济才行，这是非常致命的。其实，并不是自由市场有问题，而是新古典主义的自由市场理论有问题。在新古典主义之后，新奥地利学派和新制度经济学派虽然对市场的理解更加合乎逻辑，但是其方法论没能赢得主流经济学的认可。

其实，帕累托最优的条件应该是市场要素自由流通。与完全竞争市场的假设不同，市场要素自由流通，是指没有人为的干预，要素可以无障碍地流通。在要素自由流通的前提下，每一个市场个体去发现信息，创造产品和价格，才会产生市场效率。我们每一个人都是在边际上做选择的，当边际成本等于边际收益时，我们的决策是最优的，效率是最高的。

举个例子，假如你是一家工厂的老板，你会努力向价格最低、质量最好的供应商采购原料，努力向价格最高、风险最小的客户销售产品，这样你可以获得最大的收益。假如完全竞争市场是存在的，所有竞争工厂与你一样都可以获得完整的市场信息，它们会做出同样的行为，都向这家供应商采购，向这一个客户销售。如此一来，市场就会发生变化，供应商会顺势提高价格，客户会顺势压低价格。你和其他工厂，也会根据供应商、客户的新的价格信息而调整策略。换言之，整个市场的信息是实时变化的，竞争对手之间、客户及供应商之间，会相互根据新的信息调整价格及产品策略，进而产生新的信息。即便市场信息是完全透明的，价格和产品也会动态变化。所以，在完全竞争市场中，信息完全、价格既定、产品同质化这三者本身就是矛盾的。

我们现在把假设条件改一下，把信息完全透明这个前提去掉。这时，你仍是工厂老板，但是并没有掌握完全的供应商信息，也没有掌握完全的客户信息。由于市场信息是分散的、动态的，所以这个假设更符合现实。在现实中，搜索信息的花费是企业成本的一部分，也是企业竞争力的一部分。每一个人、每一家企业都是在有限信息下做出差异化的决策的。完全竞争市场假设的错误就是把搜索信息的成本给忽略了，同时也把搜索信息作为企业竞争力的一部分给忽略了。

把这个问题搞懂了，我们再来理解第二个问题：个体在有限信息下的决策是否可以带来最优效率？

你作为工厂老板，向周边企业采购零配件，通过一段时间的搜索及谈判后，最终做出了选择，采购的零配件价格是1元/件。但其实你周边还有销售价格是0.8元/件的供应商，只是你暂时没有找到。1元/件的供应商是不是你的最优选择呢？

这里要分开来看，如果这时你的边际成本等于边际收益，那么这一选择是最优的。如果边际收益不等于边际成本，那么这一选择就不是最优的。当边际成本小于边际收益时，假如你持续投入搜索成本，比如，花费3000元加入行业采购平台，在这一平台上发现了一些更加优质的供应商，分摊会员费、谈判费用后，采购成本降到0.7元/件。如此一来，你的效率又进一步提高了。所以，只有当边际成本和边际收益相等时，你的选择才是最优的。

这里需要注意两个问题：

一是边际成本和边际收益是基于整体来考虑的。供应商的搜索费用、广告费用、管理费用、采购费用等都是边际成本的一部分，持续增加某一项费用，对整个边际成本及边际收益都会产生影响。

二是边际成本等于边际收益是动态的。边际成本与边际收益相等时，经济效率最高。但是随着竞争环境的变化、企业管理能力的变化，这一平衡可能会被打破。假如企业引入了信息管理系统或者改善了管理，抑或市场发生了变化，企业持续投入一个单位的成本，可以带来更大的收益，这时企业的效率就还不是最优的，还有提升的空间。

所以，不是所有企业依代价而做出的选择都是最优的，企业也不是在任何时候做出的选择都是最优的。在通常情况下，自由竞争会迫使企业不断地降低边际成本，提高边际收益，努力达成最优效率，避免被淘汰。这也是经济效率不断提升的动力。

最后做一个总结：要素自由流通是帕累托最优的前提，自由竞争下的创新创造才是提升经济效率的源泉；每个人都在有限的信息下做边际选择，当边际成本等于边际收益时效率最优。

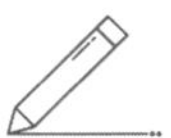

垄断：垄断的标准与效率

自然垄断，是一个非常复杂的经济学问题。在经济学领域，尤其是法与经济学领域，对反垄断的经济理论做了深入的研究，也有大量的历史案例。但时至今日，反垄断问题在经济学界依然没有达成共识。很多经济学家甚至认为，反垄断是一个伪命题。比如，苹果、谷歌、脸书这些互联网企业，对当今全球市场具有支配地位，它们是否构成了垄断呢？它们到底是技术进步的推动者，还是阻碍者？凭借公平竞争手段形成的垄断地位，是否应该禁止？如果答案是肯定的，那么反垄断到底是在鼓励创新，还是在阻碍创新？这些问题并不容易回答，当年美国电话电报公司、IBM、微软都遇到过这些问题，如今苹果、谷歌、脸书也正面临着这些问题。

世界上第一部反垄断法是1890年美国国会通过的《保护贸易及商业以免非法限制及垄断法案》，也叫《谢尔曼反托拉斯法》（以下简称谢尔曼法）。这部法律出台的时候，新古典主义经济学家对垄断问题的研究已经达到了一定的程度。那时的经济学家的结论是，垄断会降低产出，阻碍经济效率提升。但是，很多人不知道的是，其实并没有任何经济学家参与了谢尔曼法的制定与讨论。谢尔曼法出台的真实背景是此起彼伏的平权运动。

从19世纪70年代起，美国托拉斯组织开始崛起。托拉斯的出现扩大了贫富差距，引发了激烈的社会矛盾，平权运动不断。1861年美国仅有3个百万富翁，而到1900年增加到了4000个。为了对抗托拉斯组织，美国相继出现了格兰奇运动、绿背纸币运动，涌现了反垄断党、联合劳动党、农民联盟等几十个小党。当时，对托拉斯的限制、打击，在美国社会底层达成了广泛的共识。一些政治家为了迎合平权运动，开始推动反托拉斯立法。

在1888年的总统竞选活动中，所有的候选人都发表声明谴责托拉斯，其中最为积极的一位是来自俄亥俄州的约翰·谢尔曼参议员。之后，谢尔曼虽然竞选失败，但依然向国会提交了反托拉斯提案，这就有了人类历史上第一部反垄断法。所以，这部基于经济行为的法律，实际上诞生于政治诉求，缺乏经济学理论的支撑。谢尔曼法全文都没有给出“垄断”的确切含义，或者逐条指明哪些行为是被禁止的。立法者都搞不清楚什么是垄断，如何定义垄断？这个问题困扰着当时的法官。早期的法官只能以普通法作为指导，来解释谢尔曼法，并且以此为依据判案。

事实上，谢尔曼法在其诞生的十年间几乎成了一纸空文。1904年美国共有318家托拉斯，其中93%是1890年该法出台后产生的。直到1901年，老罗斯福担任美国总统后情况发生了逆转，对托拉斯深恶痛绝的他，一口气发起44个针对大企业的法律诉讼，其中25起胜诉，成功解散了牛肉托拉斯、石油托拉斯、电信托拉斯和烟草托拉斯等。因此，人们给他送了“托拉斯驯兽师”“托拉斯爆破手”的外号。

当时判定垄断的标准是什么呢？

当时，法官裁决反垄断案的标准主要是看这家公司是否具有市场支配地位。其中，最具有代表性的案例是美国联邦政府诉北方证券一案。北方证券的后台是华尔街大佬摩根和洛克菲勒，这两大财团将两位铁路大亨詹姆斯·希尔和哈里曼控制的铁路网络合而为一，从而控制了世界上最庞大的铁路网络。法官认定这一合并行为对自由竞争构成威胁。判决书这样写道：“有证据表明北方证券公司对州际贸易产生了限制，因而违反了反托拉斯法。合并的目的在于防止组成公司之间的相互竞争，这种合并的存在，对贸易自由带来威胁。”

但是，具有市场支配地位到底算不算垄断？如果按这个标准来判决，今天很多公司其实都违反了反垄断法。当时的法官及执法者并不清楚垄断与竞争这一经济行为背后的经济学理论。到底如何认定垄断？垄断具有哪些危害？到底是垄断组织有罪，还是垄断行为有罪？哪些垄断行为应该被限制？大法官对于这些问题非常头疼。

谢尔曼法出台40多年后，也就是1936年，联邦反垄断调查局才雇用了第一位经济学家，但早期经济学家在其中的作用仅限于数据搜索和诉讼支持。直到20世纪70年代，哈佛大学的经济家们开始关注反垄断领域，并且在反垄断工作中快速建立了影响和权威，从此反垄断才真正进入经济学的正轨。哈佛大学的梅森教授及其弟子贝恩提出了著名的产业组织理论。他们认为，市场结构决定了企业的市场行为，而企业的市场行为又决定了市场资源配置的绩效。

这个理论与反垄断有什么关系呢？这个理论直接告诉司法部门，判断一个企业是否涉嫌垄断，看市场结构就行了，简单来说就是看市场集中度。他们认为，市场集中度高的企业倾向于提高产品价格、设置行业障碍，以谋取垄断利润，阻碍技术进步，降低市场绩效。

于是，哈佛学派的研究成果给反垄断立法与执法提供了专业的理论依据和简单的判断标准，美国司法部门如获至宝。反垄断司法部门接受的第一个经济学理论就是哈佛学派的产业组织理论，因此其被称为“反托拉斯法经济革命的第一声礼炮”。

但是，哈佛学派的理论实际上存在很大的缺陷。影响市场绩效的因素有很多，市场结构只是其中之一，更何况要论证市场集中度高导致市场绩效低并不容易。之后，芝加哥学派的施蒂格勒、德姆塞兹、波斯纳等经济学家否定了哈佛学派的理论。他们告诉美国联邦法院的法官以及律师们，判断一家企业是否垄断，主要应该看经济效率，而不是哈佛学派提倡的市场份额和集中度。

芝加哥学派的经济学家更相信市场竞争的力量，对占据市场支配地位的企业保持宽容的态度，主张政府应尽量减少对竞争过程的干预。芝加哥学派所倡导的自由主义和效率优先原则，更加贴近企业现实，也迎合了当时市场的期盼。当时，美国司法界兴起了一股法律经济学热潮，美国司法部门及律师大量学习经济学理论。1973年芝加哥大学教授、著名法官波斯纳发表了《法律的经济分析》，催生了“法与经济学”理论。由此，芝加哥学派继哈佛学派后掀起了“反托拉斯革命的第二次浪潮”。

哈佛学派和芝加哥学派各自提出反垄断理论后，反垄断的司法工作变成了一项非常专业的经济分析工作。从20世纪80年代开始，随着技术迭代加快，经济学家及法律人士对企业是否垄断的判断标准从市场集中度越来越倾向于经济效率。转折性的案例是联邦政府对IBM的诉讼案。IBM是最早的大型计算机公司之一。1969年，美国司法部指控IBM违反反托拉斯法，理由是IBM垄断或企图垄断通用数字电子计算机系统的市场，尤其是商业设计的电脑。但IBM辩解说，信息技术领域技术迭代快，IBM无法构成市场支配地位。它在美国销售电子数据程序产品和提供劳务中所得的收益份额并不像政府声称的那样占据市场的垄断地位。政府对IBM的指控是在惩罚成功者、创新者，而不是在惩罚反竞争行为。

这个官司一打就是十年，到1982年里根总统时代，当时的反托拉斯局负责人威廉·巴克斯特仔细复查了该案后，决定以“没有必要”为由撤销这一诉讼。他的解释是，与电信业不同，计算机行业是无管制的，承受着市场竞争的强大压力。他认为，这一产业本质是竞争性的，政府重组计算机市场的企图，可能不是促进而是损害了经济的效率。自IBM案后，经济效率成为美国司法部判断垄断的首要标准。这也意味着，美国反垄断法对市场支配地位更加宽容。美国司法部门更加相信市场的竞争，尤其是技术的迭代对高科技企业的支配地位构成主要威胁，企业很难通过垄断获取长期优势。

今天我们知道，IBM早已退出了个人计算机业务。后来，微软、苹果、脸书、谷歌等虽然屡遭调查，但没有被反垄断法所肢解。讲到这里，各位需要注意两点：

第一点是，反垄断是一项非常具体而复杂的工作。我们这里所讲的只是大致的方向与历史脉络。

第二点是，美国的反垄断工作一直都没停止过，其对价格欺诈、现金补贴等各类反垄断行为的打击非常严厉。

有些人坚持市场主义，认为反垄断完全没有必要，技术创新及市场竞争最终会动摇垄断力量，没有任何企业可以长期保持垄断地位；也有人提出反对意见，认为当今微软、谷歌等大型企业的市场支配地位就是反垄断不严厉造成的。从法律的角度来看，反垄断中涉及的大量问题，其实都是普通法的问题，比如欺诈等。从经济学的角度来看，反垄断确实没有足够的经济学理论做支撑，甚至反垄断行为都是与市场理论背道而驰的。芝加哥学派的效率原则，只能说是从实用主义出发来解决市场中交易费用高的现实问题。

但是，反垄断法的作用依然不可小觑。它的作用到底是什么呢?

正如经济学家萨缪尔森所说，反垄断法在今天的意义，也可能是唯一的意义就是，使用一部简单的法令来震慑这些大企业，提醒人们关注和监督这些大企业、明星企业的一举一动。它的作用就像交通信号灯。

歧视：歧视的代价与收益

歧视现象，几乎随处可见。比如，求职时有性别歧视、学历歧视，网络上有地域歧视、国别歧视，商家定价时有价格歧视，还有美国历史上的种族歧视等。一开始，歧视不仅是历史问题、法律问题，还是观念问题、社会问题。后来，芝加哥学派代表人物加里·贝克尔把歧视行为纳入了经济问题加以研究。

20世纪50年代，美国种族矛盾非常尖锐。1955年，在芝加哥大学读经济学博士的贝克尔抓住这一敏感话题，撰写了自己的博士论文《种族歧视的经济学》。在这篇论文中，贝克尔第一次从经济学的角度分析歧视问题，他认为歧视是一种市场行为。这个想法对当时的经济学界来说是破天荒的。

贝克尔的导师米尔顿·弗里德曼是犹太人，他在纽约做过出租车司机，受过被歧视之苦。当他第一次听到贝克尔将歧视问题纳入经济学分析时，弗里德曼感觉这种分析实在是太过冷静了。论文出来后，贝克尔的另一位老师阿尔钦（张五常恩师）对这篇论文赞不绝口，阿尔钦对他的女儿说贝克尔将来能获得诺贝尔经济学奖。阿尔钦的女儿回答说："可现在并没有什么诺贝尔经济学奖啊！"

实际上，不仅仅是歧视行为，贝克尔还善于将人类所有的行为，如消费、婚姻、犯罪等，都纳入经济学分析，所以他又被称为"经济学帝国主义”的开创者。阿尔钦果然言中了，贝克尔因对于人类行为的经济学分析贡献卓著，于1992年获得了诺贝尔经济学奖。

从经济学的角度分析歧视行为，无疑是非常冷静、客观，且深入本质的。为什么这么说？在现实中，大多数人都反对歧视行为，但是大多数人又都无意识地具有一些歧视观念。所以，仅从道德角度谴责歧视行为，是远远不够的。20世纪60年代，美国总统林登·约翰逊为了迎合平权运动的政治需求，提出“种族优先”的政治理念，对女性、黑人提供补贴，达到所谓的平等。但是，这种补贴是不是反过来又对男性、白人构成歧视呢？

有人做了统计，美国黑人工人的平均工资要比白人工人低20%左右，女性工人的平均工资低于男性工人30%左右。不少人认为这些数据是美国社会对黑人和女性歧视的最佳证据。但问题是，黑人和女性的工资更低，到底是不是歧视造成的？如果工资水平有差异就认为是歧视，是不是陷入了平均主义的陷阱？所以，现实的歧视问题是非常复杂的，但如果从经济学的角度来分析这些问题，则要通透许多。贝克尔认为，可以将歧视放到对金钱的追求和市场规律的框架中去考虑。

用经济学来分析歧视行为，首先我们要从经济学的角度去界定什么是歧视。贝克尔提出了“基于偏好的歧视”，在中文语义中，偏见或许比偏好更好理解。简单理解就是，仅仅因为宗教、种族、地域、性别等归类性因素不同，给予不同的机会，或拒绝他人，或要他人付出更高的成本，这就是歧视。比如，不招聘某省的员工，拒绝招聘女性，“投资不过山海关”，大数据杀熟等，这些因为地域、性别、学历、客户信息的差异而产生的偏见，就属于地域歧视、性别歧视、学历歧视和价格歧视等。从经济学的角度来看，歧视是一种垄断行为，叫作歧视性垄断。宗族歧视、价格歧视、性别歧视都属于歧视性垄断。歧视行为，对自由竞争是一种伤害。

贝克尔是这么解释的：歧视是一种非理性的偏见，虽然其基于自我利益最大化，但是结果却是为此付出代价，歧视者和被歧视者利益都受损。这句话里包含了两层意思：

一是歧视是一种市场行为，遵循自我利益最大化原则。

二是歧视是要付出代价的，带来福利损失，所以必须反对歧视行为。

我们先来看第一层意思。歧视是一种出于自我利益最大化这一目的的市场行为。歧视的产生，与信息不对称、市场不完善有很大关系。信息越不对称，歧视便越严重。比如，公司招聘要求规定必须本科以上。实际上，本科以下也有符合要求的人才，但公司为了降低搜索成本，就设置了一道歧视门槛，求职者必须有本科以上学历。又如，当地产泡沫危机爆发时，银行可能暂停审批对所有地产公司的贷款。这是一种逆向选择，因为危机爆发时，信息不透明，银行便捂紧钱袋，这也是一种对地产公司的集体歧视。

在现实中，信息总是不透明、不对称的，人们为了降低搜索成本及风险，便使用简单粗暴的排除法，将某一群体排除在外，或让其支付更高的成本。这就是歧视长期存在的原因。在长期的信息不对称下，歧视会演变为偏见性歧视。现实中很多的地域歧视、种族歧视，似乎看不出有什么经济分析的理性，只是根植于人们观念中的偏见，却无比牢固，难以动摇。

除了偏见性歧视，经济学家阿罗还提出了统计性歧视。什么是统计性歧视？比如，数据统计显示，男性助产士的事故率高于女性，医院就可能降低男性助产士的雇用数量，这样就构成了统计性歧视。又如，根据犯罪率统计，美国黑人的犯罪率大概是2.5%，白人是0.45%，黑人是白人的五倍。美国1/3的黑人男性在青壮年时至少有一次被捕入狱的经历，这个比例也是白人的五倍。如今超过1/3的美国黑人男性，即600万人有过犯罪记录。若根据以上犯罪率统计，美国警方出于成本考量，就可能加大对黑人嫌疑人的盘问、追捕，在执法上可能更加粗暴。2009年，美国记录拦截搜身的人数是57万人，其中黑人占总数的55%。这就是基于数据统计的歧视性执法。

所以，无论是基于偏见还是基于数据统计的歧视，都是人类在信息不对称下的经济行为。信息越不透明，歧视可能性就越大；认知能力越低，歧视可能性就越大；交易费用越高，歧视可能性就越大。

从方法论的角度来看，歧视是归纳法的副产品。归纳法是人类认知茫茫世界的重要方法之一。为了降低认知事物的成本，我们会想办法将事物进行定义、归类，比如北半球、南半球、左派、右派等。当信息不对称时，为了节约认知、反驳的成本，有人可能会采取扣帽子的方式，简单粗暴地归类。若使用数学分析方法，可以减少歧视。比如，现代医学使用的试验方法是随机双盲大样本，争议很少。若中药能够采用随机双盲大样本试验，人们对中医的歧视与误解就会少很多。归纳法存在信息盲区，容易产生歧视问题。数学分析方法有助于我们提高识别能力，降低信息不对称性，从而减少歧视现象。

通过以上所述，我们了解了歧视是一种市场行为，但基于成本考量的歧视行为，并不是合理的，甚至会遭到惩罚。这就是贝克尔的第二层意思：任何歧视行为都要付出代价。比如，白人老板如果出于对黑人天生懒惰、愚昧的偏见，或者出于30%的黑人高中不能毕业、77%的黑人出生在单亲家庭的统计，从而歧视、拒绝雇用黑人劳动者，结果是白人老板和黑人劳动者都会受损，黑人老板和白人劳动者则会受益。为什么？因为白人老板拒绝了所有黑人求职者，包括部分优秀的黑人，就只能在白人劳动者中雇用员工，这就相当于抬高了用人成本。这会让白人劳动者收入增加，黑人劳动者则因受歧视而失业率增加，家庭收入下降；同时，黑人老板因可雇用到更廉价的黑人而受益。

贝克尔分析，假定美国少数民族和美国白人使用两种同质的生产要素——劳动和资本，但少数民族劳动要素丰富，白人资本要素丰富。种族歧视就会导致白人的劳动收益和少数民族的资本收益较高，同时使白人资本和少数民族劳动受损。

除了种族歧视、性别歧视，市场中更为常见的是价格歧视。在技术的掩护下，一些互联网公司经常搞大数据杀熟。大数据杀熟实质就是一种价格歧视。价格歧视是指相同等级或质量的商品或服务，在购买者中实行不同的收费标准。大数据杀熟是一种差异化定价行为，即所谓的“看人下菜碟”，互联网公司根据大数据对每个客户进行差异化定价。比如，当你迫切需要购买机票时，它们就调高对你的机票报价。

通过大数据杀熟，互联网公司可以实现利润最大化。这种价格歧视是否合法，是否被允许呢？亚马逊公司是大数据杀熟的“始作俑者”。2000年，亚马逊针对同一张 DVD 碟片施行不同的价格政策，新用户看到的价格是 22.74 美元，如果算法认定是有购买意愿的老用户，价格则会显示为 26.24 美元。很快这种策略被用户发现并投诉，亚马逊 CEO 贝索斯公开道歉，说这仅仅是一场实验，也承诺不再进行价格歧视。

在美国，价格歧视按信息的完整性分为一级价格歧视、二级价格歧视、三级价格歧视。一级属于最高歧视，即当卖方垄断势力比较强大且信息也比较灵通的情况下，卖方可以对每一单位商品都收取买方愿意支付的最高价格，将消费者剩余全部收归已有。大数据杀熟就属于一级价格歧视。美国反垄断政策对价格歧视打击非常严厉，因为价格歧视是一种重要的垄断定价行为，是垄断企业通过差别价格来获取超额利润的一种定价策略。虽然，最近三十年反垄断政策对价格歧视逐渐宽容，但是对一级价格歧视，如大数据杀熟的打击，依然非常严厉。

Part Ten 边　际

效用是指满足人们欲望的程度。如果在效用这个词前面加上“边际”二字，又是什么意思呢？

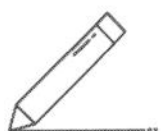

劳动价值论：从李嘉图到马克思

价值论，在经济学中的地位至关重要。可以说，价值论是整个经济学体系的基石。只有正确地认识、理解价值论，才能在相对深层次的思维上建立对经济学的认识。价值论之所以重要，一个最重要的原因是，价值论探索的是价值的源泉的问题，简单理解就是财富的源泉的问题。当然，这里所说的财富，是广义的财富，既包括物质财富，也包括精神财富，相当于人类文明成果。

人类的财富到底从何而来？

这个问题一直困扰着16、17世纪的欧洲学者们。当时的西欧，贸易往来频繁，手工业发达，商人的财富快速增长，甚至超过了贵族和领主。到了18世纪工业革命时期，社会财富更是在短期内爆炸性增长，很多英国人摆脱了温饱问题。这是了不起的成就。财富的大规模增加引起了欧洲学者的广泛关注，他们开始讨论，这些财富是从何而来的？

在当时，最早形成系统理论的是重商主义者。英国的约翰·海尔斯、威廉·斯塔福和法国的蒙克列钦等学者认为，财富源于商业贸易。这在当时无疑是先进的认知。但是，受历史的局限，他们又错误地将财富等同于金银，提出赚取更多财富的方法就是获取更多的金银，还向国家提出建议，鼓励出口，限制进口和金银外流。这种观念的影响深远，时至今日，依然有很多人不懂这种财富观的问题所在，或者说假装不懂。国家大力印钞，限制进口，囤积外汇，制造大规模顺差，这种做法与重商主义不谋而合。但实际上，大规模印钞和巨大顺差，并不能给国家带来财富，反而可能引发巨大的经济灾难。

所以，重商主义的观点提出不久后就受到了广泛的批判，主要批判者包括一些重农主义者，如威廉·配第、大卫·休谟及亚当·斯密等人，他们不认同财富等同于金银的观点。相比重商主义者，配第、休谟、斯密等人对财富起源的探索更加深刻。

有人称配第是古典政治经济学之父，配第最早提出了劳动价值论，他的观点是生产商品所消耗的劳动时间决定了商品的价值。他还有一句名言："劳动是财富之父，土地是财富之母。"劳动价值论，简单理解就是，财富和价值来源于劳动。这是一种非常朴素的观念，与财富等同于金银的观念不同。后来，斯密在探索财富起源时，继承了配第的劳动价值论。从客观上来说，斯密在劳动价值论领域并没有太多建树，但是他将这一理论的重要性提高到了古典政治经济学基础性理论的高度。

后来，斯密学说最重要的继承者李嘉图发展了劳动价值论。李嘉图撰写了一本很著名的书叫《政治经济学及赋税原理》。在这本书中，李嘉图详细阐述了劳动价值论。他在书中第一章就提出："一件商品的价值，或曰用以与之交换的任何其他商品的数量，取决于生产此件商品所必需的相对劳动量。"[1]与配第、斯密相比，李嘉图思考了两个更加前沿的问题：

一个问题是与劳动量无关的价值。比如，珍贵的葡萄酒，其价值无关乎生产所必需的劳动量。价值变动，全然按照欲得者之资力与欲望。李嘉图所说的"欲得者之资力与欲望"，实际上就是消费者的需求。

另一个问题是劳动品质的问题。李嘉图在书中说，掘矿技术的改进、掘矿机械的改良，亦可影响金银价值，因为这时统一劳动，可掘得较大数量的矿石。李嘉图的意思就是，有技术含量的劳动，即使劳动量是一样的，也可以创造比普通劳动更大的价值。李嘉图的这个观点更符合现实，也推翻了劳动价值论提出的"劳动时间决定劳动价值"的主张。劳动价值论解释不了为什么农耕时代的人日夜忙碌，其创造的财富远不如工业时代；也解释不了为什么同样是一天工作八小时，普通工人创造的财富远不如工程师。

今天我们知道，人类社会的财富增加、文明进步，并不是因为今天的人比过去更加勤劳，而是因为科学技术的进步。但是，为什么配第等人认为劳动时间决定劳动价值呢？有一个很重要的原因，就是当时的技术作用没有完全彰显。那个时候的大多数劳动者，比如，工厂工人，其工资收入与劳动时间呈正相关，工作时间越长，收入越多。所以，劳动价值论认为，劳动时间是决定性因素，从而忽略了劳动质量，也忽略了供需状况。

李嘉图探讨的这两个问题，其实都是劳动价值论的致命问题，不过李嘉图都没有深入探讨。今天看起来，劳动价值论有很多缺陷，甚至有些荒唐，但回到那个年代，我们就好理解了。当时是资本主义发展的初期，处于卖方市场，供给决定了市场。换言之，只要产品生产出来，就有大量的需求，供给端、厂商、资本家才是市场的决定性因素。所以，古典政治经济学都是从供给端研究经济的，关注供给、成本、生产、劳动，而忽略消费、效用、需求。通常，坚持劳动价值论者都有明显的成本思维、生产思维。

客观来说，价值源于劳动，这一观点是非常中肯的。时至今日，人类创造的所有财富及文明成果，都是劳动所创造的。但是，价值量大小不是劳动时间所决定的。价值论准确的表达应该是，价值源于劳动，源于劳动创造，源于富有智慧与技术的劳动创造，源于满足市场需求的富有智慧与技术的劳动创造。这个定义，就将劳动价值论与效用价值论结合起来了。但是，这个定义是我们今天在许多前人的认知基础上才提出来的。实际上，劳动价值论在历史上的发展出现了两大严重的误区：

一是将“价值源于劳动”异化为“价值源于劳动者”。

二是将劳动价值论与分配理论相结合。

我们先来说说分配理论。斯密并不关注分配问题。因为斯密相信市场，认为市场是最有效的分配方式，市场可以促进社会福利最大化，所有干预市场的行为都会造成福利损失。换言之，斯密认为存在一个理想状态，只要参与市场交易，个体都能够得利，也就不存在分配问题了。到了李嘉图年代，市场让一部分人富裕起来了，但是大量劳动工人的生活依然很差。贫富差距问题、收入分配问题，成了尖锐的现实问题。

李嘉图不仅是一位经济学家，还是一位政府议员，他花了大量的时间来研究分配问题，分配理论是李嘉图最为得意的理论之一。他甚至认为，分配理论是自己对古典政治经济学最大的贡献。

李嘉图在配第理论的基础上将收入划分为工资、利润、地租及税收。劳动者靠劳动获得工资，资本家靠资本获得利润，地主靠土地获得地租，政府从中抽取税收。并且，国民收入分配体系存在此消彼长的关系，资本家拿多了，工人就拿少了；政府拿多了，资本家就拿少了。李嘉图的理论实际上将劳动者的工资收入与资本家的利润收入对立起来了。他认为，资本家利润的多少取决于工资的高低，实际工资的增加会导致实际利润的降低。这是李嘉图学说最大的失误。为什么这么说?

工资是劳动者的收入，这是没有问题的。但是利润和地租实际上是资本家和地主劳动创造的收入。简言之，资本家和地主与工人一样都是劳动者，他们的收入都是依靠劳动创造的，都是通过交换来实现的。工人与资本家和地主并不存在对立关系，而是互利关系。他们在自由市场中通过交换实现互利共赢。

李嘉图的分配理论对立了工人和资本家，很大程度上背离了斯密的市场理论。这一分配理论，一旦与“异化”的劳动价值论结合就容易产生巨大的误解，进而催生剥削理论。李嘉图之后，“价值源于劳动”被误解为“价值源于劳动者”，而劳动者特指体力劳动的工人阶级。这样一来，就推出一个结论：所有的财富都是体力劳动者创造的，地主、资本家、工厂主及“有闲阶级”都是游手好闲的，他们榨取了工人创造的财富。利润也不是资本家的劳动创造的，而是向工人榨取的剩余价值。地主、资本家、工厂主及“有闲阶级”都是剥削阶级，工人是被剥削阶级。如此，剥削理论就形成了。

马克思的剥削理论正是以劳动价值论为基础的。马克思对配第的人品虽然大加批判，但对配第的劳动价值论却是欣赏的。马克思将劳动价值论进行改造，再结合李嘉图的分配理论，形成了工人对抗资产阶级的有力理论武器——剥削理论。劳动价值论和分配理论被异化后，古典政治经济学逐渐走向了一条死亡之路。当时阶级矛盾尖锐，剥削理论盛行，工人运动不断，暴力革命愈演愈烈。斯图亚特·穆勒之后，古典政治经济学就衰落了。

古典政治经济学的价值理论被“异化”是其衰落的根本原因。简单来说，古典政治经济学的劳动价值论，最终推导出了剥削理论，引起了阶级对立和暴力革命。这与古典政治经济学的理想是矛盾的。1870年之后，瓦尔拉斯、杰文斯、马歇尔、门格尔等一些经济学家跳出了斯密学说、李嘉图学说的理论框架，侧重需求新构建了效用价值论，引发了边际革命，创造了新古典主义经济学。

参考资料

[1] 政治经济学及赋税原理，大卫·李嘉图，商务印书馆。

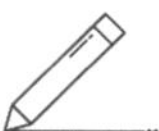

效用价值论：从萨伊到边际三杰

19世纪中期，欧洲社会矛盾尖锐，工人运动不断，1848年的革命席卷了整个欧洲。当时，古典政治经济学进入了死胡同，没有办法解释这种社会现象。更糟糕的是，古典政治经济学主张的劳动价值论，还成为剥削理论的工具，相当于变相支持了暴力革命及社会运动。这段时间是经济学发展史上的低潮期，经济学家们开始反思古典政治经济学，试图找到解决社会问题的突破口。

1870年之后，英国的威廉姆·斯坦利·杰文斯、奥地利的卡尔·门格尔以及法国的里昂·瓦尔拉斯，从根本上颠覆了价值论，开创了新的经济学理论。这三位经济学家，被称为“边际三杰”，他们几乎在同一时间分别独立地发表了边际理论。杰文斯在1871年出版了《政治经济学理论》，门格尔也是在1871年出版了《国民经济学原理》，瓦尔拉斯的《纯粹政治经济学要义》是在1874年出版的。这三部巨著引爆了一场经济学革命，叫边际革命。从此，经济学进入了新古典主义时代。

新古典主义时代与古典政治经济学一个重要的区别就是所主张的价值论不同。古典政治经济学主张劳动价值论，新古典主义则主张效用价值论。劳动价值论从供给端出发，主张客观主义，强调价值源于劳动，价值量由劳动时间来计算；效用价值论从需求端出发，主张主观主义，强调价值源于效用，价值量即效用。劳动价值论重视生产、成本及劳动；效用价值论注重需求、效用及交易。由此可以看出，劳动价值论与效用价值论是针锋相对的理论。为什么这时会出现效用价值论?

在19世纪中期后，第一次工业革命给当时的欧洲带来了大量的商品，市场从原来的卖方市场进入了买方市场，英国已经出现多次过剩性危机。这时，劳动价值论的主张便受到挑战。最简单的理由是，既然说劳动决定价值，如今工人付出这么多劳动生产出来的产品，却销售不出去，一文不值，那么价值从何而来？这时，一些经济学家开始明白，如果市场不认可，产品卖不出去，这样的产品是没有价值的。他们开始从市场的需求端、消费者的效用角度来思考价值问题，这就是效用价值论的由来。

从劳动价值论到效用价值论是一个缓慢的演化过程。早在古典主义时代，德国经济学家戈森就发现了关于效用的三个定律。法国经济学家萨伊虽是古典主义大师，但并不认同劳动价值论，萨伊学说是以效用价值论来构建的。

萨伊写了一本经典著作叫《政治经济学概论》。这本书中的分配理论和消费理论都是建立在效用价值论之上的。萨伊认为，工资、利息、地租分别来源于劳动、资本、土地。这就是三位一体的分配理论。萨伊的分配理论，乍一看与大卫·李嘉图的分配理论似乎非常相似，但其实二者有本质的区别。[1]其中最重要的区别是，萨伊是在效用价值论上建立分配理论的，而李嘉图是在劳动价值论上建立分配理论的。

萨伊认为，劳动、资本、土地共同创造了产品的效用，从而创造了产品的价值。换言之，劳动者、资本家、地主的收入分配，不取决于要素投入，而取决于是否创造出了效用。萨伊是经济学历史上第一个把消费纳入经济学理论体系的经济学家。他认为，消费即效用的消灭。消费的唯一研究对象是消费行为本身所产生的满足感。这一观点，在当时是非常超前的。效用价值论是萨伊一个非常惊人的发现。

到了边际三杰时代，效用理论已经非常完善了，效用价值论的表述也更加准确。我们这里主要介绍杰文斯对效用理论及效用价值论的论述。

杰文斯有一部非常经典的著作叫《政治经济学理论》，书中第一章便说："价值完全定于效用。"他继承了边沁的功利主义，主张将经济学的研究对象指向"快乐与痛苦"的效用学说，"经济学的目的，原是求以最小痛苦的代价购买快乐，从而使幸福增至最高度"。由此可以看出，杰文斯对效用价值论的坚持是彻底的，他也是通过效用价值论来构建经济学的。[2]杰文斯指出："经济学是建筑在人类享受的法则上的……我们是专为消费，才去劳动、才会生产的；产品的种类与数量，亦须参考我们所要消费的种类和数量来决定。"他引用了巴斯夏在《经济协调论》的话："欲望、努力、满足——这是经济学的循环。"这句话或许是效用理论对经济学最简洁的定义。

书中，杰文斯还说明了一条非常重要的理论，那就是消费才是经济的最终目的。但是，这条重要的理论，后来被凯恩斯主义者颠倒了，凯恩斯主义者主张刺激消费拉动经济增长，实际上是把消费当作工具和手段，经济增长反而成了目的。这也是当今世界经济政策的一大悖论。

接下来，我们继续讲新古典主义与古典政治经济学的第二个区别，那就是通过数学方法引入边际的概念。边际，意思是变动率，是指自变量增加所引起的因变量的增加量。为什么经济学会引入数学的概念呢？要理解这个问题，就需要了解当时的历史背景。在19世纪下半叶，欧洲学术圈出现"物理主义"运动，各学科都大规模地引入数学分析方法，经济学也不例外。最早将数学分析方法引入经济学中的是法国经济学家库尔诺，而最早通过数学分析方法提出效用理论的是德国经济学家戈森。

戈森提出过三个定律：一是边际效用递减；二是效用相等定律；三是人的需求获得满足后，就会希望得到更大的享受与满足，就必须发现新的享受途径或不断增进个人欲望的满足。戈森这三个定律是相互关联的，也是非常重要的。但戈森的理论长期没有得到认可，他也很郁郁不得志。好在后来杰文斯发现了戈森理论的价值，杰文斯承认戈森在他之前就发现了交换价值和边际效用，所以，杰文斯在某种程度上恢复了戈森的历史地位。杰文斯还试图学习戈森用数学定量的方法精确地测量主观效用及一切经济量。杰文斯在《政治经济学概论》中说："本书所述的理论完全以快乐和痛苦的计算为根据。”但在“情感与动机的测量”中，杰文斯又指出，效用是无法精确测量获得数据的，但是可以比较大小。这其实就是序数效用论的基本主张。

杰文斯用数学分析方法说明了边际效用递减规律。他指出，快乐和痛苦的数量会随着时间、距离等因素而变化。效用递减规律是一个非常重要的理论，它很好地揭示了经济衰退与增长的源泉。这一理论犹如一个显微镜，让我们看到了经济学运行的规律。

另外，杰文斯还否定了劳动价值论主张的“等价交换”。他对“等价交换”提出质疑说，既然是等价的，又何需交换？交换的动力来自哪里？他提出了一个全新的交换理论，我们可以称之为“溢价交换”。这个溢价的“价”就指效用。为了说明自己的观点，杰文斯借用了桑顿的话：商品的价格“上限由商品对顾客的真实效用或设想效用而定，下限由商品对商人自己的效用而定。任何一个人，如果觉得一种商品对自己的用途，比它的货币价值对于自己的用途更小，他绝不会以此量货币交换这种商品。”所以，交换的动力应该是通过交换可以获得更高的效用。简单来说就是觉得“划得来”，我们才会交换。这个“划得来”的部分，就是马歇尔所说的消费者剩余。

我们之前学习过，马歇尔是新古典主义的集大成者，他综合了边际主义与古典政治经济学的理论，构建了现代经济学的大厦。在英国，马歇尔的光芒过于耀眼，让杰文斯显得有些暗淡。同时，杰文斯没有发展出经济学门派，同为边际三杰的门格尔创立了奥地利学派，瓦尔拉斯创立了洛桑学派，他们桃李满天下，理论开枝散叶，推动了效用价值论的传播。

不过，时至今日效用价值论依然备受质疑。劳动价值论的支持者认为，不管是基数效用论还是序数效用论，效用都是无法准确衡量的。其实，不管是效用价值论者还是劳动价值论者都忽略了一个问题，那就是价值并不是测量出来的，而是由交换确定的。比如，一袋大米生产出来，其价值不是由付出的劳动决定的，也不是由某个消费者的效用来确定的，而是由交换来确定的。如果不完成交换，就无法确定为大米所付出的劳动价值几何，也无法确定这袋大米对这个消费者而言效用几何。一袋大米，在消费者处于饥饿时和非饥饿时，效用是不同的。虽然我们无法精确测量这两种情形下人们心中的效用，但是可以通过交换来确定。饥饿时，人们愿意支付100元购买一袋大米；而在非饥饿时，则只愿意支付50元。这就可以确定这袋大米在这两种情形下的具体价值。所以，交换可以确定劳动价值，确定消费效用。如今，很多人误解了萨伊定律。其实，萨伊定律真正将这两者合而为一，统一到交换中确定价值。萨伊定律告诉我们，没有人会为不需要的产品而生产。萨伊从效用价值论的角度，提出了供给决定需求。

总结起来，马克思借用劳动价值论推导出了剥削理论，从而扼住了古典政治经济学的咽喉。杰文斯、瓦尔拉斯、门格尔、马歇尔等人跳出了这个“陷阱”，抛弃了劳动价值论，启用了效用价值论，化解了经济学的理论危机。

参考资料

[1] 政治经济学概论，让·巴蒂斯特·萨伊，商务印书馆。

[2] 政治经济学理论，斯坦利·杰文斯，商务印书馆。

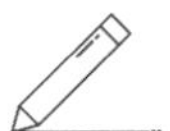

边际革命：人是在边际上做选择的

在经济学中，边际的概念非常重要。我们知道，效用是指满足人们欲望的程度。如果在效用这个词前面加上“边际”二字，又是什么意思呢？边际效用的意思就是，新增加或减少一个单位的商品，带来对应的增加或减少的效用。

之前我们讲过，效用价值论认为价值是由效用决定的。但是这句话还不够准确，准确的表述应该是价值是由边际效用决定的。实际上，领导边际革命的边际三杰都有过类似的表述。杰文斯认为，价值由最后效用决定；门格尔认为，价值由最小重要的用途决定；瓦尔拉斯认为，价值由最后欲望满足的程度决定。所以，这三个人都认为，价值是由物品边际效用决定的。

比如，同是一瓶矿泉水，它在不同时期对你的效用是不同的。当你口很渴时，你愿意花5元购买它，它的效用可以衡量为5元；当你喝过这瓶水后，你已经没那么渴了，如果再买一瓶，或许你只愿意支付3元；当你喝完第二瓶后，已经满肚子是水，再让你支付1元购买这瓶水，你都未必愿意，这时，一瓶矿泉水对你的价值几乎为零，甚至是负效用。这个例子就很好地说明了价值是由边际效用决定的。

经济学告诉我们，人总是在边际上做选择的。我们购买房子、汽车，都是因为购买的时候觉得“划得来”。但如果已经有3辆汽车了，我想大部分人都不会再需要汽车了，因为这时汽车对你的边际效用已经降到很低了，你自然不会选择再买汽车。

前面我们提到过戈森定律，戈森定律可以帮助我们系统地理解边际效用理论。戈森定律是三个定律的合称：

戈森定律一就是我们上面说的边际效用递减规律。所谓边际效用递减规律，是指随着某类商品消费数量的增加，每个数量的消费给人们带来的感官及心理满足感是在下降的。当“享乐为零时，这类商品的消费就应停止，如再增加，则成为负数，享乐变为痛苦”。我们每个人都无法逃脱边际效用递减规律的控制。吃芒果、过性生活、谈恋爱、玩游戏等都会出现边际效用递减的现象。

或许有人会提出反驳的例子，比如玩游戏的边际效用就不会递减，否则就不会有那么多人长期沉迷于游戏了。这里要注意的是，经济学很多理论都是存在假设前提的，边际效用递减规律的假设前提是技术水平保持不变。只有在技术水平保持不变的情况下，边际效用递减规律才成立。现实中为什么那么多人长期沉迷于游戏？因为游戏厂商始终在想办法提高游戏的技术水平，提高游戏的可玩性。这样，很多人不但不容易玩腻这款游戏，还会越玩越上瘾。如果游戏厂商不改变其技术水平，再好玩的游戏也会被玩腻。

戈森定律二也叫效用相等定律，是指人在消费多种商品均没有达到满足量时，应使每种商品的消费数量与满足量的比例相等，从而使各种商品的总效用相等。

举个例子。假如你今天刚发了年终奖，计划消费3000元，你或许会买一双鞋，买五件不同款的衣服，吃一顿大餐，买两本书，再给女儿买一份礼物。你为什么会这样安排消费？因为这样安排，这3000元给你带来的效用是最高的。如果把钱都花在某一项消费上，比如，用来买鞋，每增加一双鞋的购买，其边际效用就会降低一些。所以，3000元全用来买鞋给你带来的效用远远低于上面的购买组合。根据戈森定律二，只有消费的各种商品的边际效用是相等的时候，这3000元给你带来的总效用才是最大化的。

戈森定律二探讨的是如何实现效用最大化的问题。后来，经济学家埃奇沃思在此基础上创建了无差异曲线。

所谓无差异曲线，就是在这条曲线上面的每一点，商品的组合都是不同的，但是，人们从中得到的效用程度却是相同的。消费者为了获得更高的效用满足程度，会在边际上做出商品替换的最优选择。假设，100元可以购买五个苹果、两个西瓜。如果要减少一个西瓜的采购，同时又要保持总效用不变，就必须增加苹果的采购数量，比如购买十个苹果、一个西瓜。这两种购买组合在同一条曲线上，带来的效用都是相等的。

戈森定律三是指在原有欲望已被满足的情况下，要获得更多的享乐量，只有发现新享乐或扩充旧享乐。如何理解戈森定律三呢？

举个例子。为什么有人会出轨？

如果谈恋爱的技术水平不变，同样的情话说100遍，谁听了也会腻烦。当然，出轨的原因可能有多种，但很多都是因为感情的技术水平长期不变，爱情的边际效用持续递减，这份感情已经难以满足双方或一方的需求。这时，有人可能去寻找新的享乐以满足更高的欲求了，这样出轨发生的概率就大大增加。当然，边际效用递减规律并不是出轨的理由。

对方出轨了，是否意味着不爱自己了？

未必。出轨是边际上的选择，根据戈森定律二，如果从“小三”身上获得的效用大于原配，出轨方会持续加大对“小三”的投入。假如恋爱水平不变并且没有“小四”出现，最终出轨方从“小三”身上获得的边际效用等于原配。这时，出轨方在理论上对“小三”爱的投入，与对原配是一样的。在这种情况下，原配如果“略施小计”，提高感情经营的水平，出轨方就容易回归家庭。但是，如果这时出现“小四”，出轨方可能再次出轨。

那么，到底怎样才能维持婚姻的稳定？如何在一夫一妻制中，夫妻感情和和美美、天长地久？

戈森定律三其实说明了两种对抗边际递减的办法：

第一种是“发现新享乐”，就是不断出轨。这种方式不能从根本上解决问题。

第二种是“扩充旧享乐”。在原有夫妻感情基础上实现边际效用递增。这是解决出轨问题的最佳方案，但如何实现呢?

唯一的办法就是改变技术水平。以谈恋爱为例，双方都需要努力经营感情，升级恋爱的技术，让感情持续保鲜，让对方不腻自己。有人提出，“小三”年轻貌美、会哄人，原配再怎么提高技术也敌不过“小三”。这里就需要考虑成本因素了。出轨往往伴随着风险，包括道德谴责、法律后果、财产分割及家庭破裂的情感损失。人在边际上做选择，一定会考虑成本因素。边际效用是减去边际成本之后的净效用。如果出轨的边际成本高，出轨的概率就会变小。如果夫妻双方不断经营感情，维持婚姻的效用不递减，甚至还出现递增，出轨的概率就更小了。

最后，我们再讲一个问题。很多人觉得，边际效用是心理定律，只适用于消费领域，解释体验经济或婚姻爱情。这种认识，大大降低了边际主义的历史地位和实际作用。其实，边际效用理论适用于所有的经济领域。在投资领域，也存在资本边际效率递减规律或边际报酬递减规律。所谓资本边际效率是指预期增加一个单位投资可以得到的利润。比如，假设技术水平不变，在一块土地上持续投入劳动力，这块土地的投资收益率会持续下降；假设技术水平不变，基建的投资收益率会下降，进入低效经济。

所以，边际效用递减规律说明凯恩斯主义的干预主义、经济刺激是无效的，是违背规律的，定然带来边际收益率递减，出现产能过剩。这是对当今世界经济陷入低增长陷阱的根本性解释。资本边际效率是凯恩斯提出的一个概念，并且作为有效需求不足的三个基本条件之一，但是，凯恩斯主义及其经济政策却违背了这一规律。时至今日，资本边际效率递减规律的价值被大大低估，大多数人没能利用这一规律从根本上认识到经济刺激的问题所在。经济刺激最终只会带来经济衰退，而不会带来真正的增长。

Part Eleven
增　长

经济增长的根本动力源于知识、技术及制度创新。

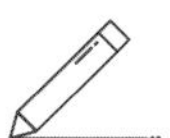

斯密式增长：增长是特殊现象吗?

之前的内容，我们通过边际效用递减规律解释了凯恩斯主义的经济刺激政策为什么不能带来真正的经济增长。凯恩斯学说缺乏价值论基础及微观经济学基础，没能从根本上理解经济增长的逻辑。如果没能搞懂经济增长的内在逻辑，盲目搞经济政策，可能引发灾难性后果。所以，接下来我们将对经济学理论进行梳理，归纳学习四种经济增长模式，它们分别是斯密式增长、萨伊式增长、诺斯式增长和罗默式增长。学习这四种经济增长模式，我们要注重的不是范式，而是要理解经济增长的内在逻辑。

斯密式增长建立了近代经济增长的内在机制（市场机制），萨伊式增长解释了在这一机制下经济增长的内在逻辑，诺斯式增长和罗默式增长又在萨伊式增长的基础上揭示了经济增长的两大动力——制度创新与技术创新。这四种经济增长模式及其内在关系，基本上完整地解释了“经济是如何增长的”。下面，我们先讲斯密式增长，看看亚当·斯密是如何建立近代经济增长的内在机制的。

在斯密之前，人类史上曾经出现过长期的经济停滞，我们称为“千年停滞”。英国学者安格斯·麦迪森在其著名的《世界经济千年史》中使用“国际元”计算了古代各国的GDP，其结论是：在公元1000年之前，西欧和中国的人均GDP都长期停滞在450国际元及以下水平。[1]在纪元第一个千年里，世界人口只增加了1/6，人均收入还有所下降。公元33—258年，罗马、埃及的人均寿命只有24岁，每1000个婴儿就有329个夭折。到公元1000年，世界人均寿命还停留在24岁。

在千年停滞时代，经济的周期性波动源自人口的增减及土地肥力的衰减。根据前面我们所学的边际效用递减规律，农田肥力递减，导致农业收成呈现递减规律。土地长期耕种，粮食越来越少，如果人口持续繁衍增加，就可能出现饥荒。古典政治经济学之父威廉·配第最早关注到土地肥力递减的问题。后来，大卫·李嘉图、马尔萨斯在这方面也做了大量的研究。土地肥力下降时，农民通常会选择休耕、轮作、拓荒等方式缓解粮食危机。但是，这些方式只是土地数量上的扩张，而没能在效率上实现边际递增。由于资源有限，这种数量扩张就容易引发存量斗争，如掠夺及吞并战争等。马尔萨斯提出，人类会反复掉入人地矛盾引发的陷阱之中（瘟疫、饥荒及战争）。这就是著名的马尔萨斯陷阱。

马尔萨斯陷阱概括起来就是：在千年停滞时代，当社会稳定、农业丰收时，人口快速增加；人口增加导致人地矛盾，出现饥荒、瘟疫及战乱，导致人口数量下降；瘟疫过后，或是战乱平息后，人口又开始增长。如此，反复循环。马尔萨斯陷阱是低增长之谜，也是人类千年以来都难以逃脱的历史周期。

根据麦迪森的研究，西欧社会在公元1000年左右经济开始增长。从公元1000年到18世纪中期，西欧人均GDP增长了三倍左右。这说明西欧社会正在摆脱低增长陷阱。但这段时间，中国社会仍处于千年停滞阶段。18世纪中期后，也就是斯密出版《国富论》之后，西欧人均GDP直线拉升、一日千里，彻底摆脱了马尔萨斯陷阱。经济的突然快速增长，是配第、休谟、斯密等欧洲学者研究经济学的重要动因。他们在思考，经济为何会突然增长，财富为何会突然增加。

斯密出版《国富论》后，经济增长这个问题有了一个范式性答案。为什么说是范式性答案，而不是根本性答案呢？主要原因是，斯密没有从根本上揭示经济为何增长。今天我们知道，经济增长的根本动力源于知识、技术及制度创新。斯密虽然没有从根本上揭示经济为何会增长，但他的发现依然很重要，因为他揭示的范式性答案是根本性答案的前提。

什么是范式性答案？

在千年停滞时期，和平时代基本以计划控制为主要配置方式，比如农业计划经济；而在战乱时代，基本以掠夺为主要配置方式。马尔萨斯陷阱，其实是掠夺与控制两种范式的交替。这两种资源配置方式，都没有办法提高资源配置效率，无法给经济带来效率型增长，只能带来数量型增长。

所谓数量型增长，就是繁衍更多人口、开垦或抢夺更多土地，来推动经济规模增长。但是，数量型增长无法带来生产效率提升，不可持续，所以人类才陷入千年停滞和马尔萨斯陷阱。进入第二个千年后，尤其在十五六世纪，西欧的自由贸易和小手工业开始兴起，人类开始进入第三种生存方式——交易。以交易为主的市场生存方式是一种全新的经济增长范式。在当时，并不是所有人都能够认识到这种增长范式到底是什么。

在斯密之前，重商主义早期代表约翰·海尔斯将这一增长方式归纳为自由贸易。后来，重商主义晚期代表托马斯·孟将自由贸易又拓展到生产领域。到了斯密时代，不少欧洲学者对自由市场的认识已比较充分了。斯密在综合前人智慧的基础上撰写了《国富论》，《国富论》发现了经济增长的第三种范式——市场机制。所以，我们说斯密式增长是指基于市场范式的增长模式。

古典政治经济学和新古典主义都认为，市场的交易方式是资源配置效率最高的方式。在新古典主义中，一般均衡理论、局部均衡理论都论证了完全竞争市场具有最优效率。但市场是如何运作的？是如何将资源配置效率提高到最优级别的？古典政治经济学和新古典主义都没有完全解释清楚，因为在它们的市场范式中，市场是一个“黑箱”，资本、技术、劳动在里面怎么配置和运作，它们并不清楚。实际上，古典政治经济学和新古典主义主要是从以下两个方面来解释经济增长的。

一是市场交易。

古典政治经济学的劳动价值论主张等价交换，所以无法解释交易是如何提高资源配置效率的。既然是等价又何需交换？价值如何得到提升？不过，后来新古典主义的交易理论，主要是边际主义的效用理论，是可以解释和支持市场交易提升资源配置效率的。在上个模块中，我们讲到一个概念叫“溢价交易”。交易就是互通有无，只有双方都觉得“划得来”，交易才会发生。人们将效用低的产品交易出去，换回来效用高的产品。每次交易都让资源流到更适合的人手中，这就是科斯定律的内涵。假如交易费用为零或很低，资源通过市场交易总会落到用得最好的人手里。市场就是这样优化资源配置的，交易双方的财富都增加了，经济自然增长了。

溢价交易还可以引申出自由市场更为深层次的增长逻辑，那就是所有的生产者、创造者都是为了市场、购买方、消费者的需求而供给的。这种“我为人人，人人为我”的供给动机，是经济增长的主观动力。

在之前，我们讲到过价格的激励功能。当价格高于预期时可获利，从而激励交易者努力创造和交易。从表面上看，交易者参与交易是奔着钱去的。但实质上，价格激励人们去创造满足市场需求的产品或服务。因为只有满足市场需求，才可能获得高于预期的交易价格，并且从中获利。所以，价格激励人们创造市场所需要的效用或者价值。这其实就是萨伊式增长的内涵。可惜的是，斯密的古典政治经济学坚持劳动价值论，没能引申到这一点上。新古典主义注重效用与需求端，也没能引申到这一点上。

二是劳动分工。

斯密非常重视劳动分工，他认为，劳动分工可以降低劳动切换的时间，提高技术的熟练程度，有助于生产效率的提升。[2]这一点很好理解。农耕时代的男人不少是全能手，能种田，能打猎，能砌墙，甚至还会做木匠，但这些全能手一生忙碌，创造的财富寥寥可数。因为在农耕时代，劳动分工非常粗糙，吃穿住行基本由自己或家庭搞定。虽然技能多样、终身忙碌，但是没有一样技能是精通的，没有一项工作是高效的。反观今天，一些技术工人只需要掌握一门技术，在劳动分工及自由交换的市场范式中获得的财富就远远超过了农耕时代的全能手。这就是劳动分工带来的效率与财富。另外，斯密还发现，市场规模与劳动分工存在关系，市场规模越大，劳动分工越精细。

但可惜的是，斯密并没有继续往下探索。劳动分工精细化定然促使技术提升和知识创新，从而带来规模收益递增。这样斯密就可以触及经济增长的根本动力。斯密其实也发现了这一点，他在《国富论》中强调，劳动分工提高技术熟练程度，从而促进知识积累，带来规模收益递增。但是，说到这里，斯密就刹车了，后面他甚至否定了规模收益递增。为什么斯密没有往下探索？主要是因为斯密是不能接受技术进步带来规模收益递增的。技术进步带来规模收益递增，意味着专业技术人才促使市场集中，进而可能引发垄断。而斯密学说是建立在自由竞争之上的，如果市场集中，甚至发生垄断，斯密学说便前后矛盾，难以自圆其说了。

斯密之后，新古典主义者都将劳动者界定为“原子式”的经济要素。即便《国富论》出版后，欧洲开启了轰轰烈烈的工业革命，即便李嘉图等人观察到了技术进步现象，但当时的经济学家们也依然认为，劳动者之间并无技术、思想、技能之差异。

参考资料

［1］世界经济千年史，安格斯·麦迪森，北京大学出版社。

［2］国富论，亚当·斯密，华夏出版社。

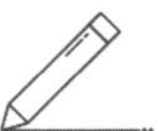

萨伊式增长：为何供给决定需求？

经济增长存在两种完全不同的内在逻辑：一种是凯恩斯主义的需求逻辑，即需求端决定经济增长，遵循这一逻辑的经济学叫需求经济学；另一种是萨伊学说的供给逻辑，即供给端决定经济增长，遵循这一逻辑的经济学叫供给经济学。在大萧条之前，萨伊学说的供给逻辑统治了欧洲经济学一个多世纪。大萧条发生后，传统经济理论束手无策，凯恩斯趁机提出需求经济学，埋葬了萨伊学说。

关于这两种逻辑的争论，非常容易让人产生误解。有一种中庸思维，喜欢将这两种截然不同的学说进行“和事佬”般的综合。这种简单的折中思维，与追求真理的较真信念是相悖的，不利于我们深入探索科学与真知。

在大萧条之前，人们信奉萨伊学说的供给逻辑；从大萧条到20世纪70年代，人们转而信奉凯恩斯学说的需求逻辑。凯恩斯主义折腾了近半个世纪后，供给经济学家们又呼吁重新回到萨伊时代。今天，经济学界的思想与行动是分裂的，思想上认可萨伊学说的供给逻辑是正确的，行动上却摆脱不了凯恩斯学说的经济政策的诱惑。

为什么说供给逻辑是正确的，需求逻辑是错误的？

供给逻辑认为，供给是经济增长的动力和手段，需求是经济增长的结果和目的。但是，需求逻辑把经济增长的目的与手段搞反了。凯恩斯学说认为，需求是经济增长的手段和动力。关于这一点，师从马歇尔的凯恩斯心里其实是明白的，他在《通论》中多次强调，需求是经济增长的结果。可见，凯恩斯本人是认可萨伊学说的供给逻辑的。但是，他在构建学术框架时却将需求视为经济增长的手段，这显然是自相矛盾的。

接下来，我们详细讲解萨伊式增长的供给逻辑。

萨伊式增长的供给逻辑，可以用萨伊定律来解释。萨伊定律是一个非常伟大的经济学逻辑，但又最容易被误解。萨伊定律是法国经济学家让·巴蒂斯特·萨伊提出的，他与大卫·李嘉图生活在同一个时代，是斯密学说的继承者，也是当时欧洲大陆最著名的经济学家。萨伊最为著名的著作是《政治经济学概论》。在这本书中，萨伊提出了“供给创造需求”的理论，被后人概括为萨伊学说。萨伊定律常常被理解为“供给创造自己的需求”。萨伊本人根据这一定律，也得出一些令大众匪夷所思的结论，比如，不存在绝对的过剩，危机和失业都是暂时的等。所以，若非从事经济学研究的人，都会觉得萨伊定律有些荒唐。凯恩斯及其门徒对萨伊定律大加批判，甚至刻意曲解。

那么，萨伊定律准确的表述是怎样的？萨伊到底想要表达什么呢？

萨伊在《政治经济学概论》中的原话是：“一个产品一经产出，从那一时刻起就给价值及与它自己相同的其他产品开拓了市场。”[1]这句话有两个意思，一个是供给创造需求，另一个是产品生产为相关产品创造销路。萨伊说：“我听很多实业家说，他们的困难不在于生产，而在于销售。”其实，这种观点是大多数人的观点。企业经营状况不好，大多数人都认为是销路不好，但萨伊不以为然。萨伊说，当问他们是什么原因促进了销售，他们对此的认知是模糊的。萨伊想要表达的真正意思是，产品卖不出去的原因是生产端出了问题，而不是需求端出了问题。他认为，不存在过剩的问题，真正好的产品生产出来，是不可能滞销的。这其实就是萨伊定律的内涵。

萨伊认为，只要生产消费者需要的产品，就不愁没销路。比如，如果手机不更新换代，用户更换手机的需求不足，厂家就容易出现产能过剩。

但如果手机技术更新升级，智能手机替代功能手机，需求量就会暴增，同时带动贴膜、App、芯片、屏幕等产品的市场规模大增。这就是供给为自己创造了需求，也为其他商品创造了销路。

在当时，萨伊为什么会提出这种理论呢？

在前面我们讲过，虽然萨伊是古典主义者，继承了斯密学说，但是他并没有接受劳动价值论，萨伊学说的基石是效用价值论。效用价值论主张从需求侧考虑问题，关注需求、效用及市场。但是萨伊定律是从供给侧出发考虑问题的，这好像又有点矛盾。

实际上，萨伊定律是一种交易思维，并不是简单地将供给与需求“和事佬”般地综合起来。萨伊始终强调要创造满足市场需求的产品。如果产品交易不出去，生产再多也是没有价值的。所以，虽然以效用价值论来构建萨伊学说，但是萨伊并没有混淆价值之源。萨伊定律坚定地认为价值创造的源泉是供给端，只是这种创造有个前提，那就是要供给满足市场需要的产品。比如，是乔布斯创造了苹果智能手机，而不是苹果的用户。这就是供给创造了价值，而不是需求创造了价值。到这里，我们应该明白萨伊定律的内涵了。通过萨伊定律，我们可以总结出以下两个结论。

第一个结论是消费是经济增长的目的，供给是经济增长的动力。

与萨伊同时代的经济学家詹姆斯·穆勒和大卫·李嘉图也有过类似的观点。詹姆斯·穆勒是斯图亚特·穆勒的父亲。老穆勒说：“生产、分配和交换只是手段。谁也不为生产而生产。”“目的是消费。”李嘉图则说：“任何人从事生产都是为了消费或销售。”这个结论非常重要，可以帮助我们理解一些刺激经济政策的谬误。凯恩斯式的经济政策，如刺激消费、投资基建、拉动需求，实际上颠倒了经济增长的目的与手段。这种常识性的错误，会导致严重的经济后果。

第二个结论是供给创造价值，供给决定需求。

经济增长源自好的供给。什么叫好的供给？不断地生产劣质钢，就是坏的供给，不但没有任何经济价值，还会制造产能过剩、资源浪费。生产市场需要的高质量钢，就是好的供给。这种具有技术含量且能够满足市场需求的供给，才是真正的价值之源，才是经济增长的源动力所在。

理解了萨伊定律的两个结论，接下来，我们再来讨论一个更加深刻的问题。

当今世界，贫富差距巨大，即便提供好的供给，市场也缺乏足够的消费力，有些类似凯恩斯所说的有效需求不足。这时好的供给还能给经济带来增长吗？若不能，经济增长不是还得靠需求吗？如此一来，似乎凯恩斯主义的改善有效需求政策对经济增长才有效，萨伊式增长又被推翻了。

这里需要注意的是，萨伊定律是有前提的，那就是在正常的市场环境中，市场机制能够正常运转。当今世界，贫富差距巨大，本身就不是一个正常的市场环境。这里非常容易产生误解。自由市场一定会带来贫富差距，但自由市场带来的贫富差距并不会终结自由市场，它是自由市场发展的结果，这个结果是一个动态平衡。这是正常的市场环境。但是，当今世界的贫富差距，不是一个正常的市场环境，它并不是自由市场带来的结果，而是人为制度及政策导致的。比如，增发货币，为富人提供信贷，甚至直接救股市，拯救大公司，推高富人资产；又如，资本在全球逐利，而穷人受制于国家限制只能在本地流动；再如，各国为吸纳国际资本纷纷降低企业所得税和资本利得税，但工薪阶层的税收没有下降。所以，不当的货币政策、国家制度及税收政策才是全球贫富差距扩大的主要因素。

贫富差距扩大，世界进入了凯恩斯描述的有效需求不足的状态，穷人没有能力消费，而富人拥有大量的资本投资。由于消费不足，投资却大量过剩，导致产能过剩，投资收益率下降，经济增长越来越低迷，世界陷入了低增长陷阱。所以从根本上来说，是人为因素导致市场的分配机制出了问题，市场出现了巨大的鸿沟，财富没能在穷人与富人之间自由流动，资本没能在投资与消费之间平滑流动。这时，萨伊式增长便失效了，萨伊定律也失效了，但这并不能说明市场理论错了，也不能说明自由市场错了，更不能说明只有凯恩斯主义才能挽救经济，才能促进经济增长。

正是因为凯恩斯主义的经济政策，如财政及货币扩张，才导致自由市场失灵，贫富差距扩大，进而导致有效需求不足，萨伊式增长失效。这属于人为破坏了自由市场，然后再嫁祸给自由市场。这时该怎么办？

首先，这些破坏性的干预政策需要及时退出市场；其次，通过财政转移支付的手段，给穷人提供足够的经济援助，比如，住房、医疗保险等；最后，也是最关键的，是要创造萨伊式增长的市场环境，比如，给穷人、工人及中产阶级提供更多的职业培训及基础教育。人是最根本的供给，杰出人才是最好的供给。更多优秀的管理人才创新制度，带来诺斯式增长；更多优秀的技术人才创新技术，带来罗默式增长。

参考资料

[1] 政治经济学概论，让·巴蒂斯特·萨伊，商务印书馆。

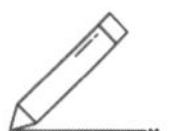

诺斯式增长：制度如何促进经济？

经济学界认识到制度是经济增长的动力之一是20世纪五六十年代之后的事情。在古典主义和新古典主义时代，经济学家都忽略了制度的作用。经济学家，尤其是奥地利学派经济学家，把自由市场本身看作一种制度，也就是自发秩序。

制度，意味着对自由市场有所限制。比如，社保制度是一种强制个人储蓄的制度，药品管理制度设置了新药上市的准入门槛，汽车召回制度则设置了汽车强制召回的条款。有了这些制度，经营者、投资者、消费者不再无拘无束，不能“为所欲为”。所以，早先的经济学家普遍不接受人为创造的制度。他们认为，自由市场存在声誉机制，具有自我纠错的能力，任何制度都是对自由市场的干涉。比如，理论上虽然人人都可行医，但自由市场的竞争会淘汰庸医，市场的声誉机制会约束医生合法行医。所以没有必要制定医生的管理制度。但是，当时的经济学家忽略了以下三点：

一是信息不对称，劣币驱逐良币。很多江湖医生招摇撞骗，并没有被市场淘汰。

二是医疗市场存在很多单次博弈，而不是多次博弈。江湖郎中打一枪换一个地方，市场声誉机制几乎失灵。

三是交易费用极高。庸医害人的概率大于救人，即便最终庸医被淘汰，市场也付出了惨重的代价。

对于制度的忽略，导致经济学发展走了一条弯路，甚至可以说是误入歧途。凯恩斯主义者就是抓住了这一缺陷，提出自由市场并不完美，需要政府进行干预。这样一来，经济学就进入了干预主义道路，甚至计划经济道路。其实，制度是自由市场的一部分，而且是重要的部分。之前的经济学家并未意识到这一点。对制度的忽略，从根本上来说是对自由市场之自由的认识不足。自由的前提就是制度，所谓“法无禁止即自由”，先有法律确定什么是不能干的，在此之外的才是自由的。这就是先有制度，后有自由。由此可以推导出，自由市场发展的前提就是制度。所以，解决新古典主义问题的办法应该是制度建设，而不是政府干预。那么，制度建设与政府干预有何区别？

我们一般说的政府干预，是指政府直接干预经济，比如对国有企业提供财政补贴，让其垄断市场等，而制度建设，一般指建立市场的竞争规则；政府干预，具有很强的个人色彩，会阻碍自由市场的发挥，违背经济规律，而制度建设则顺应规律，更接近自由市场的自发秩序，让自由市场更加高效。所以，新古典主义走入死胡同后，其突破之路不应该是凯恩斯主义，而应该是制度经济学，也就是后来发展的新制度经济学。

当然，新制度经济学与凯恩斯主义一样，也需要回答一个问题，那就是制度会不会阻碍自由市场。比如，对汽车、药品、律师、教师等为何要设置准入门槛？这是不是对经济要素自由流通的限制？金融企业的经营范围为何受到严格限制？目前，对各类经济自由的限制，比比皆是，这又如何解释？回答这些问题，有以下几点需要明确。

一是自由市场的概念。

正如上面讲到的，有法律才有自由，有制度才有自由市场。如果没有制度，自由市场也就无从谈起。如果没有土地产权保护，没有知识产权保护，人人都可以去掠夺他人的土地，侵犯他人的知识产权。这就是一个没有自由的社会。只有制定明确的产权制度，才会有真正的自由市场。

二是经济学的任务。

经济学的任务是捍卫自由市场的自由，还是提高效率？在理论上，捍卫自由就是提高效率。但是，如果捍卫自由有损效率，该怎么办？比如，人人都可行医，结果庸医遍地走，医疗事故不断，市场效率受损。又如，如果不对银行设置一定的准入门槛，银行经常倒闭，储户就风险巨大。所以，经济学的根本任务是提高资源配置效率，在此前提下，不排除对自由的适当限制。

三是制度的效率。

制度，可能会限制一部分自由，但从根本上来说，制度是提高经济效率、扩大经济自由的。为什么制度可以促进经济增长？要回答这个问题，我们需要先从美国经济学家道格拉斯·诺斯说起。诺斯是新制度经济学的创始人，是他发现了制度的力量。在20世纪四五十年代，诺斯就在研究经济为何会增长。对这个问题，他一直没有找到满意的答案。那时经济学家认为，技术是经济增长的动力。但诺斯认为，同样的技术水平，在不同的制度环境下，经济增长也存有差异。由此他提出了一个更为根本的问题：是什么促进了技术创新？为了解答这个问题，诺斯试图从历史中寻找答案，他在研究欧洲近代经济历史时，结合古典主义的分析方法，洞察到了制度变迁对经济增长的影响。

最后，诺斯得出结论，有效的制度、明确的产权能够激励人们创新技术和提升知识，同时降低交易费用，这才是经济增长根本性的决定因素。诺斯将这一研究成果写进了《西方世界的兴起》和《制度、制度变迁与经济绩效》这两本书。在《西方世界的兴起》的下篇，诺斯对比了16世纪之后英国、尼德兰、法国与西班牙这四个国家的制度，来说明国家制度对经济增长的作用。[1]诺斯以财政税收制度为切入点，指出16世纪后，欧洲国家都面临财政危机，而解决财政危机的方式，就决定了这些国家不同的前途。

西班牙和法国的制度对经济增长产生了阻碍作用。法国的地方代议机构早早地把它们的权力交给了君主，那时的法国，君主具有极大的权力。法王可以直接向农民征税，向商人借钱，甚至直接侵占他人财产，最终引爆了残酷的法国大革命。西班牙也是如此，国王的财政权力很大。16世纪的西班牙虽然鼎盛一时，但国王没有动力创建一套有激励性的财政制度或经济制度。比如，羊主团是王室的稳定税源，国王赋予羊主团特权，允许他们的羊随意去吃农民的庄稼，这就没有形成有效的产权保护制度。同时，西班牙王室多次借钱不还，最终导致福格家族灭亡，国家信用崩盘。

与西班牙、法国不同的是，16、17世纪的尼德兰和英国，国王权力有限，很难直接向人民征税，所以他们只有建立有效率的经济制度，才能促进财政税收的增加。

什么样的经济制度是有效率的呢?

诺斯认为："有效率的经济组织能够使个人的经济努力的私人收益率接近社会收益率。"简单理解就是，有效率的经济制度使得国王或政府的行为与国家、社会利益一致。我们先来看尼德兰。当地统治者为了获得更多的财政税收，制定了一系列鼓励和保护商贸活动的法律。如果发生违约，商人可以到法院起诉以保护自己的权益。诺斯认为，这样的制度可以降低交易费用。为了支持商贸发展，尼德兰执政官还鼓励发展资本市场。1537年，尼德兰出台法律承认票据转让有效。在此基础上，催生了现代银行。到了17世纪，尼德兰摆脱了西班牙的统治，建立了一个低利率的资本市场。其利率水平从1500年的20%～30%降低到1550年的9%～12%，到了17世纪，甚至下降到3%以下。这些制度催生了发达的资本市场，也让尼德兰建立了世界上最早的金融系统，如债券、商业银行、股票市场、股份公司、票据制度等。

再来看看英国。英法百年战争后，英国羊毛产业发展迅速，商人集团获利丰厚，实力大增。17世纪，议会打破了王室的垄断权。光荣革命后，商人及贵族集团对国王权力形成制约，国王无法随意征税。在这种情况下，英国王室不得不发展商业，以获得充足的税收及信贷支持。在海战中先后打败西班牙、荷兰后，英国复制了荷兰创立的一系列有效率的制度，如股份公司、保险、银行、证券等。

1642年，英国出台垄断法，禁止王室垄断，同时还设立专利制度，保护技术创新，鼓励外国人将欧洲大陆的创新带入英国。后来，英国还废除了谷物法，彻底支持自由贸易。英国建立的有效率的经济制度是全方位的，从要素市场到商品市场、资本市场，还包括知识产权等。先进的制度帮助英国摆脱了马尔萨斯陷阱，成为近代第一个超级大国。在诺斯看来，制度才是英国崛起的根本原因。

通过以上四个例子，诺斯将国家兴衰、经济增长的主要原因归结为制度。诺斯的这一成就开创了新经济史。在《制度、制度变迁与经济绩效》一书中，诺斯将其对新经济史学的研究归纳为一套理论，[2]就是新制度经济学。在这本书中，诺斯探索了制度，尤其是产权制度和国家制度对经济增长的影响。诺斯认为，产权的界定、调整、变革、保护促进了经济增长。在这一点上，保护知识产权的激励作用是显著的。同时，诺斯强调，制度变迁的目的是降低交易费用，获得更高的经济绩效。产权理论和交易费用理论，是新制度经济学中非常重要的两个理论，也是诺斯式增长的两大支撑。

产权理论对中国这类转轨型国家的改革提供了理论指导。中国人对此应该深有体会。改革开放后，中国的土地产权、财产所有权发生了变化，人们的生产积极性完全不同了。从诺斯式增长的角度来看，这就是过去40年中国经济增长的根本动力所在。交易费用理论，在前面我们多次讲到。在诺斯看来，人为制定制度的主要作用就是降低交易费用，提高自由市场的效率。这也是经济增长的动力之源。

诺斯通过这两大理论深入到国家制度层面。他指出："国家的存在是经济增长的关键，然而国家又是人为经济衰退的根源。"这就是著名的诺斯悖论。诺斯悖论在全球化时代尤为突出。国家制度对全球经济增长构成挑战，只有不断变迁才能转化为全球经济增长的动力。通过诺斯式增长我们就会明白，国家制度改革不能停滞，对外开放不能停滞，因为制度变迁是经济增长的动力之源。

参考资料

[1] 西方世界的兴起，道格拉斯·诺斯，华夏出版社。

[2] 制度、制度变迁与经济绩效，道格拉斯·诺斯，格致出版社。

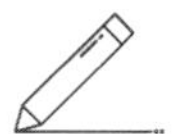

罗默式增长：如何推动技术变革？

“科学技术是第一生产力”，这句话如今深入人心。但是，第一位真正从经济学的角度论证这个观点的是美国经济学家保罗·罗默。罗默在2018年获得了诺贝尔经济学奖，获奖理由就是他在经济增长方面做出的卓越贡献。

1986年，罗默撰写了一篇博士论文《收益递增与长期增长》，发表在当年的《政治经济学期刊》（*Journal of Political Economy*）上。这篇论文提出了“内生经济增长理论”，用内生技术解释了经济增长的原因。与罗默同期的罗伯特·卢卡斯从人力资本的角度探索了知识对经济增长的重要性，建立了卢卡斯模型。进入20世纪90年代，罗默又在卢卡斯的基础上引入了人力资本，构建了内生增长模型，被称为罗默模型。罗默认为，知识是内生的，投资可以促进知识积累，知识又刺激更多的投资，形成一种良性循环，从而他得出结论：投资的持续增长可以促进规模递增，使经济永久性增长。

让很多人感到奇怪的是，科技是经济增长的关键性动力，为何经济学家在20世纪80年代才建立正式的理论模型？其实，技术对经济增长的作用，罗默之前的经济学家并非全然不知。早在马尔萨斯时代，李嘉图就意识到了技术进步可以改变马尔萨斯认为的“绝对稀缺”。之后的小穆勒、李斯特等人也很关注技术对粮食增产的促进作用。再后来，熊彼特对企业家及创新的研究要超过之前的任何一位经济学家。

当然，在很长一段时间，经济学家都回避了技术这一话题。第二次世界大战后，联邦德国和日本的经济快速复苏，这让美国经济学家开始意识到技术、人力资本的非凡价值。经济学家哈德罗和多马重新恢复了对古典主义的经济增长的研究。经济学家索洛分析经济增长时发现，在劳动、资本之外，还存在"索洛残余"，也就是技术对经济增长也有价值。之后，阿罗、舒尔茨等一批经济学家开始专注研究技术积累与人力资本，之后才有罗默和卢卡斯的发现。

但是，在罗默之前，严格上说是在阿罗和舒尔茨之前，所有经济学家都认为技术力量是外生变量。1957年，索洛就发现了87.5%的经济增长都与技术有关。不过，索洛将技术界定为外生变量。新古典主义经济学家将技术视为外生决定的、偶然的、无成本的资源。所以，经济学家没有将技术纳入增长函数中去研究，而只是将其作为假定不变的"给定"资源。这样一来，他们就很难发现技术的力量了。

我们之前讲到了斯密对规模递增的否定。技术积累促进规模递增，导致市场集中，甚至出现垄断，这与斯密的自由竞争的假定是相悖的。所以，从美国经济学家杨格之后，几乎没有新古典主义经济学家研究规模递增，并且，在新古典主义时代，最重要的理论是边际效用理论。这一理论主要研究的方向是边际递减，而非规模递增。今天我们知道，只要改变边际效用递减规律的假设前提，即提高技术水平，经济是可以实现持续递增的。但是，当时的经济学家将技术视为一种具有不确定性的外生变量，自然就无法下此定论了。

真正打破外生变量局限的是美国经济学家肯尼斯·约瑟夫·阿罗。阿罗是一位杰出的经济学大师，萨缪尔森评价阿罗是20世纪最伟大的经济理论家。1962年阿罗在《经济研究评论》上发表了"干中学的经济含义"，就是我们熟悉的"边干边学"理论。这是一种非常容易理解的理论，阿罗将技术从外生变量转变为内生变量，开创了"内生增长"这个经济学新领域。与索洛相比，阿罗的研究具有本质性的突破。

这里需要解释一下，技术的内生性与外生性有什么区别。内生性是指技术的革新是可以控制的，并不是偶然的、给定的和无成本的。比如，对工厂的工人进行技术培训，对管理者进行管理培训，可以提高他们的专业技能。对劳动者的投资可以改变技术水平，这就是技术的内生性。但在第二次世界大战前，知识阶层尚未崛起，知识工作者、技术工作者并不受重视，经济学家没有真正发现对劳动者的投入可以换来技术的提升。从某种程度上说，是第二次世界大战改变了人们对技术及人才的认知。

在阿罗同一时期，美国经济学家舒尔茨从“人力资本”的角度，为技术的内生性开创了空间。1960年，在美国经济学年会的演说中，舒尔茨系统阐述了人力资本理论。舒尔茨发现，人力资本部门的不递减的边际收益可以抵消物质生产部门递减的边际收益，从而保证经济可持续增长。舒尔茨对1929—1957年美国教育投资与经济增长的关系进行了定量研究，得出如下结论：各级教育投资的平均收益率为17%，教育投资增长的收益占劳动收入增长的比例为70%，教育投资增长的收益占国民收入增长的比例为33%。与其他类型的投资相比，人力资本投资回报率是非常高的。他总结道：人口质量和知识投资在很大程度上决定了人类未来的前景。

到了20世纪80年代，卢卡斯和罗默接过了接力棒。卢卡斯是罗默的老师，两个人分别从不同的方向论证了内生增长理论。卢卡斯继承了舒尔茨的人力资本理论，罗默则在阿罗的基础上有了突破。舒尔茨还强调人口数量，即劳动力的作用。他认为，如果人口增长率小于零，无论技术如何革新，经济都无法持续增长。但是，卢卡斯认为人力资本的作用更重要。

罗默在阿罗的基础上将知识纳入经济增长函数中，使其成为经济增长的内生变量。他提出了四要素增长理论，在新古典主义经济学中的资本和劳动（非技术劳动）之外，又加上了人力资本（以受教育的年限衡量）和新思想（用专利衡量，强调创新），将技术对经济增长的作用彻底体现了出来。

到这里，我们就把四种经济增长模式都讲完了。结合边际效用递减规律，我们对经济是如何增长的做一个最后的定义。

我们知道，边际报酬递减规律的前提假设是技术水平不变。如果技术发生了改变，技术水平提高了，那么，边际报酬递减曲线会向右移，在新的水平上重新建立递减曲线。当边际报酬递减到一定程度时，技术如果再次革新，边际报酬递减曲线又再次右移。如此反复，推动经济保持递增。这就是技术变革推动经济持续增长的周期性路径。

这一周期性路径的逻辑与熊彼特周期是一致的，熊彼特周期就是技术性周期。熊彼特认为，当经济进入衰退乃至萧条期时，也就是边际报酬递减时，企业家开始谋求技术创新、产品创新，以夺回市场份额，经济又逐渐复苏直至进入新经济周期。所以，只有努力创新才能推动边际递减曲线右移，达到更高的边际收益率，促进经济增长。熊彼特周期揭示了萨伊式增长的逻辑——供给端决定增长，同时也符合罗默式增长的周期性路径——技术创新推动边际递减曲线右移。

这里我们不得不指出熊彼特的伟大之处。熊彼特认为创新是生产过程中内生的，是由企业家建立的一个新的生产函数。他说："我们所指的'发展'只是经济生活中并非从外部强加于它的，而是从内部自行发生的变化。"

罗默和卢卡斯所做的就是，论证了技术变革是可控的、内生的，政府、企业家及个人对技术、知识的投入，可以促进经济持续增长。这是一条经济规模递增之路。正如经济学家克拉克所说的："知识是唯一不遵守效益递减规律的工具。"

Part Twelve
货　币

货币最本质的功能就是交换，只要能实现交换价值，货币就有价值。

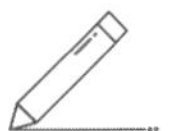

历史：货币的演变及认知曲线

货币，我们几乎每天都会接触到它，我们的生活、工作已完全与货币融为一体。但是，大多数人对货币的理解都不太深入，甚至存在误解。当今世界的经济问题，很大程度源自不当的货币政策。不当货币政策的背后，是人们对货币本质认识不足的结果，也是货币理论不成熟的体现。

比如，货币发行多少才合理？货币政策的目的到底是什么？当国家遭遇经济危机时，代表国家信用的货币当局是否应该透支信用施救？在全球化时代，经济全球化和货币国家化的矛盾如何化解？如果货币是一个全球公共用品，谁该为这个公共用品埋单？为什么货币发行由国家垄断，而不交给市场竞争？以上问题如果不能很好地回答，就会带来巨大的危害。事实上，当今世界诸多问题，如资产价格膨胀，政府债务居高不下，货币危机，经济增长低迷，贫富差距巨大，都与以上问题没能合理解决直接相关。很遗憾的是，货币理论也未能给这些问题的解答提供足够可靠的理论支持。

纵观经济学发展历史，货币长期没能纳入经济学研究的范畴。在瑞典学派创始人克努特·维克塞尔之前，也就是20世纪初之前，经济学家普遍持有“货币面纱理论”，将货币视为游离于经济之外的因素。货币面纱理论认为货币就像笼罩在实体经济上的一层面纱，对经济的产出不发生实质性的影响，货币只是便利交换的手段，其本身并没有价值。人们如果看不透这层面纱，就会认为货币还有价值。而要真正认识实体经济，就要揭掉这层面纱。

支持货币面纱理论的经济学家，有休谟、萨伊、小穆勒、杰文斯、卡塞尔等。休谟是最早系统提出货币数量论的经济学家。他在《论货币》一文中写道："十分明显，货币只是一种代表劳动和商品的象征，一种评价和估计劳动和商品的方法。""……一种交换的通用手段。"[1]在他看来，一个国家的劳动和商品才是最大的财富，即使货币稀缺也不会影响这个国家的富有。休谟还说："严格地说，货币并不是一个商业方面的问题，而只是人们约定用以便利商品交换的一种工具。它不是贸易机器上的齿轮，而是一种使齿轮的转动更加平滑自如的润滑油。"[1]杰文斯支持休谟的观点，他认为，即使没有货币存在，也不会影响经济运作及国家财富，只是交换不便捷罢了。

这些经济学大师对货币的看法正确吗？我们该如何准确认识货币面纱理论呢？

货币面纱理论的合理之处在于，它否定了重商主义的金银财富观，告诉世人，货币不等于财富。但是，这种理论存在两个问题：

第一个问题是错误地将货币界定为外生变量，视为经济符号。实际上，货币数量的多寡取决于产出、利率、投资、物价等复杂因素，是内嵌在经济体系中的，并非是一种外生变量。

第二个问题是认为货币没有价值。但货币是有价值的，即便是信用货币也有价值，货币数量的多寡可以影响经济产出。值得注意的是，这里容易出现两个误解：

一是认为信用货币是没有价值、没有成本的，这是一个巨大的误解。事实上，信用货币的成本非常高，一个国家要维持信用货币的价格稳定，除了要确保有足够的信用抵押物，还要维持宏观经济的稳定，提供军事国防保障及各类公共用品。信用货币的价值不仅体现在其背后的抵押资产，更体现在其巨大的流通价值，也就是交换价值上。货币是可靠的信用载体，帮助自由市场解决交易便利问题，可谓价值巨大。

经济学家米尔顿·弗里德曼在《货币的祸害》一书中讲述了一段历史。第二次世界大战后，他去了一趟德国。当时德国的货币崩溃了，当地人使用美国的香烟作为交换媒介，成为实质上的货币。美国香烟成为货币后，价格涨了不少。[2]涨价的部分其实就是香烟作为交换媒介的价值。从这个例子，我们就可以很好地理解货币的交换价值。

二是认为货币是非中性的。中性和非中性，都是经济学术语。到底什么才叫中性？弗里德曼认为货币是中性的，但他的意思并不是说货币对经济产出没有影响，而是说货币超发不会增加经济产出。所以，我们不需要去纠缠货币是中性还是非中性，只需要理解两点：一是货币是有价值的，其价值主要是交换价值，货币超发不会增加经济产出和社会财富；二是货币数量发行适当时可以增加经济产出，而货币超发或货币紧缺时都会降低经济产出，甚至引发经济危机。

通过以上分析我们可以看出，货币面纱理论并不科学，这个理论把货币当成外生的变量，长期将货币与经济割裂。维克塞尔使货币理论有所突破。

维克塞尔出生于北欧的斯德哥尔摩，与庞巴维克、维塞尔是同时代的经济学家，还听过奥地利学派创始人门格尔的课。但是，维克塞尔并不属于奥地利学派，也不属于主流的英国剑桥学派，以及后来的美国学派，他自己创立了瑞典学派。这位经济学家在经济学历史上的地位是特殊的。他在1901年出版了《国民经济学讲义》一书，这本书可以与马歇尔的《经济学原理》相媲美。所以，维克塞尔又被称为“斯堪的纳维亚的马歇尔”。

1898年，维克塞尔写了一本非常重要的著作叫《利息与价格》，书中提出了累积过程理论。这个理论将货币理论与价值理论相结合，认为货币本身是有价值的，并且将货币视为经济的内生产物。所以，维克塞尔是第一位将货币理论与经济理论融为一体的经济学家。哈耶克高度评价了维克塞尔在这方面的贡献，他说：“由于这个伟大的瑞典经济学家，才使直到这一世纪末仍然隔离着的两股思潮终于确定地合而为一了。”

维克塞尔到底是怎么做到的呢？这是一个相对专业的问题。传统的货币数量论，比如休谟的货币数量论、费雪方程式，都是从货币数量的角度看问题的。这样就不容易发现货币与经济之间的关系。而维克塞尔则另辟蹊径，从货币价格的角度发现了货币与经济之间的关系。[3]时至今日，数量论和价格论依然是货币理论中的两个理论分支。

货币的价格便是利率，维克塞尔将利率分为自然利率和市场利率。所谓自然利率就是均衡状态下的理想利率，市场利率则是指金融市场的借贷利率。他认为，当这两种利率相等时，市场处于均衡状态。当市场利率小于自然利率时，受廉价利率的刺激，企业会增加投资，经济收入增加，物价上涨。这是一个扩张积累的过程。所以这一理论叫累积过程理论。反之亦然。从这个理论可以得出什么结论呢?

第一，累积过程理论说明，市场利率变化对物价、对经济产出是有影响的。这就打破了货币面纱理论中的隔离观点，说明货币是内生的。货币不是被动存在的，而会主动地影响经济水平。所以，维克塞尔认为，货币数量论不应该是单纯的货币价格理论，而应该是货币生产理论。

第二，人们可以主动促使市场利率与自然利率相一致，以维持市场均衡和促进经济增长。第二个结论其实就是一种货币政策的主张。这个主张开创了干预主义的先河，对凯恩斯的影响很大，可以说是凯恩斯学说的理论渊源之一。但是，哈耶克在20世纪30年代与凯恩斯论战时，始终认为凯恩斯没有读懂维克塞尔的货币与利息理论，才误入歧途。

维克塞尔不仅将货币理论纳入经济理论范畴中，而且给以中央银行为主体的货币当局提供了一个调节经济的武器。但问题在于，自然利率到底是多少、该如何测算，没有人能搞清楚。纵观近几百年的欧美利率史，市场利率一直在下跌。如今，欧美世界的银行利率已经跌到零附近。那么，自然利率到底应该是多少?

如果搞不清楚自然利率水平，意味着货币政策的调节失去了方向。表面上，利率调整决定了物价中立，但实际上可能恰恰相反，为了维持物价而调整货币政策。这种类似瞎子摸象的政策，导致欧美世界在20世纪70年代爆发了严重的滞胀危机。这时，弗里德曼的货币数量论应运而出。他指出，美联储的货币政策导致货币数量失控，进而引发通货膨胀。只有控制货币数量才能抑制通货膨胀。可以看出，弗里德曼的货币理论与维克塞尔不同，他回到了货币数量的轨道，而非货币价格（利率）。

1979年，保罗·沃尔克担任美联储主席后吸收了弗里德曼的货币主张，同时调控利率与货币数量，最终控制了通货膨胀。80年代，弗里德曼的货币数量论占据了绝对统治地位，美联储及各国货币当局都以控制货币数量来抑制通货膨胀，效果显著。但是，也是从80年代开始，投资银行大规模崛起，弗里德曼的货币数量论面临与维克塞尔的自然利率同样的问题，难以测算。

到了20世纪90年代，经济学界再次复兴了维克塞尔的自然利率的研究。担任美联储主席的格林斯潘基本上废除了货币数量的调控政策。不少国家采用了斯坦福大学教授约翰·泰勒提出的泰勒规则，也就是通过调整利率来维持经济稳定。

今天，世界各国货币当局虽然没有执着于追求自然利率与市场利率相等，但依然还在使用维克塞尔规则及货币价格的逻辑。比如，美联储经常根据经济状况调整联邦基金利率，试图达成经济均衡和物价中立。但是，弗里德曼当年指出的问题依然存在，利率调节下的货币数量失控虽没有带来物价上涨，但资产价格却在持续膨胀。

参考资料

[1] 休谟经济论文选，大卫·休谟，商务印书馆。

[2] 货币的祸害，米尔顿·弗里德曼，商务印书馆。

[3] 利息与价格，克努特·维克塞尔，商务印书馆。

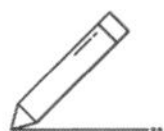

本质：货币是市场的共同契约

关于货币的古老记录，不论是东方还是欧洲都非常多。考古学家在世界各地发现了很多不同类型的货币，如贝壳、羊皮、铁钉、铜钱等。但是，货币的本质到底是什么呢？这个问题很少有人能够回答。

要理解货币的本质，我们需要从货币起源的角度去探索。亚当·斯密在《国富论》中有一章专门论述了货币的起源。斯密认为，货币的出现是因为劳动分工，劳动分工确立后，人与人之间需要交换才能满足大多数需求。但是，物物交换非常不便利，双方必须在商品、时间、地点等多个条件下满足彼此的需求才能够达成交换。

这时，怎么办呢？

斯密提出，聪明的人会随身携带一定数量的某种物品。这种物品，拿去和任何人交换，都不会被拒绝，这种物品就是货币。各个地方人的偏好不同，货币也不同。斯密写道："据说，阿比西尼亚以盐为商业变换的媒介；印度沿海某些地方，以某种贝壳为媒介；弗吉尼亚用烟草；纽芬兰用干鱼；我国西印度殖民地用砂糖；其他若干国家则用兽皮或鞣皮。据我所闻，直到今日，苏格兰还有个乡村，用铁钉做媒介，购买麦酒和面包。"[1]接着，斯密认为，随着时代进步，最终贵金属脱颖而出，成为主要的交换媒介。但是，贵金属也存在几个问题，比如称重和化验都很麻烦，还有伪造问题。于是，官府就在贵金属上加盖公印，这就有了官银、铸币制度和官方造币厂。最后，斯密总结说，货币就是在这种情况下成为一切文明国商业上的通用媒介。通过这种媒介，一切货物都能进行买卖，都能相互交换。

将斯密关于货币起源的论述概括一下，主要有两点内容：一是货币起源于分工与交换，货币是一种交换媒介；二是货币具有商品属性，其本身具有使用价值。斯密在《国富论》中也明确指出了货币的双重价值：作为商品，它有使用价值；作为交换媒介，它有交换价值。斯密关于货币起源的论述对后世影响很大。之后的新古典主义经济学家，基本上都继承了他的货币起源主张。

总体上来说，斯密对货币起源及本质的认识是比较全面的。但是，斯密的继承者过度重视货币作为商品的价值，而忽略了其交换价值，这种观点至今根深蒂固。比如，很多人将信用货币视为“白纸一张”，是没有价值之物。到了20世纪70年代，世界进入信用货币时代，很多经济学家都不能接受这一点，他们心中只认可有黄金兜底的货币，呼吁回到金本位时代。直到今天，还有很多人将信用货币的诸多问题归咎于信用货币自身没有价值。经济学家长期过度重视货币作为商品的价值，而忽略了其交换价值，可能有两个原因：

一是在学术上，古典政治经济学家坚持劳动价值论，所以他们认为，货币要想有交换价值，其自身一定要有价值，一定要凝结人类的劳动。

二是在现实中，最初的货币往往具有稳定的使用价值，比如食盐、羊皮、烟草，即便它不具备交换价值了，人们至少还可以使用它。

换言之，在商品货币、金属货币年代，商品的使用价值是货币的信用基础。这是一种朴素的价值观，也是现实选择的结果。但是，如果往这条路走下去，我们就距离货币的本质越来越远，基本上就不可能接受信用货币了。为什么信用货币会存在，并且还成为当今世界最重要的货币？这说明信用货币一定是有其自身价值的，抓住了货币的本质。其实，货币的使用价值和交换价值是合而为一的。货币最本质的功能就是交换，只要能实现交换价值，货币就有价值。所以，只有遵循交换价值的思路，而不是商品属性的思路，我们才能探索到货币的本质。

经济学家米尔顿·弗里德曼在其《货币的祸害》中讲述了一个大萧条之后的故事：美国华盛顿州有一个叫特奈诺的集镇，受到大萧条的冲击，集镇上1055家银行全部停止兑付，一时间城中的交易瘫痪了。为了应急，商工会议所计划发行相当于储户存款25%额度的证书，其中一部分证书用明信片大小、印刷了25美分的木片形式发行，商人们最终同意接受这种货币，并且以此渡过了难关。[2] 在这个真实的案例中，木片为什么能充当货币？是因为木片有某种特殊的使用价值吗？当然不是，木片能充当货币是因为商人们同意接受木片当作交易媒介，因而它有了价值。商人又为什么愿意接受木片呢？主要是因为当地的商工会议所给木片做了信用背书。

从这个例子我们可以看出，货币能否充当交易媒介，不是看其是否有商品属性，关键是看它是否被人们认可。这个“认可”，可以理解为信用，也可以理解为共识，这才是问题的关键。商品货币的信用来自其自身的使用价值。换言之，商品属性是货币获得信用的方式之一，但绝对不是唯一的方式，更不是货币的本质。货币获得信用的方式还有很多，比如国王背书。在一张纸上印上普通人的头像，人们只会把它当成废纸，但如果印上国王的头像，人们可能就会接受。这就是信用背书。从信用背书的角度来理解货币，可以大大拓展我们对货币的认识，也可以将货币的起源大大提前。

在斯密看来，劳动分工未出现前，人们没有足够的劳动剩余可供交换。但是，在远古时代，人类之间最早的交换或许不是“物物交换”，而是“时间交换”。早期信息不发达，劳动剩余非常有限，要实现大规模的陌生人之间的交换是不可能的，交换只能发生在族群的熟人之间。但是，物物交换要满足“双重需求”，想要在族群间找到合适的交换者是非常难的。这时，可能存在“时间交换”。

日本经济史学教授黑田明伸在其著作《货币制度的世界史》中指出，在近代日本，日本政府没有办法提供足够的金属货币以及管理能力，大部分集镇和村落都处于货币奇缺的状态。为了解决交易流动性问题，日本人想出了一个办法，就是基于村民信用，通过债务，也就是打欠条的方式来实现商品交易。具体方式是，在村民和村长的见证下，村民甲跟乙做买卖，乙得到的不是金属货币，而是一张欠条，也可能是口头债权合约，如此甲乙就完成了一笔交易。[3]黑田明伸教授在古代日本、中国都找到了大量“时间交换”案例。我们在今天中国的农村偶尔也还能发现，村民之间相互换工，这种劳动雇用并不支付工资，而是以“欠工”和“还工”的方式实现交换。这种“欠”和“还”实际上就是“时间交换”。

从表面上看，在这种“时间交换”中，并不存在货币。但如果从货币本质来看，这里又存在隐性货币。黑田明伸教授将这种隐形货币定义为债权债务类货币，交易中的“欠条”就是基于信用的债权债务合约。

其实，今天的信用货币就是“欠条”，也是一种债权债务性质的合约。经济学家张五常在他的《经济解释》一书中指出：美元上印刷的“This note is legal tender for all debts public and private”，以及港元上印刷的“Promises to pay the bearer on demand”，都是指债务合约关系。[4]只是，信用货币这种债务合约是一种“通用欠条”。

作为合约理论顶级专家，张五常先生认为，货币即合约。他在《经济解释》中还讲述了一个例子：在战争年代出现过这种情况，即将10元纸币撕成两半使用，半张为5元。撕成两半的货币，银行虽然不接收（除非兑换新币），但市场依然认可，以5元价值交易。[4]所以，货币就是市场个体之间相互认可的合约安排。市场个体的“认可”就是货币的信用基础。“认可”的方式有很多，比如上面说到的商品货币，其使用价值获得市场个体的认可。又如在债权债务类货币中，村长、族长的权威见证获得市场个体的认可，这种货币就有信用基础。

黑田明伸教授在《货币制度的世界史》对弗里德曼讲述的特奈诺集镇的木片货币这样分析：“并不基于确实的债权、没有来自政府的保证、只是以其本身不过是木片或纸屑作为通货而流通，完全是基于城里的人们共有的松散约定。”[3]所以，从“时间交换”的角度，我们可以更加深刻地理解货币的起源。现代货币理论也认为，货币起源于债权债务，属于债务记账工具及债务契约（欠条）。不过，现代货币理论存在很多问题，这里就不展开说了。

最后，我们回过头再来回答最开始的问题：货币的本质是什么？

货币的本质不是商品，也不是一般等价物，更不是金银，而是一种交易解决方案。贝壳、铁钉、羊皮、金银都是一种交易解决方案，只是这些都是有形的方案。债务型货币是一种无形的解决方案。只要能帮助人们完成交易的就是货币，不管是铁钉、羊皮还是借条、纸币，都可以是货币。从制度经济学的角度，这个交易解决方案是市场个体共同认可的合约，即市场的共同契约。在货币国家化之前，个体达成一个货币契约需要漫长的交易与博弈。这种共同契约就是奥地利学派所说的“自发秩序”。到了法币时代，这种共同契约形式上变成了由国家信用背书的公共用品，这是一种人为设定的制度，但其真实价值依然需要市场的共同认可。所以，货币的本质是市场共同认可的交易解决方案，也就是市场的共同契约。

参考资料

[1] 国富论，亚当·斯密，商务印书馆。

[2] 货币的祸害，米尔顿·弗里德曼，商务印书馆。

[3] 货币制度的世界史，黑田明伸，中国人民大学出版社。

[4] 经济解释，张五常，中信出版社。

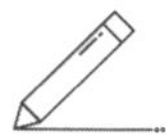

政策：信用货币的发行与调节

货币是市场的公共契约，信用货币这张公共契约，其实是由银行发行的债务凭证，简单理解就是通用的“欠条”。如何理解呢？我们可以从货币发行机制来理解。在现代银行系统中，货币有两种发行方式：一种是由中央银行发行的基础货币，也叫高能货币；另一种是商业银行创造的广义货币。

先来看中央银行如何发行货币。在金本位时代，中央银行发行一张纸币，背后需要相应的黄金作为抵押。所以，这种货币与黄金之间可以自由兑换，并且货币与黄金之间兑换比例是固定的，这叫刚性兑付。这种货币发行规则最早是由英格兰银行确定下来的。1844年的英国《皮尔条例》规定：“英格兰发行部可以用持有的1400万英镑证券以及贵金属作为发行准备，发行等额银行券。其中用证券做准备的发行最高限额为1400万英镑。超过此限额，则要用金银做准备，其中用白银做准备的发行不得超过25%。任何人都可以按3英镑17先令9便士兑换1盎司黄金的比价向发行部兑换黄金。”[1]此后，按照刚性兑付、黄金标准发行金本位货币的制度为各国中央银行所效仿。

可以看出，金本位货币并不是想发多少就能发多少的，黄金数量对货币发行构成约束，没有足够的黄金，谁也没办法大量发行货币。于是，黄金就成为金本位货币的锚，也就是信用基石，用以维持货币价格的稳定。

在中央银行的资产负债表中，黄金记录为资产，发行的相应的货币则记录为中央银行的负债。简单理解就是，你给了中央银行若干黄金，黄金成了中央银行的抵押资产，中央银行给你开了一张凭证，价值与黄金相等。这个凭证就是中央银行打给你的欠条。只是这个欠条是通用的，它可以向中央银行兑换等额黄金，也可以到市场中去换取各类商品。

不过，并不是说金本位货币就一定可靠。金本位货币也可能面临两大问题：一是信用不良的货币当局或政府改变金银成色，用差金银充当好金银发行货币；当人们想要用货币兑换金银时，政府就想方设法阻挠，甚至直接宣布禁止兑换。古今中外的政府，都没少干这种事。二是金本位货币受制于黄金数量，如果黄金稀缺，市场交易规模又越来越大，这时货币只能贬值，降低黄金成色，比如，从一盎司黄金兑换33美元，降到50美元甚至更多。

信用货币虽然不受黄金数量的约束，但这也并不意味着信用货币想发多少就能发多少。信用货币的发行逻辑与金本位货币是一样的，也需要可靠的资产来背书，只是抵押资产的范围更为广泛。当今世界，美元的信用资产主要是国债和住房抵押债券，人民币的信用资产则主要是美元。

但是，信用货币与金本位货币最大的区别是，信用货币不可以刚性兑付抵押资产，就像现在你不能拿着钱去中央银行兑换黄金、国债，而只能在认可它的市场中去兑换商品或资产。其实就是购物，让别人接手这张“欠条”。在现实中，由于不承担刚性兑付的责任，同时国债、住房抵押债券等抵押物容易获取，中央银行滥发信用货币的可能性就大大增加了。

下面我们再来看看商业银行是如何创造货币的。现代商业银行发展起来后，彻底改变了货币的发行模式。实际上，现在市场上流通的大部分货币都是商业银行创造的，而不是中央银行创造的。经济学家们花了相当长一段时间才接受这一事实。

我们用一个例子来说明商业银行是如何创造货币的。假设，A在商业银行存入100元，这时法定准备金率是20%，商业银行将20元作为法定准备金存入中央银行，再将另外80元贷给B。如果B把贷出来的80元又全部存入了商业银行，商业银行又以同样的方式，将16元作为法定准备金存入中央银行，再将剩下的64元贷给了C，以此类推。最后，市场上的货币总量变成了100+80+64+…，一直累积，这个金额最终是500元。也就是说，原来的100元，通过商业银行连续存贷后最多可以变成500元。这多出来的400元就是商业银行创造的货币，这种货币叫派生货币。这种扩张货币的现象叫货币乘数效应。货币总量500元除以基础货币100元的结果是5，这个5就是货币乘数。货币乘数越大，商业银行扩张货币的能力就越强。

商业银行创造的货币，也是有资产抵押的。比如，你向银行贷款，需要提交房屋、土地、公司股权等抵押资产。这就相当于商业银行收取了你的资产，然后打了一张“欠条”给你，其实就是给你贷款。但是，与中央银行打的欠条不同的是，商业银行的欠条是可以刚性兑付的。当你按合约偿还完贷款后，银行就要将资产归还给你。这就相当于欠条刚性兑付了原来的抵押资产。如今，中国商业银行很多贷款都是以土地及房地产作为抵押资产而发放的，因此，中国商业银行创造的货币可以理解为土地本位货币。

所以，现代银行体系实际上存在两种货币发行方式。古代社会的货币发行由官府掌控，而现代社会最早的货币发行来自商业银行，现代中央银行最初是从商业银行中脱离出来的。今天英国的中央银行英格兰银行，最初是由苏格兰人威廉·彼得森在1694年创办的私人银行，具有货币发行权。1844年，皮尔首相推行了新银行法《皮尔条例》，将英格兰银行改组，分设发行部和银行部。发行部承担了中央银行的基本职能，包括发行货币；管理国债；同财政部和财政大臣协作，执行货币政策；代理政府保管黄金外汇储备等。这样，英格兰银行就从商业银行中分离出了现代中央银行的职能。

当时，不仅英格兰银行有发币权，全国有279家私人银行及股份制银行都拥有发币权。但是，《皮尔条例》规定，若银行倒闭则发行额度自然失效，其额度转移到英格兰银行。如此，久而久之发币权就集中到了英格兰银行手上，最终确立了英格兰银行的中央银行地位以及英格兰银行的法定货币地位。所以，《皮尔条例》的推出是一个标志性事件，它是货币国家化的关键步骤，推动了中央银行的出现。后来，为了避免“既当裁判员又当运动员”的冲突，英格兰银行逐渐放弃了商业银行业务，成为名副其实的中央银行，并且于1946年由工党政府收归国有。此后，英格兰银行成为其他国家中央银行的标准模板，是“发行的银行、银行的银行、政府的银行”。

最初，中央银行对货币发行具有相当的掌控权，商业银行扩张的货币没有今天那么多。所以，早期的货币理论，如费雪方程式、马歇尔和庇古的剑桥方程式，都主张数量论。他们认为，中央银行可以通过对货币数量的调节来实现经济的平稳运行。后来弗里德曼也是从货币数量的角度构建货币主义理论的。他提出，货币需求长期是稳定的，只要控制货币数量就可以维持物价稳定。但是，从20世纪六七十年代开始，投资银行和信息技术改变了货币发行方式，也改变了货币理论。信息技术帮助商业银行实现了电子化和网络化存款、转账、汇款、交易及结算。越来越多的人将现金存入商业银行，这些原本属于中央银行的负债就变成了商业银行的负债。商业银行有了更多的存款，便可扩张更多的货币。最近半个世纪，商业银行扩张的货币大大增加，中央银行的铸币权被削弱。

另外，从20世纪70年代开始，投资银行兴起，证券、期货、外汇市场交易规模快速膨胀，大量的货币在金融市场滚动，我们已经很难计算出市场到底需要多少货币了。费雪、马歇尔和弗里德曼主张的数量论面临挑战：每年每月中央银行到底创造多少货币合适？这成为一个难题，制定货币政策也变得极为困难。到了90年代，欧美国家又恢复了维克塞尔的货币价格论，即通过利率来调节物价。但是，通过之前的内容我们知道，自然利率像货币数量一样难以确定。这该怎么办呢？问题到底出在哪里？

其实，问题不在数量或价格上，而在中央银行本身。中央银行是一个垄断机构，如果市场上大部分货币都是中央银行发行的，那么不论用价格手段还是数量手段，都很难准确地为市场提供合适的货币数量。这本身就是计划经济和干预主义。根据奥地利学派米塞斯的经济计算理论和哈耶克的知识分散理论，中央银行这只“有形的手”无法完成货币资源的科学配置。所幸的是，当今世界多数货币都是由商业银行创造的。由于商业银行本身是市场主体，所以商业银行对货币资源的配置效率，要远远高于中央银行。当今世界经济的关键问题是，中央银行耐不住寂寞，不是将商业银行控制得死死的，就是跳过商业银行给市场放贷，直接干预市场。

我们做一个假设，如果不让中央银行干预市场，商业银行可以自己决定创造多少货币，那么商业银行是采用数量工具好还是价格工具好呢？毫无疑问，价格是最灵敏的调节手段。如果弗里德曼结合自己创立的价格理论，那么他也会接受价格论。但要注意，这里所说的价格不是中央银行人为设定的利率，而是商业银行的市场利率。所以，从商业银行创造货币的角度来看，价格论更科学。如果从中央银行创造货币的角度来看，价格论和数量论都没有意义，其对应的政策也不科学。

例如，当股市暴跌时，商业银行为了降低风险紧缩银根，甚至提高利率，这些都是商业银行正常的避险行为。但凯恩斯主义者认为，市场亟需流动性，中央银行要出手干预，下调基准利率，甚至跳过商业银行，直接向市场注入流动性。这就是问题所在。这就相当于用计划之手替代了市场之手，让商业银行的价格调节失效了。

总结起来，市场需要多少货币，如何配置货币，应该尽量让商业银行通过利率的手段去调节，这样才符合经济规律。但是，现代货币是一种公共契约，中央银行是这一公共契约的最初创造者，不让中央银行“有所作为”确实困难。

参考资料

[1] 英格兰银行，丹·科纳汉，中国友谊出版公司。

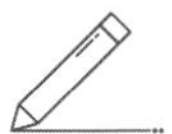

危机：货币沦为“公地悲剧”

可以说，当今世界经济的根本性问题大多都是因货币政策而起的。这其中，有执政者的因素，也有经济学家的责任。经济学家未能建立一套充分可信的货币理论，致使世人对货币本质的认识充满误解。我们前面讲过，货币的本质是市场的共同合约，信用货币是一种债务合约。如果这个共同合约是市场自发形成的，那么这种货币就属于私人财产；如果这个共同合约是公共约定的，如国家法定货币，那么这种货币就属于公共用品。货币一旦公共化，就容易被“搭便车”，沦为“公地悲剧”。

比如，经济危机来临时，出于“搭便车”的动机，很多人都希望中央银行超发货币。炒股的投资者希望流动性宽松拯救股市；炒房的投资者希望有更多的资金进入楼市；企业主希望能够获得廉价的贷款；中产和工薪阶层也希望中央银行救市，挽救自己的工作和财富；当然，政府更希望中央银行“放水”，直接购买国债，为其提供更多的现金流。如此一来，货币政策就很容易在民意中沦陷，货币成为人人都渴望分得一杯羹的“公地”。

但是，如果真正理解了货币的本质，就应该明白，货币政策并不应该负责救市。换言之，中央银行的目标与职责也都不是救市。货币的职责是什么呢？

货币的本质是市场的共同契约，这个契约的核心目的是解决交易流动性问题。而要确保货币能够解决交易流动性问题，就必须维持货币的信用，也就是维持货币价格。由此得出的结论是，货币当局最根本的职责应该是维持货币价格稳定，从而保证货币能够履行其公共契约。如果货币当局没能维持货币价格，就相当于违约了，没有提供一个可靠、可信、价格稳定的交易媒介给国民。美国宪法第一条第八款规定：美联储的责任是“铸造货币，调议其价”。经济学家弗里德曼认为，美联储超发货币是违反宪法的。

张五常先生在《经济解释》中也一针见血地指出：“从合约的角度看货币是重要的，而这样看，通货膨胀或通缩的出现算是毁约……我们听到的要求稳定物价的声浪其实是要求守约。”[1]中央银行如果超发了太多货币，就相当于货币当局发行了太多“欠条”。当这个国家没有足够的资产来“兑换”时，人人都会抛弃货币，试图兑换保值资产，如此一来，就会导致货币大幅度贬值，国家信用破产。

在之前的介绍中，我们提到过瓦尔特·欧根这位经济学家，欧根的学说洞悉了货币的本质。欧根学说的核心内容有两点：一是市场价格自由。这是自由市场的根本规律。二是货币政策优先。欧根主张，所有的宏观经济政策都要让位于货币政策。如果宏观经济目标与货币政策目标冲突时，那么货币政策优先。[2]

欧根认为，货币政策的主要目的就是维护价格稳定。只有市场价格稳定了，宏观经济政策才有效。理解了货币的本质和欧根学说，我们就知道，货币政策不能服务于宏观经济目标，更不能因宏观经济目标而放弃货币政策目标。具体来说，货币当局不能为了保就业、救股市、救楼市、解决财政问题而实施货币扩张。货币超发在短期内或许可以实现宏观经济目标，但会造成物价或资产价格膨胀，最终反噬宏观经济。

更大的问题是，货币政策一旦习惯性地服务于宏观经济目标，就很容易被人“搭便车”。楼市下跌，中央银行放水救市，这相当于以牺牲他人的代价来补贴地产商和购房者。以此类推，如果出口受阻，工厂倒闭，工人失业，贸易商、工厂主、工人是否可以要求中央银行也来拯救他们？前面我们讲到，法定货币是一种公共用品。中央银行为市场提供这一公共用品，如果不遵循货币本质，不坚守货币职责，就容易让货币沦为“公地悲剧”。这就是当今世界经济危机的主要原因。

那么，如何才能避免“公地悲剧”呢?

要避免“公地悲剧”，就要将法定货币“去公共用品化”，让货币回归到市场中成为“私人财产”。由中央银行配置货币是一种人为的计划方式，在这种方式下，无论用价格手段还是数量手段，都无法实现货币的合理配置，也就难以维持货币的价格稳定。目前，欧美中央银行以物价稳定作为货币政策的目标，结果物价是平稳了，但大量货币流向了股市和房地产，推动了金融资产价格暴涨，加大了贫富差距。

所以，用商业银行来配置货币，可能是更好的方式。商业银行也属于市场个体，商业银行可以根据价格机制，也就是价格手段来调节余缺，合理分配货币，实现货币价格的稳定。为什么商业银行可以实现货币价格的稳定?

商业银行从事的资本信贷生意本质上就是货币生意。商业银行创造的货币成色如何、质量如何、信用如何，唯一的标准就是价格是否稳定。所以，商业银行有足够的动力来维持货币价格稳定，这就相当于餐厅给人提供美味的食物，手机厂商给人提供质量可靠的手机。

货币当局唯一的职责就是维持货币价格的稳定。但是，我们无法人为地衡量何为货币价格稳定。所以我们需要把评判的权力交给市场，让市场去衡量何为货币价格稳定。商业银行基于市场竞争自然会维护好货币的信用和价格。这种观点类似于哈耶克在《货币的非国家化》中所提出的，让自由市场来决定货币发行量，来维持货币价格稳定。[3]如今，竞争激烈且创造货币的商业银行，满足了哈耶克的设想。

货币有很强的网络效应，容易趋于垄断，一个国家很难有许多种货币共同存在。所以，一个国家不一定需要多个“中央银行”或货币当局，但需要自由竞争的商业银行。货币当局负责制定规则和监管，货币发行权应当下放到商业银行手中。今天中国香港的货币发行模式——金融管理局+商业银行，是比较理想的。金融管理局负责建立规则、授权和监管，商业银行负责货币发行和资源配置。

理解了以上观点，接下来，我们跳出单个国家的范畴，讨论一个更加深层次的全球化货币问题：如今的美元为何成为世界性“公地悲剧”？

在全球化时代，美元是首屈一指的“世界货币”，是全球性的公共用品，但美元又是美国的法定货币，如此，美元的世界性与国家性就构成了冲突，本质上这是国家制度与经济全球化之间的冲突。冲突的核心是，谁该为美元这种全球性的公共用品付费？

有一种观点认为，美国可以随便发行美元，不需要费用或者费用很低，这其实是一种错误的认识，实际上美元的费用是极其高昂的。美元的信用资产主要是美国国债，美国政府发行国债为美元提供信用保障。国债的信用又用什么来保障呢？理论上，国债应该用政府财政收入来担保。财政收入是国债的锚，国债是法定货币的锚，如此一个国家的信用才能稳定。

但是，美国的情况有些不同。美国国债的信用并不完全是由财政收入支撑的，更多的是由美元来支撑的。这就构成了一种悖论：美元以国债为锚，国债又以美元为锚，双方各自以对方为锚。为什么会这样呢？

主要原因是美元是世界货币。美联储除了要向美国市场提供美元，还要向全球市场供应大量的美元。在美国联邦政府看来，不是联邦政府需要美元，而是美联储需要联邦政府发行的国债。如果不提供足够的国债，美元发行量就会受到限制。冲突的关键在于，美联储要想提供大规模的美元，尤其是国际市场需要的那部分，就需要大量的国债。如此一来，美国政府就需要大规模地发行国债，从而大大增加利息成本，加重财政负担。这就是美国政府为美元这个全球性的公共用品支付的使用费用。

按照过去的逻辑，解决财政负担的主要办法是向美国纳税人增加税收，美国政府没办法向世界人民征税。这就相当于，世界人民用美元，美国纳税人来埋单。美国政府不干，美国人民也不干。于是，美国政府要求美联储直接印刷美元还债，美元印刷越多，国债的利息成本就越低。这种方式相当于通过美元贬值的方式，将美元的使用费用分摊到全世界人民头上。也可以理解为，美联储向世界人民收取铸币税。所以，铸币税就是美元的使用费用。

美国联邦政府之所以可以这么做，主要是基于美元是世界货币，需求量非常大。即使大量印刷美元直接为联邦政府还债，美元价格依然可以维持相对稳定。所以，美元为国债兜底，国债为美元兜底，几乎是一个无解之题，这其实就是特里芬难题。特里芬难题，难就难在美国不能同时向世界输出美元和商品，强美元定然弱出口，弱出口又反噬强美元。

在布雷顿森林体系时代，强美元造成美国贸易逆差，法国等国家担心美元贬值，向美联储兑换黄金，冲击了美元信用。这说明，法国等国不愿意为布雷顿森林体系支付费用。美国政府曾经威胁欧洲说，你们如果抛售美元，美国将缩减欧洲的安全防务费用。美国要求成员国共同维护布雷顿森林体系，在1961年还联合英法等八国建立了黄金总库，八国中央银行一共拿出2.7亿美元的黄金来维持这个体系。这就是当时为维持国际货币体系所支付的费用。

如今，特里芬难题依然存在，美国依然存在大量贸易逆差，国际上流动着大量美元，许多国家的中央银行都储备美元作为抵押资产。但是，没有一个机构制定规则，来共同分摊和管理美元的全球使用费用。在现行的规则下，他国持有美元也无法直接向美联储兑换黄金。美国联邦政府迫使美联储印刷钞票，就相当于让全球共同分摊这一费用。

目前，这个问题并不容易解决。本质上，这是美元国家化与经济全球化之间的矛盾。欧洲给出的方案是消灭法定货币，弱化国家制度，建立区域货币欧元，共同维持欧元的信用，为欧元支付使用费。如果欧元的方向是对的，那么国际化竞争会逐渐削减法定货币的数量。

参考资料

[1] 经济解释，张五常，中信出版社。

[2] 经济政策的原则，瓦尔特·欧根，中国社会科学院出版社。

[3] 货币的非国家化，弗里德里希·哈耶克，海南出版社。

Part Thirteen
制　度

由于对制度缺乏足够的认识，经济学走了一段弯路。

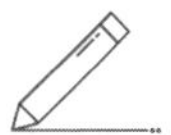

交易费用：如何理解市场行为？

制度是自由市场不可或缺的部分，也是现代经济学中非常重要的组成部分。但是很久以来制度都被经济学家所忽略。新古典主义经济学家认为，自由市场本身就是最优制度，市场的自由交易可以自动实现社会的帕累托最优，所以他们反对任何人为的干预，比如政府管控市场和价格。甚至他们将政府主导建立的公平市场制度也视为一种干预，这无疑是一种极端思维。

到了大萧条时期，凯恩斯学说崛起，经济学又转向了直接的政府干预，忽视了制度的建设。这其实是从一个极端走向了另一个极端。直到20世纪五六十年代，新制度经济学兴起，人们才意识到这一点。从这个角度来说，由于对制度缺乏足够的认识，经济学走了一段弯路。

当然，新制度经济学的兴起，与大萧条有着直接的关系。一般认为，新制度经济学的源头是罗纳德·哈里·科斯在1937年发表的《企业的性质》。当时，凯恩斯学说盛行，凯恩斯主义者与新古典主义者在政府干预与自由放任之间反复争论，互不相让。而科斯是一位洞察力非凡的经济学家，他跳出了争论，从交易费用的角度，巧妙地找到了两者的黏合点。但是，当时几乎没有人注意到这位年轻学者的发现。直到50年代，新制度经济学才开始登上学术舞台。当时的新制度经济学主要分为两派：

一派以加尔布雷思为代表。加尔布雷思继承了由凡勃伦、康芒斯等人创立的旧制度经济学派的传统。他们强调群体心理、文化习俗对经济演进的影响，否定了将个人作为经济研究的出发点。

另一派以科斯为代表，依然继承了新古典主义的研究方法，也就是将个人作为出发点研究制度。这是一条正确的道路。这一派的经济学家可谓人才辈出，科斯之后，还涌现了威廉姆森、诺斯、德姆塞茨、巴泽尔、张五常的恩师阿尔钦以及张五常本人等一批优秀的经济学家，其中好几位都获得了诺贝尔经济学奖，如科斯、诺斯、威廉姆森。威廉姆森还是新制度经济学的命名人。

以科斯为代表的新制度经济学家，不仅在学术上占有一席之地，还对社会发展有着重要的现实作用。他们研究的主题，比如交易费用、产权理论、制度变迁、企业组织等理论，对制度变革，尤其像中国这种转轨国家的改革，具有重要的指导作用。

在20世纪80年代，中国改革开放初期，面临制度变革的难题。当时张五常回国给中国高层介绍了科斯的产权理论，在国内掀起了一阵科斯旋风。后来，中国的城市土地改革正是受此影响的。事实上，中国改革开放40年的制度变革，包括产权改革，是新制度经济学的重要实践场所。这是张五常当年回国的重要原因，也是科斯如此关注中国的原因。

学习制度经济学，一般要从交易费用开始讲起。1937年科斯在他写的《企业的性质》一文中，正是引入了交易费用这个概念，才打开这一领域的窗户。科斯用交易费用解释了企业存在的价值，也解释了计划这一新古典主义经济学家坚决反对的主张存在的价值。

交易费用，是因交易而产生的一切费用，比如搜索信息的费用、谈判的费用、订立契约的费用、建立并维护制度的费用。我们向政府所缴纳的税，也可以理解为广义的交易费用。因为税收主要用于保障市场交易秩序的正常运行。有人提出，交易费用是总成本的一部分，没有必要单独列出来。其实不然，将交易费用单列出来，有一个非常重要的好处是，它像一个显微镜，可以洞察到经济运行的内在逻辑和经济学长久以来的争论焦点。

科斯将交易费用应用到企业领域后，诺斯、威廉姆森、巴泽尔又将其扩展到了经济组织、政府、国家领域，进而拓展了产权理论、国家理论、制度变迁理论等。所以，交易费用理论是新制度经济学的理论起点。

科斯之所以能提出交易费用理论，主要得益于他对美国工厂的研究。科斯在大萧条期间去美国大型工厂考察时，发现这些工厂并不像传统经济学中定义的那样，是垄断而又低效的。相反，当时的美国大型工厂中已经引入了泰勒制，也就是科学管理，很大程度上提高了企业内部计划的效率。这个发现让科斯陷入了困惑。当时，新古典主义认为自由交易才具有高效率，计划是无效率的。大型企业内部实施的计划经营，比如组织、协调、控制等都是计划的手段，为什么这些大工厂的计划经营会产生高效率？这是新古典主义无法解释，也不能接受的。

为了解释这个理论矛盾，科斯聪明地引入了交易费用这个概念。他提出，自由交易虽然高效，但也有成本，这个成本就是交易费用。当自由交易的成本高于企业内部计划的成本时，企业就会使用内部计划来替代外部的自由交易。比如，你是一家服装厂老板，如果对外采购布匹的成本更低，你会选择对外采购。但如果自己内部生产布匹的成本更低，你就会选择内部计划生产。所以，交易费用解释了以下两大经济学问题。

一是企业存在的理由。

按照新古典主义的理论假设，企业是原子式的个体，是没有自主性、创造性和差异性的。但是显然，这个假设既不符合逻辑，也不符合现实。之前我们学习过，经济增长的动力之源就是企业家的自主性和创造性，企业家通过不断创新降低成本，提高效率，这才是经济增长的根本原因。假如企业是一个个原子式个体，没有内部计划和组织，那么自由市场就会出现无数次交易，会出现无数个原子式的企业，最终市场会因交易费用过高而崩溃。假如，制作一件衣服需要100道工序，如果没有企业内部计划的整合，每完成一道工序都需要找到下一个买家，通过交易后，才能进行下一道工序。如此推演下去，这个交易量是惊人的，奇高的交易费用最终会拖垮自由市场。所以，从这个角度，科斯解释了企业存在的理由。

二是计划与自由市场的边界。

一直以来，对计划与自由市场的争论都没有停止过。但是，科斯提出的交易费用，跳出了这个争论，并且找到了计划与自由市场的边界。当内部计划的成本更低时，就选择内部计划。当自由交易的成本更低时，就选择自由交易。这就是计划与自由市场的边界。

经济学家托马斯·迪洛伦佐曾经在《国际法律与经济评论》上发表过一篇重要文章。这篇文章指出，整个19世纪80年代，实际GDP增长率为24%，而当时有据可查的所谓垄断行业产出实际增长率为175%。也就是说，垄断行业的生产效率比社会平均效率更高。垄断行业的高效率促使这些行业的产品价格普遍下跌，比整体经济7%的物价跌幅还要快得多。当时17个垄断行业中有15个行业的价格是大幅度下跌的。具体的例子有，范德比尔特在19世纪早期将蒸汽船运输票价降低了90%以上；垄断企业卡内基钢铁将钢轨价格从1875年的160美元/吨降至25年后的17美元/吨；洛克菲勒在1897年将精炼石油价格从30多美分/加仑压低到5.9美分/加仑（1加仑≈3.79升）。20世纪20年代，老福特发明了流水线，将汽车的价格在短时间内降到了平民价格，从此汽车进入了美国寻常百姓家。福特汽车的流水线，就是典型的企业内部计划，这一内部计划的效率大大超越了庞大而密集的自由交易。后来，流水线运用到了大多数行业，工业领域的效率突飞猛进。

列举这些数据，并不是支持垄断企业或垄断行为。真正具有危害性的垄断是阻碍效率的垄断，阻碍技术创新的垄断。而当企业内部规模集中，有助于效率提升、交易费用比自由市场更低时，这种规模集中就是规模经济，这是有助于经济增长的。从中可以看出，交易费用还能够用来作为识别垄断利弊之标准。

但是，企业扩张还有一个关键的问题：如果一家大型企业一直保持规模扩张，也一直保持着高效率，那么它是否可以吞并整个产业，甚至横向控制和纵向控制，成为一个巨无霸？如果这个巨无霸将整个产业控制在其内部计划之中，这不就变成计划经济了吗？那是否可以推导出，新制度经济学其实是支持计划经济的？这个问题非常关键。这是很多经济学家不愿意接纳新制度经济学的重要原因。但其实这是一个误解。

企业的内部计划效率并不是凭空而来的，它来自外部自由市场的竞争压力。如果外部自由市场竞争减弱了，内部效率也会随之降低。而在外部竞争压力大的行业，很多大型企业为了提高内部计划效率，都纷纷将外部自由竞争的机制引入内部，以促进内部效率提升，比如采用业绩考核、事业部制，以及稻盛和夫创立的阿米巴模式。

还有一个很重要的原因是，企业的边界不可能无限扩大。企业的边界本质上是人的行为能力的边界。企业的内部计划是由个人来掌控的，管理者的能力是有边界的，即使借助信息技术，也不能彻底改变这种局限。当企业大到一定规模时，管理层级的增加及内部摩擦成本的增加，会提高企业的组织成本，降低计划效率。所以，不能简单地说新制度经济学支持计划经济。

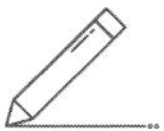

产权制度：改革为何如此艰难？

产权理论是新制度经济学中非常重要的理论分支，它的创立者是科斯。科斯之后，威廉姆森、斯蒂格勒、阿尔钦、德姆塞茨、诺斯、舒尔茨以及张五常等，都在产权理论方面进行了重要开拓。经济学领域产权理论的诞生要明显晚于政治学，其中原因我们之前讲过，在新古典主义看来，市场是完美的秩序，人为设立产权制度显然是多余的。

不过，到了20世纪初，英国经济学家庇古在其《福利经济学》一书中提到的火车行驶烧毁庄稼的案例，推动了产权理论的诞生。火车在铁轨上高速行驶时，喷出的火星烧毁了沿途的农田庄稼。这就是经济外部性问题。经济外部性的存在会导致经济效率受损，出现私人边际成本不等于社会边际成本的情况，从而无法达到帕累托最优。庇古认为这是自由市场的缺陷，他提出的解决办法是，政府向火车运营公司征税，然后补贴给农民。向火车运营公司征税相当于增加了私人边际成本，向农民补贴相当于降低了社会边际成本。庇古认为，政府干预可以促进私人边际成本等于社会边际成本，从而达到帕累托最优。然而，庇古的解决方案相当于支持了政府干预，这是很多新古典主义经济学家不能接受的，但是他们也提不出更好的办法来解决庇古出的难题。

直到1960年，科斯在《法与经济学杂志》上发表的《社会成本问题》一文[1]，才破解了这个难题。科斯的解决办法不是让政府干预，而是让问题回归到市场机制中去解决，将外部性问题内部化，具体的办法就是明确产权。科斯提出，只要产权明确，交易双方就会通过协商，用市场交易的方式来解决问题。为此，科斯还举了一个牛吃庄稼的例子。这个例子我们之前在介绍科斯定律时讲过，就不再赘述。科斯的方案挽救了自由派，如果不是科斯，庇古的干预主义就顺理成章了。

科斯提出用明确产权的方式来解决问题，其实质就是用制度来解决问题。科斯认为，当自由市场出现问题时，应该完善市场制度，而不是用政府之手替代市场。但在20世纪初，当经济学家发现了市场的缺陷后，并没有第一时间想到用制度来弥补，而是纷纷倒向了干预主义。从庇古开始，到后来的苏联计划主义、凯恩斯主义，经济学走了一段弯路。到了70年代，布坎南的公共选择学派、阿罗的社会选择理论，都指向了制度建设这条道路。

为什么制度能够弥补市场的缺陷呢？原因主要有两个方面：

一是自由市场是一种自发秩序，这种秩序是无形的秩序，无形的秩序如果没有通过法律加以明确，就有可能被打破。制度可以将无形的秩序有形化，并且通过法律来保障。比如，产权是市场秩序的一部分，如果产权不明确且没有得到法律的保护，市场交易就有可能陷入丛林法则。如果知识产权无法获得保护，那么抄袭、剽窃等行为就会取代交易行为，这样会大大降低市场效率与创新的积极性，专利发明人就不得不使用各种办法来保护自己的知识产权。比如，古代商人使用专门的术语记账，医药世家的秘方传男不传女，外姓徒弟无法继承核心技术等，这些行为都提高了社会的交易费用。所以，通过法律让无形的秩序有形化，并且以法律之名来保护产权，可以降低社会交易费用，大大提高经济效率。

二是在现代宪政体系下，制度也具有自发性，与市场的自发性并不冲突。过去，新古典主义否定制度，很重要的原因是将制度视为政治强人设定的规则，与市场的自发性、自主性相冲突。

科斯提出的产权理论比较完整的表述是：当交易费用为零或很低时，只要明确了产权，不管产权归谁，最后都会实现帕累托最优。因为产权一旦确立，双方就会建立协商机制。火车运营公司会与农户协商，养牛的牧场主也会与农场主协商。但如果产权不明确，就会出现租值消散、“公地悲剧”等问题。

在科斯之后，斯蒂格勒、阿尔钦、诺斯、布坎南等人对产权问题考虑得更加详细，他们研究的焦点是建立何种产权制度更加有效。诺斯通过历史研究发现，私有产权制度可以大大提升效率。他用英国在1623年制定的《垄断权条例》举例证明了自己的主张，这是世界上最早的专利法案。沿着新制度经济学的发展方向，我们接下来探讨两个具体的问题：一是设立何种产权制度更有经济效率；二是制度变革的成本问题。

我们用中国土地产权作为例子来分析。在20世纪80年代，中国高层面临城市土地产权改革的问题。当时的城市土地产权是公有制，土地无法交易，资源无法变现与增值，严重阻碍了自由市场的发展。当时，师从阿尔钦的张五常回到了香港，他试图将自己的经济学理论引入中国内地。为了适应当时的国情，张五常给出的建议并不是土地产权私有化，而是保留土地国有制度，同时引入香港的土地批租制度。

所谓土地批租制度，就是政府掌握国有土地，采用竞价拍卖的方式向市场出租土地。理论上，民众是国有土地的所有者，而政府是国有土地的唯一供应方。这项制度并不是张五常提出来的，也不是香港首创的，而是沿用了英国的制度。张五常在美国时，他的老师阿尔钦给了他一本书，内容主要是英国的土地制度历史。阿尔钦的本意是，让张五常看看英国的土地制度有多糟糕，但张五常却认为，英国的这种出租使用权的制度是有优势的。

从法理上来说，英国所有的土地都归英王所有。英王是英国唯一的、绝对的土地所有人，英国其他个人、企业和机构团体仅拥有土地的使用权。这或许会让很多人感到奇怪，为什么英国这样的老牌资本主义国家没有实施土地私有制呢？

英国是一个具有保守主义传统的国家，在向君主立宪过渡时，这个国家的精英面临一个难题，那就是既要维护英王的权威，又要避免土地被英王控制。最终，就采取了折中策略，英王授权给政府采用批租制度出租土地，但是租期通常很长，最长的有999年。就实际使用来说，英国个人掌握的土地已经接近私有化了。香港今天的土地制度采用的正是英国这一套。在香港回归之前，香港的土地归属英国王室。回归之后，归属中国，由香港政府掌管批租权。

产权通常包括占有权、使用权、收益权、处分权和独立支配权。张五常从英国的土地制度中获得启发，认为可以将产权拆分，占有权可以不变，而只租赁使用权。他甚至认为，租赁使用权的制度更优越。后来，张五常将批租制度介绍到中国内地，开启了中国土地改革的序幕。据他本人所述，1987年12月1日，全国首个土地拍卖——东晓花园地块的拍卖在香港举行，当天所用的木槌，都是他帮忙找来的，现在放在深圳博物馆。张五常将这一理论和在中国内地的改革实践，视为其对产权理论的重要突破。[2]

但是，从理论的角度来看，租赁使用权比交易产权并无更优越之处，一个是租赁市场，另一个是交易市场。具体到土地制度上，批租制度其实舍近求远，付出了更大的交易费用。这里的问题主要是租赁的供给方单一，政府垄断了土地供给，这样就容易出问题。当然，在实践中张五常先生的观点具有现实性。这就是我们要讲的第二个问题——制度变革的成本问题，制度变革是需要成本的。诺斯曾经提出这个问题，只有当变革的收益大于变革的成本，改革者才有改革的动力。

中国的土地制度改革，虽然不能说达到了帕累托最优，但也存在卡尔多－希克斯效率。卡尔多－希克斯效率是经济学家卡尔多和希克斯共同提出来的，指的是总成本不超过总收益，拿出总收益的一部分补偿受损方。如此，改革也是可以推进的。帕累托最优的条件是没有人受损，而卡尔多–希克斯效率追求的是整个社会的收益增大。

所以，制度变革的成本，是改革的重要障碍。若能像科斯所言，直接确定产权，让市场去解决问题，那是最好不过了。但是，转轨时期的改革成本奇高，往往是求而得其次，只能追求卡尔多－希克斯效率，将资源大部分释放给市场和个人，从而实现帕累托最优。

参考资料

[1] 企业、市场与法律，罗纳德·哈里·科斯，格致出版社。

[2] 经济解释，张五常，中信出版社。

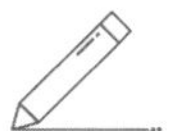

政府组织：为何需要公共用品？

新古典主义是不支持卡尔多－希克斯效率和庇古的政府干预主张的，新古典主义追求的是帕累托最优，反对整体视角和干预主义。换言之，新古典主义认为，任何人包括政府，都不能以他人利益或集体利益的名义损害个人利益。

事实上，这个问题在20世纪50年代的美国法学与经济学界有过激烈的争论。争论的焦点就是在立法原则上，应该采用卡尔多－希克斯效率还是帕累托最优。当时，大公司派支持卡尔多－希克斯效率，他们骂反对者是书呆子、理想主义者；而市场派则主张帕累托最优，反对使用司法权践踏公民权、私人财产权。这种争论在社会改革过程中颇为常见。

按照科斯的主张，如果交易费用为零或很低时，通过确定产权，市场就能够达到帕累托最优。但这是一种理想的状态，现实中的交易费用不可能为零，往往还很高，这样有些人就会选择次一级的目标，期望达到卡尔多－希克斯效率。

一般来说，经济学家尤其是自由主义者通常反对大政府，主要原因是他们是基于个体的角度来理解自由市场的。而政府是整体利益的代表，如果政府的权力过大，控制的资源过多，就容易以公共利益之名损害个人利益。比如，当经济下滑时，楼价下跌，你盼望了多年才等到买房的良机，但是这时政府却以维护经济稳定、保护国民利益的名义救市，又抬高了楼价。政府的救市行为，虽然基于公共利益，却损害了你的个人利益。从经济学的角度来说，这是不允许的。

但是，政府始终是一个公共机构，它的行为无法顾及所有人的利益。这该怎么办？要回答这个问题，我们就需要理解一些根本性的问题：什么是政府？政府的职责是什么？政府与个体之间是什么关系？

首先，政府是一个公共机构，这个公共机构应该是由民众通过民主的方式自发组建的。政府与个体之间的关系是代理人关系。过去，包括现在，一个很错误的观念是，政府包办一切，为广大民众的生老病死服务，这其实就是大政府主义。但实际上，政府的职责和能力也是有限的。政府的主要职责应该是提供公共用品，避免干涉私人用品。公共用品与私人用品的界限，往往是政府与个人之间的界限。

举个例子，举办一场百米赛跑，政府要做的事是修好跑道、场馆，组织好安防和裁判团队，这些属于公共用品投入。但是，政府不能自己下场比赛，与运动员争夺金牌。金牌是私人用品。如果政府“既当裁判员又当运动员”，与运动员争夺私人用品，就会产生挤出效应，更重要的是破坏了竞争规则。

这个问题其实大家是比较容易理解的。下一个问题是，哪些领域属于公共用品？公共用品与私人用品应该如何界定？

1954年，美国经济学家保罗·萨缪尔森发表了一篇著名的论文《公共支出的纯理论》。这篇论文首次给公共用品赋予了严格的定义，后来，萨缪尔森将这部分内容写入了《经济学》教科书，书中是这么写的：“每个人对这种物品的消费，并不会减少任何他人对它的消费。”[1]。这种边际成本为零的物品叫作“集体消费产品”，即公共用品，萨缪尔森还举了一些例子，如社区的安全、国防、法律、空气污染控制、消防、路灯、天气预报和大众电视台等。但是，如果严格遵循他的定义，公共用品其实是很少的。比如，我们一般认为公路属于公共用品，但公路也会出现堵车的时候，这时就出现了排他性，不符合萨缪尔森所说的“不会减少任何他人对它的消费”。所以，我们通常所说的公共用品，其实多数是指准公共用品。

公共用品和私人用品的主要区别在非排他性上。简单理解就是，私人用品属个人产权，别人不能占有，谁付款，谁受益；公共用品是公共产权，人人可“薅羊毛”。为什么政府应该负责投资公共用品，而不是投资私人用品呢？因为公共用品的非排他性，导致市场在公共用品的供给上是无效率的。所以，公共用品的供给主要应该由政府来提供。灯塔就是经济学中一个经典的公共用品案例。

1848年，英国经济学家约翰·穆勒在其《政治经济学原理》中分析了灯塔问题，他说：“虽然海洋中的船只可以从灯塔的指引中得益，但若要向他们收取费用，就办不到。除非政府用强迫抽税的办法，否则灯塔就会无利可图，以致无人建造。”[2]之后，西奇威克、庇古等经济学家都分析过这个案例。西奇威克和庇古认为，假如存在受益于灯塔而却不能向其收费的船只，就产生了外部性，私人边际成本小于社会边际成本，这时政府就必须加以干预。政府干预的关键作用是可以降低交易费用。

古典主义先驱大卫·休谟在《人性论》中已注意到交易费用中的协商成本问题，他在书中写了这样一个例子：要排除一片公共草地中的积水，两个彼此了解的邻居协商这件事很容易，但若1000个人来共同协商那就难办了，“各人都在寻找借口，使自己省却麻烦和开支，而把全部负担加在他人身上”。

休谟提出的办法也是交给政府，他认为，“政治社会就容易补救这些弊病”。[3]

在公共用品上，政府比市场有效率，但在私人用品上却恰恰相反。由于信息分散，政府不能替代市场来支配所有的资源，满足所有人的多样化需求。这就是所谓的“恺撒的归恺撒，市场的归市场”，各取所需，发挥所长。

但是，科斯在1974年发表的《经济学中的灯塔》一文，提出了与萨缪尔森完全不同的观点。科斯根据英国早期灯塔的私人经营制度反驳了灯塔必须成为公共用品的观点。他指出，1820年英国46座灯塔中只有11座是领港公会建造的，而有34座是由私人建造的。后来，张五常继承了科斯的主张，写了一篇文章叫《科斯的灯塔》。这篇文章的大意是，私人灯塔收费的确有难度，但权衡收益后，依然有些私人企业愿意投资。

讲到这里，可能会让人有些困惑，到底科斯是对的，还是萨缪尔森是对的？政府到底要不要投资建灯塔？公共用品与私人用品的边界到底在哪里？

关于这个问题，如果单从公共用品和私人用品的定义上去区分政府与私人的边界，难度很大，也容易陷入门派之争。这时，我们需要借助科斯的智慧，拿出交易费用这个工具，来分析这个问题。

首先，我们需要承认，政府和市场都可以有效率地解决问题，用哪种方式，关键看谁的交易费用更低。在纯公共用品上，政府的交易费用更低，效率更高。因此，如军队、法院、监狱、警察等公共用品一般由政府来提供。而在纯私人用品领域，市场拥有绝对的效率，政府不应该干预。这两者之间其实还存在中间地带，政府和私人都可以进入，这时关键就看谁的交易费用更低。比如，教育、灯塔、铁路、自来水、住房、电信网络等领域，在欧美世界，很多都是由私人投资的，当然也有政府投资的。在这些领域，政府和私人相互竞争，消费者用脚投票。

在中间地带，政府与私人一起竞争，公平性问题就变得很突出了。其中的关键问题就是前面讲到的：政府是否可以追求卡尔多－希克斯效率，而损害私人的利益？布坎南的公共选择理论提出，制度应该在政府和私人投资之上，应通过制度来促使私人边际成本等于社会边际成本，从而实现帕累托最优。如果政府的行为对私人投资造成了外部性，比如故意抬高私人资本进入的门槛等，那么制度需要惩戒政府，避免不当竞争和挤出效应，促使政府的边际成本与私人的边界成本相等。

当然，这里还存在一个关键问题，政府往往提供低于市场价格的保障性公共用品，如保障性住房。这种定价机制是否伤害私人投资，对私人投资构成挤出效应？这个问题涉及政府财政预算硬约束。按照公共选择理论，政府也是一个追求效益的组织，只是这种效益未必完全是经济利益，而可能是某种目标。但如果建立财政预算硬约束制度，让政府在投资公共用品时，也要计算投资收益率，否则政府就容易破产，这个问题就可以解决了。

我们再把这个问题延伸一下，来探讨政府提供公共用品的目的是什么。公共用品可以降低交易费用，提高经济效率。所以，保障性住房、公共医疗、学校等公共用品，即便存有公平性目的，也应该服务于效率这一最终目的。如果将公共用品的效率纳入政府考核之中，以上提出的挤出效用问题亦可解决。所以，即便在“模糊地带”政府与私人相互竞争，只要完善公平性制度，建立政府财政预算硬约束制度，建立公共用品的官员约束及激励制度，经济依然可以从卡尔多－希克斯效率往帕累托最优升级。

参考资料

[1] 经济学，保罗·萨缪尔森，人民邮电出版社。

[2] 政治经济学原理，约翰·穆勒，商务印书馆。

[3] 休谟经济论文选，大卫·休谟，商务印书馆。

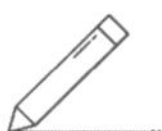

国家理论：国家为什么会存在？

很多人对国家的认识，仅停留在标签化的层面，搞不清楚个人与国家之间是什么关系。学习国家理论，可以帮助我们搞清楚这些问题，对我们的传统认知进行一次革新。当然，这些问题并不容易回答。正如经济学家汪丁丁在巴泽尔的《国家理论》序言中提到的，很多经济学家开始可能会学习相对简单的价格理论，然后将复杂的国家理论推迟到晚年再来研究。实际上，研究国家理论的经济学家并不多，只有一些新制度经济学家，如诺斯、奥尔森、巴泽尔。代表作有诺斯的《暴力与社会秩序》、奥尔森的《集体行动的逻辑》和《权力与繁荣》，还有巴泽尔的《国家理论》。

相对而言，政治学家对国家的研究要比经济学家更早、更全面。在政治学上，国家起源的学说有很多，比如柏拉图、亚里士多德的自然起源说，奥古斯丁、阿奎那的国家神权说，霍布斯、洛克、卢梭的社会契约论，以及马基雅维利、马克思、恩格斯的国家剥削论（掠夺论）。到了近代，社会契约论最为流行。代表著作有马基雅维利的《君主论》、霍布斯的《利维坦》、洛克的《政府论》和卢梭的《社会契约论》。

洛克和卢梭认为，在自然法状态下，人类天生就是自由、平等和独立的。但由于世间险恶，个人势单力薄，不得不将一些个人权利让渡给一个集体组织，然后聘请代理人（政府）行使公权力。公权力在国家的概念里就是主权，而主权是国家的核心。洛克和卢梭的观点实际上继承了霍布斯

《利维坦》中第二部分“论国家”中的思想。

卢梭提出：“创建一种能以全部共同的力量来维护和保障每个结合者人身和财产的结合形式，使每一个在这种结合形式下与全体相联合的人只不过是他本人，而且同以往一样自由。”[1]由此可以看出，社会契约论将国家与个人的关系界定为契约关系。国民是股东，政府是代理人，个人与国家之间的权益关系是：个人向政府让渡部分个人权利以形成公权力，同时缴纳税收形成公共财政，政府使用公权力及公共财政为个人提供公共用品，以保证每个人的权利平等及自由。

在这一点上，社会契约论与新制度经济学的观点是不谋而合的。洛克和卢梭所说的契约国，其实就是法治国的概念。社会契约论可以解释法治国的起源，但无法解释民族国的起源。民族国是个体出于自我保护的需要，或者基于历史传统而形成的国家。法治国则是基于共同的价值观、制度，在理性选择基础上确定的契约国。当今世界，大多数国家仍然处于自然国状态。诺斯认为，大约25个国家和15%的人口生活在进入秩序的社会中；另外175个国家和85%的人口仍然生活在自然国家中。[2]

所以，当今大多数国家依然更接近霍布斯描述的“臣民对主权者必须绝对服从”的“利维坦”。为什么当个人让渡部分权利组成国家后，公权力却将这个国家带向霍布斯所说的强政府社会，或者马基雅维利提出的“明君”统治的国家？卢梭的社会契约为何在这些国家不起作用？

诺斯、奥尔森、巴泽尔比洛克、卢梭更进了一步，他们沿着霍布斯的思路，从制度的角度揭示了社会契约执行的难度。霍布斯在《利维坦》中写道：“在没有一个共同权力使大家慑服的时候，人们便处在所谓的战争状态之下。这种战争是每个人对每个人的战争。”“人们为了私利而争斗，呈现出一切人反对一切人的战争状态。”[3]这时，人们只能寄托于一个强人或强人组织出现来保护自己。所以，以暴制暴，是早期国家，主要是民族国家组建的动力。奥尔森认为，“国家是常驻的绑匪”，他定义的国家具有掠夺性。国家是最不坏的选择，实际上若有其他更好的选择，没有人会选择“国家”这一暴力机构。

斯诺认为："所有社会都必须设法抑制或制止暴力，但不同社会采取的方法是不同的。比如最普遍的自然国家对暴力的控制，是通过赋予那些有暴力潜能的个人或组织以一定形式的特权或政策红利，从而建立在政治对经济的操纵基础上。"[2]诺斯把这个现象视为国家理论的两难困境："如果国家具有强制性力量，那么，控制国家的人就可以从自己的利益出发以国家的其他人为代价来使用这个力量。"诺斯认为，没有办法走出这两难困境。[4]

巴泽尔比诺斯、奥尔森更进一步。巴泽尔的方法是"霍布斯主义"，他认为，人类社会一开始处于霍布斯丛林，建立国家源自保护需求。但是统治者也是自利的，他们在创建统治机制后便会滥用其权力。只有当建立"集体行动机制"，初始的"自然国"才会渐渐演进为一个法治国[4]。集体行动机制防止国家暴力对内施暴，防止政府或统治者践踏公权力，利用公权力侵吞私权力。那么，这个集体行动机制是什么？集体行动机制就是宪政，宪政必须由独立的第三方掌控，比如立法机构国会、司法机构法院。简单来说就是将权力关进笼子里。

到这里，我们基本上明白了国家是如何形成的，国家与个人之间的关系是什么，自然国或民族国是如何向法治国转变的。诺斯、奥尔森、巴泽尔对国家起源的解释、对国家性质的界定，在政治学上早有解释。不过，新制度经济学家从合约、寻租、交易费用的角度来解释，显得更加贴切和具体。

一个自然国转为法治国是非常艰难的。巴泽尔在《国家理论》中指出："除非独裁者允许，否则，在一个独裁国内建立一个集体行动机制，将是非常困难的。一个独裁国可以演进为一个法治国，但是，这个进程似乎极其缓慢。"[4]

诺斯在《制度、制度变迁与经济绩效》中指出，国家在推进制度变革时，统治者可能存在两种选择：一是建立一套规则，使垄断租金最大化；二是降低交易费用，使社会产出最大化，政府税收收入增加。[5]

张五常的老师阿尔钦说过，有效率制度必然替代无效率制度。但是，无效率、低效制度的顽固性令人难以想象。统治者的第一种选择，就是建立一种低效的制度，建立一个垄断租金型社会。诺斯说："从自身利益出发，统治者往往可能维持或建立一套无效率的产权制度。"[5]

所以，自然国具有建立在排他、特权、租金创造之上的内在力量，它是稳定的秩序，因而，要完成转型极其困难。历史上，"自然国能够提供一种长时段的社会稳定，并且能为经济增长提供某种环境条件，但是总存在发生社会动乱的可能性，暴动和内战经常是一种可能的结果。"[1]

但是，诺斯也提出了第二种选择，那就是降低交易费用，使社会产出最大化，政府税收收入增加。为什么统治者会做出这种选择？一般有两种情况：一是自然国濒临崩溃，开明的统治者意识到统治危机，选择休养生息，解放生产，开放市场，从而挽救财政危机和统治危机；二是统治者攫取垄断租金的权力被集体行动机制所约束。比如，货币发行权被约束，征税权被限制，这时统治者只能降低交易费用，开放市场，促进经济增长，来实现税收收入的增加。这样，统治者追求自我利益的方向与社会公众的利益是一致的。

诺斯发现在16世纪之后，西欧主要国家都面临财政危机，解决财政危机的方式决定了这些国家的前途。西班牙、法国的统治者，拥有强大的征税权，他们选择了第一种方式，利用征税权来持续掠夺垄断租金。而英国、尼德兰的统治者的征税权被约束，他们不得不选择发展和保护自由市场来增加税收收入，这就促进了其贸易与工业的兴起。

所以，必须将统治者的收入置于税收而不是垄断租金之内。但征税权必须由集体行动机制，即民众授权的第三方机构掌控。从这个角度来看，打破当今世界各国政府对货币垄断租金的依赖是非常有必要的。如果货币当局长期无度地为政府融资，政府就会缺乏降低交易费用、提供公共用品的动力。

参考资料

[1] 社会契约论，卢梭，商务印书馆。

[2] 暴力与社会秩序，道格拉斯·诺斯，格致出版社。

[3] 利维坦，霍布斯，商务印书馆。

[4] 国家理论，约拉姆·巴泽尔，上海财经大学出版社。

[5] 制度、制度变迁与经济绩效，道格拉斯·诺斯，格致出版社。

Part Fourteen
市场失灵

所谓市场失灵，就是指市场无法实现资源的最优配置。

误解（一）：凯恩斯主义的三大定律

长期以来，社会上流行着很多错误的市场观点，比如刺激消费可以拉动经济增长，产业保护政策是必要的，股市下跌时应实施量化宽松救市，房价不能跌等。这些错误的观点，有些源自传统认知，有些源自道德主义，还有些源自本位主义。而经济学家传播的错误观点，则多来自凯恩斯主义。

当下经济学的第一大误区就是凯恩斯主义。从大萧条时期凯恩斯主义出现到20世纪70年代，经济学走了弯路。但凯恩斯主义并不是完全没有价值的，凯恩斯主义的流行本身也是人类社会的一种思潮，只是这种流行思潮并不一定符合经济规律。哈耶克曾经说，凯恩斯是天才，但不是伟大的经济学家，这个评价应该是准确的。

20世纪30年代，哈耶克与凯恩斯进行过一场旷日持久的大辩论。当时，哈耶克认为凯恩斯对经济学理论，尤其是利息与货币领域并不了解。然而，仔细阅读凯恩斯早期的作品就会发现，凯恩斯其实是学懂了他的老师马歇尔和庇古传授给他的新古典主义思想的。只是英国在20年代的经济衰退，尤其是30年代世界范围内的大萧条，让凯恩斯彻底地转变了理念。在1923年的《论货币改革》中，凯恩斯还坚持着自由主义思想。但在1930年的《货币论》中，就可以明显看出凯恩斯的思想转型，这本书凯恩斯花了9年时间来撰写，书中有不少前后矛盾之处。到了1936年，凯恩斯的著作《就业、利息和货币通论》推出，代表着凯恩斯学说正式形成。

在当时，很多经济学家都放弃了传统经济学理论而屈从现实。其中，凯恩斯是最彻底的一位，他不再坚守经济学的一般性、长期性和规律性，而服从短期经济的特殊性、短期性和现实性。我们不能说，凯恩斯提出的经济政策对于解决现实经济问题是完全无效的，但凯恩斯式的经济政策的确违背了经济规律，不利于经济的长期发展。20世纪70年代之后，凯恩斯式经济政策的恶果逐渐显现，直到今天还在影响着世界经济。

从这个角度来说，凯恩斯的确不能算是一位伟大的经济学家。因为任何学者，包括经济学家，都应该致力于规律的研究以及对真理的坚持。这是学者异于常人之处，也是学者的价值所在。凯恩斯尽管非常聪明，但他放弃了对真理的坚持。凯恩斯有一句名言："从长期来看，我们都死了。"通过这句话就可以看出，凯恩斯对于解决眼前问题的迫切追求。正是他的这种迫切追求，导致他违背了经济的底层规律。可惜的是凯恩斯在1946年就去世了。他的辩论对手哈耶克、米塞斯的寿命都超过了90岁，他们在20世纪70年代见证了美国经济的崩溃，也见证了凯恩斯主义的垮台。可见，违背一般规律的经济理论及政策经不住时间的考验。

当然，凯恩斯是一位现实主义者。哈耶克曾说，如果凯恩斯活到了20世纪70年代，他可能会推翻自己的理论，写出供给经济学。所以，或许凯恩斯是每个政府都迫切需要的经济顾问，但不是一位伟大的经济学家。他的理论，大多基于短期和总量，把因果倒置。比如，在《货币论》中，他很清楚通货膨胀会引起财富重新分配，而使一些阶级得益，另一些阶级受损，但是非要在通货膨胀和通缩之间二选一，他选择温和通货膨胀，因为他认为通缩带来的危害更大。[1]这种观点其实有很大的问题：一是通货膨胀还是通缩，不应由任何个人包括政府来选择，凯恩斯的这个观点是基于整体思维而不是个体思维提出的；二是只允许通货膨胀，不允许通缩，明显违背了经济规律，就好比规定一个企业只能赚钱不能亏本。

为什么凯恩斯会提出这些违背基本经济规律的观点呢？凯恩斯学说的根本问题出在哪里？下面我们就来深入剖析。

凯恩斯的主要理论主张都写在《通论》里，这本书中最重要的主张就是政府应该干预经济。当时大萧条持续多年，凯恩斯认为，市场已经失灵，其原因主要是有效需求不足。解决的办法是：政府扩张财政，加大公共投资，拉动有效需求，使经济恢复均衡状态。凯恩斯将经济危机的原因归结为有效需求不足，这与传统经济学理论相悖。之前经济学的主流观点是，长期来说，市场不存在有效需求不足，供需调节会促使市场自动恢复均衡。所以，要证明自己的观点正确，凯恩斯必须找到可靠的理论支撑。

在《通论》中，凯恩斯为了证明有效需求不足存在，提出了三大心理定律，即边际消费倾向递减、资本边际效率递减和流动性偏好。这三大心理定律是凯恩斯学说的主要理论支撑，理解了有效需求不足理论，基本上就理解了凯恩斯理论的立论基础。原文他是这么说的："消费倾向的分析、资本边际效率的定义和利率理论就成为我们现存知识体系中必须填补的三个主要空白点。"[2]

首先来看边际消费倾向递减定律，所谓消费倾向是指消费在收入中所占的比例。凯恩斯提出，随着收入的增加，消费的增加往往赶不上收入的增加，呈现出"边际消费倾向递减"的规律，于是引起消费需求不足。他在书中这样说："当实际总收入增加时，总消费量也会增加，但其增加的幅度却比实际总收入要小。"[2]举个例子，当家庭月收入6000元时，可能100%用于消费，没有结余；当家庭月收入增加到6万元时，可能就只有30%用于消费了，剩余70%用于投资和储蓄。收入越来越多，消费比例却在减小，导致消费需求不足，进而导致产能收缩，工人失业，经济衰退。

这样一分析，边际消费倾向递减定律似乎挺有道理的，也很符合现实情况。我们再来看第二个定律：资本边际效率递减定律。资本边际效率，是指增加一笔投资预期可得到的利润率，它会随着投资的增加而降低，从长期看，呈现"资本边际效率递减"的规律。这个我们在之前介绍边际效用理论时讲过，这里就不详细展开了。

接下来看第三个定律：流动性偏好。所谓流动性偏好是指人们愿意用货币形式来保存自己的收入或财富的一种心理因素。换言之，人们倾向于持有货币，甚至在危机时窖藏货币，这就是凯恩斯提出的流动性陷阱。流动性偏好越强，利息就越高，高利息不利于投资增加，导致投资需求不足。

把这三条定律放到一起就是，随着收入的增加，消费边际倾向导致消费需求不足，资本边际效率递减和流动性偏好导致投资需求不足。消费需求不足和投资需求不足，将导致有效需求不足，经济产出下降，最终引发经济危机。因此，市场天然存在缺陷，是不稳定的、不均衡的，无法实现自我修复，需要政府干预，加大投资，提升有效需求，帮助经济恢复均衡。这就是凯恩斯干预主义的逻辑。

这一套逻辑从表面来看是环环相扣、无懈可击的，也帮助凯恩斯主义在很长一段时间里占据了经济学的主流地位。但后来的货币学派开创者弗里德曼击中了凯恩斯学说的要害，将这三大立论基石各个击破。最开始被推翻的是边际消费倾向递减定律。弗里德曼用了一个简单粗暴的方法，他统计了美国将近100年的历史数据，发现储蓄率长期是非常稳定的，储蓄率并不会因收入的增加而增加。这就驳倒了凯恩斯的边际消费倾向递减定律。

这是怎么回事呢?

其实，凯恩斯在论证这些理论时，犯了三个错误：一是用整体取代个体，二是用短期取代长期，三是缺乏动态博弈思维。个人的收入存在突然增加的可能性，但是社会的整体收入不会突然增加。我们每年GDP实际增长率达到6%就已经非常了不得了，家庭可支配收入增长率往往更低。从长期来看，社会收入不会突然快速增加，大部分个人的收入增速也是缓慢的，或相对能够预期的。我们在安排消费或投资时，比如按揭买车，会以今年的收入及明年相对可预期的收入为依据。这就是弗里德曼提出的永久收入假说。

并且，凯恩斯还忽略了市场的动态博弈。个人如何安排消费和投资，取决于消费和投资各自带来的边际效用。当投资收益很高时，我们可能安排更多的钱在投资上。但是，当投资收益递减时，我们可能增加消费的占比。所以，边际消费倾向递减定律在某些个体身上可能是成立的，但绝不能将这个结论推到整个社会。

再来看资本边际效率递减定律。资本边际效率递减定律本身没有问题，但凯恩斯依据这条定律得出的结论——投资需求长期或一直下降是不正确的。当资本边际效率递减时，资本会流出，但也有部分企业家选择长期投资，研发新技术、新产品以推动边际递减曲线右移，从而拉高投资收益率。高利润可以吸引更多的资本进入，又提高了投资需求，促进了经济复苏和繁荣。这就是熊彼特创新周期。所以，凯恩斯提出的第二个定律也不成立。

最后一个定律是流动性偏好。流动性偏好是一种正常的市场行为，并不能说明市场失灵，甚至可以说明市场在显灵。我们会把一部分资金窖藏起来，很大程度上是为了抵御未来的风险，比如安排养老和应对不时之需，公司经营一般也会留足风险准备金。这部分窖藏的资金，并非没有效用，也是整体投资和消费的一部分。美国经济学家彼得·戴蒙德认为，自由市场经济只有在交叠模型中才能达到帕累托最优。简单理解就是，人的投资安排往往超出自己的生命周期，会为下一代投资。这种代际交叠投资才是最优的资源配置。所以，凯恩斯在流动性偏好上也忽略了长期预期的思维。

通过以上分析，我们可以发现，凯恩斯学说的三大立论基础并不可靠，这个学说提出的干预主义主张也站不住脚。凯恩斯，这位天赋绝伦的天才，到底犯了什么错误？有两点很关键：

一是凯恩斯使用的是总量的概念、整体的视角、短期的方法。在自由市场中，个体自由选择、动态博弈及长期预期是三个最基本的特点，也是探寻经济规律的基本方法，但凯恩斯并没有遵循这个基本方法。

二是凯恩斯学说搞混了经济的本与末、目的与手段。凯恩斯自己虽然在书中多次强调，消费是经济的目的，但是，在经济政策上，他又将消费视为经济增长的手段，这就颠倒了经济的本与末。时至今日，很多人都错误地认为消费是经济增长的动力，主张刺激消费拉动增长。这是凯恩斯学说缺乏微观基础造成的。

参考资料

[1] 货币论，约翰·梅纳德·凯恩斯，商务印书馆。

[2] 就业、利息和货币通论，约翰·梅纳德·凯恩斯，商务印书馆。

误解（二）：信息不对称与逆向选择

凯恩斯学说的三大立论基础被弗里德曼推翻了，但是，凯恩斯学说并没有衰落。事实上，凯恩斯学说兴起后，形成了空前之势，有大批经济学家投身到凯恩斯主义阵营，他们努力地为凯恩斯学说寻找微观基础。在他们内部，还分化出了对立的派别。美国的汉森、萨缪尔森等凯恩斯主义者，试图将新古典主义与凯恩斯学说整合，建立了新古典综合派；而英国剑桥大学的罗宾逊夫人、斯拉法等人则主张从古典主义中获得微观支撑，他们抨击新古典综合派为伪凯恩斯主义。正是由于信徒众多，所以凯恩斯学说虽然在20世纪70年代受到挫折，但在2008年金融危机后又大规模兴起。代表人物有斯蒂格利茨、克鲁格曼、伯南克、明斯基以及现代货币理论的开创者兰德尔·雷等。

下面我们主要介绍斯蒂格利茨。斯蒂格利茨是萨缪尔森的老乡，来自印第安纳州的加里市，他继承了萨缪尔森的衣钵，是当今最杰出的凯恩斯主义者。斯蒂格利茨曾经是克林顿政府的经济顾问委员会主席，还担任过世界银行的首席经济学家，并且获得过诺贝尔经济学奖。他非常喜欢吐槽美国政府，抨击联邦政府、美联储、世界银行的政策是造成贫富差距、过度金融化、全球化失衡等诸多现实问题的根源。由于他倾向干预主义，所以虽然他指出的种种问题非常准确到位，但在原因追溯上却错得离谱。他明明知道，2008年金融危机是美联储错误的政策造成的，却对此视而不见，反而把责任推给“金融自由化”，将所有问题都归咎于自由主义。这是凯恩斯主义者的惯用手法，干预主义造成的恶果，却让自由主义来背锅。斯蒂格利茨的门派立场决定了他的一些观点有失偏颇，但斯蒂格利茨的学术水平毋庸置疑。他是信息经济学的创立者，对信息不对称、逆向选择、道德风险等领域的学术贡献是开创性的。

斯蒂格利茨还将他的学术成果包装成支撑凯恩斯学说的有力武器。今天，谁敢说市场不会失灵，不需要政府干预，斯蒂格利茨的信息不对称、逆向选择、道德风险等理论就可以将其驳得哑口无言。实际上，斯蒂格利茨对新古典主义的反驳，以及他的立论基础，大都来自信息不对称理论。我们知道，新古典主义的完全竞争市场有一个重要假设是信息完全。但是，斯蒂格利茨否定了这个假设。他说：“我只改变了信息完全的假设，找出一种把不完全信息模型化的方式。当你运用这个新模型的时候，你会发现市场总是无效的。”这一点符合大多数人的认知，很多人因此支持斯蒂格利茨的主张：因为信息不完全，市场会失灵，所以需要政府干预，以使市场正常运行。

那么，斯蒂格利茨到底是对的，还是错的？

在前面我们就讲过，并不是自由市场有问题，而是新古典主义的完全市场理论有问题。斯蒂格利茨用信息不对称来推翻自由市场，这显然是错误的。完全竞争市场在现实中不存在，在理论上也不存在。如果信息是完全透明的，那么这个市场就会消失。帕累托最优的条件也并不是信息完全透明，而是不人为地干预资源要素的流通。经济效率来自充分竞争，这个竞争就是在不完全信息下的自由博弈。

所以，对市场更为准确的解释应该是米塞斯的“人的行为”和博弈论。从个人行为博弈的角度来解释自由市场，才能真正理解自由市场。每个人在有限信息下自由博弈，促使经济效率达到最优。换句话来说，信息不完全不是市场的缺陷，而是市场增长的条件。信息不完全的市场也可以实现效率最优。所以，斯蒂格利茨的逻辑并不能成立。

在信息不对称的基础上，斯蒂格利茨还提出了逆向选择和道德风险两大问题。信息不对称可能导致逆向选择。所谓逆向选择，是由于市场信息不对称，在交易中信息优势方比劣势方更容易使得自己获利而让对方受损，因此出现劣质品驱逐优质品的现象。

1970年，阿克洛夫发表了著名的《柠檬市场》一文。后来，斯蒂格利茨在保险案例上论证了逆向选择和道德风险问题。保险案例是斯蒂格利茨的成名课题。斯蒂格利茨发现，在保险市场上，投保人是信息优势方，他了解自己的身体或财产状况。保险公司是信息劣势方，一般情况下，保险公司没有办法掌握投保人的完全信息。这时，越渴望投保的人，保险公司就越谨慎。就像银行放贷，贷款方是信息优势方，越能够接受高息的贷款方，银行对其越谨慎。这就是逆向选择，逆向选择引发的骗保、骗贷就是道德风险。

斯蒂格利茨用逆向选择和道德风险来说明市场失灵，会出现价格扭曲、产出和质量下降、劣币驱逐良币的问题。斯蒂格利茨说的到底是对是错？逆向选择和道德风险是否存在？

如果斯蒂格利茨是对的，那么如今的保险市场、信贷市场都存在逆向选择和道德风险，都是低效的，市场价格都是扭曲的，产品质量都是低劣的，这种市场总有一天会因低效而崩溃，但是现实却并非如此。

事实上，按照斯蒂格利茨的逻辑，面包、手机、牛奶等几乎所有市场都存在逆向选择，因为信息总是不透明的，卖方对产品拥有完全信息，买方则是信息劣势方。如此一来，难道所有市场都是价格扭曲、产品劣质的“柠檬市场”吗？现实显然不是如此的。

从以上我们可以看出，新古典主义的理论确实与现实不符，但斯蒂格利茨的理论也与现实不符。他们都犯了同样的错误，认为市场需要信息完全才能达到最优效率。不同的是新古典主义认为信息完全是市场天然给定的，而斯蒂格利茨则寄希望通过政府实现信息完全。但信息完全是不可能做到的，不完全的信息才是经济效率的源泉之一。这一点，我们可以用博弈论从两个方面来理解。

第一个方面是信息博弈。

信息博弈是经济效率之源。以保险市场为例，虽然投保方是信息优势方，保险公司是信息劣势方，但是获取准确的信息恰恰是保险公司的竞争力所在。保险公司为了降低风险，会想尽一切办法获取更多客户信息。信息博弈能力不强的保险公司会被信息博弈能力强的公司淘汰。信贷市场也是一样的，当风险爆发时，银行确实会紧缩银根，出现短期的逆向选择和流动性陷阱。但是，银行也要生存，不可能长期不放贷。这时压力会推动银行提高信息识别能力和风险控制能力，信息博弈能力强的银行会在混乱的市场中想方设法找到信用依然良好的客户。信息博弈能力不强的银行则会被淘汰。所以，自由竞争会降低并消除逆向选择和道德风险。

第二个方面是多次博弈。

以面包市场为例，面包店是信息优势方，其清楚哪些面包是过期的，但在激烈的竞争市场中，面包店一般不会将过期面包销售给客户。为什么呢？因为如果它这样做，经过多次博弈，也就是多次购买后，消费者很可能发现它的这一行为，面包店的道德风险就会暴露。

所以，综合以上内容，斯蒂格利茨的信息不对称、逆向选择及道德风险，看似颇有道理，但其实都是站不住脚的。从根本上来说，斯蒂格利茨缺乏微观基础，对市场规律尤其是人的市场行为和市场博弈理解不够，导致得出错误的结论。这是凯恩斯主义者的通病。真正需要完善的是市场制度，而不是让政府来干预。比如，加大对骗贷、骗保、销售伪劣产品等欺诈行为的惩罚，通过制度来弥补市场声誉机制的滞后性，可以降低逆向选择的可能，并且抑制道德风险，促进经济效率提升。

到这里，我们应该就明白了凯恩斯主义错在哪里。但为什么凯恩斯学说至今还如此盛行？主要有以下三个原因。

一是权力。

不管是政府还是货币当局，都喜欢将凯恩斯学说作为其扩张权力的理论支撑。政府将凯恩斯学说视为工具，用于扩张财政和货币，以获取更多资源，控制更多权力。另外，一些经济学家也渴望靠近权力，获得资源与利益。如此，凯恩斯学说就容易成为权力的附庸，凯恩斯主义者则成为登堂入室的官方顾问。就连凯恩斯本人对学术的背叛、对真理的放弃，也是受权力与名声的驱动。凯恩斯渴望成为一个在庙堂上指点江山的官员型学者，而不是一个坚持真理的学者。凯恩斯的门徒更是如此，一些人学习经济学的目的就是谋得一官半职。凯恩斯学说死灰复燃的背后是权力在作祟。

二是人性。

凯恩斯学说满足、放大或利用了人性中恶的部分，比如懦弱、恐惧、推卸责任、懒惰、贪婪、“搭便车”等。谁都希望市场永远繁荣，谁都希望只赚不赔。当危机爆发时，很多人会恐惧；当亏损发生时，很多人无法接受。这就是人性中的懦弱和恐惧。所以每到危机发生时就会涌现一批凯恩斯主义者、干预主义者，他们不敢对自己的错误决策负责，他们缺乏面对危机的勇气，渴望获得政治强人的保护，呼吁政府干预市场，拯救他们于水火。与懦弱、恐惧、推卸责任如影随形的人性之恶是懒惰、贪婪、“搭便车”。当危机爆发后，他们呼吁政府救市的实质是拿大众的钱为其错误的行为埋单，甚至他们还试图从政府救市中获取巨额利益，比如助推房价、股价上涨，做大金融资产。久而久之，这就形成了一种“搭便车”现象，人人都渴望从“直升机撒钱”中分得一杯羹。凯恩斯学说长盛不衰，其实就是利用了人性之恶，与平均主义有异曲同工之妙。

三是无知。

有人说，经济危机爆发，一片狼藉，社会动乱，政府难道可以坐视不管吗？有些人站在道德制高点批判理性者，呼吁政府救市。这些人其实是无知的道德主义者，这些道德主义者往往被掌权者和别有用心者利用而不自知。道德解决不了经济问题，经济问题必须顺应规律才能得以解决。

危机爆发后，政府当然不能坐视不管，但使用凯恩斯学说的方法是所有糟糕方法中仅次于计划主义的。这种方法只会阻碍市场出清，将危机推迟和放大。

所以，基于以上三个原因，在权力掌控者、“搭便车”者、懦弱者、贪婪者、无知者的助推下，凯恩斯主义者们想尽一切办法为干预主义找借口，编织各种漏洞百出又容易蛊惑人心的理由，但是，这些理由都经不起微观经济学的推敲以及现实的检验。

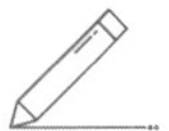

误解（三）：博弈论与“囚徒困境”

1944年，科学家冯·诺依曼和奥斯卡·摩根斯坦合著了一本书叫《博弈论和经济行为》，这是关于博弈论最早的研究。到了50年代，约翰·福布斯·纳什定义了纳什均衡，开创了“非合作博弈”。2001年美国上映的影片《美丽心灵》，讲述的正是纳什的故事。因为纳什的贡献，博弈论成为经济学中非常重要的一个分支。从90年代开始，随着信息技术的崛起，博弈论的地位越来越高。1993年获得诺贝尔经济学奖的三位经济学家都来自博弈论领域。此后又有多位博弈论专家获奖，其中包括纳什、泽尔腾、奥曼、谢林、海萨尼、罗斯、沙普利等。

纳什均衡中最为经典的案例是“囚徒困境”。1950年，数学家艾伯特·塔克在一次演讲时，讲述了关于囚犯的故事。他说，两个小偷共犯被抓，警方将两个犯罪嫌疑人分别置于不同的房间进行单独审讯。警方的策略是：如果两个犯罪嫌疑人都坦白交代，两人各判3年。如果其中一个犯罪嫌疑人抵赖，则以妨碍公务罪再加刑2年，而另一个坦白者有功可以立即释放。如果两个都抵赖，警方因证据不足不能判两人偷窃罪，最多以私闯民宅罪各判入狱1年。从上帝的视角来看，两个犯罪嫌疑人最佳策略应该是都抵赖，这样各判1年，可以让集体利益最大化。但是由于两个犯罪嫌疑人被隔离，无法串供，双方都担心被对方出卖，从自我利益最大化的角度出发，双方都选择了坦白，最终结果是各判3年。

这个案例似乎挑战了斯密的理论。按照斯密的理论，在自由市场中，每个人从利己的目的出发，最终会达成社会福利最大化的结果。但纳什均衡似乎推翻了这一点，囚徒从利己的角度出发，结果却是最糟糕的——害人害己。这该如何解释呢？到底是斯密学说错了，还是纳什均衡错了？

其实，斯密的市场学说有一个前提，就是信息自由流通。而在“囚徒困境”的案例中，两个囚徒之间的信息是被隔绝的，因此不具备自由市场启动的条件。所以，他们在信息真空中做出这样的决策再正常不过了。如果是在信息自由流通的情况下，结果会是什么呢？可能出现两种情况：一种是两个囚徒串供，另一种是多次重复博弈。

两个囚徒一旦串供，都选择抵赖的可能性就大大增加了。周冬雨和易烊千玺合作过一部电影叫《少年的你》，在这部影片中，男女主人公就用串供的方式成功骗过了警察。所以，警察一般会防止囚徒之间相互串供。但即使囚徒没有串供，如果出现多次重复博弈，也会出现不同的结果。我们假设这只是一场游戏，这个游戏可以反复重来。在第一次选择中，双方都招供，结局不是最好的，这就产生了信息，这个信息会作为下一次选择的参考。如此，经过多次选择后，双方会逐渐达成默契，努力避免最糟糕的状况，趋于合作，选择抵赖。所以，经过多次重复博弈后，会产生大量的信息，信息流通后，双方的动机不变，依然是自我利益最大化，但博弈的结果会趋于整体福利最大化。也就是说，在多次重复博弈、信息充分流通后，纳什均衡趋于帕累托最优，利己的行为导向社会福利最大化。美国经济学家奥曼对不完全信息下的重复博弈论证了这一点。

博弈论是一个非常好的理论和工具。严格来说，它是现代数学的一个分支，并且被运用到了各个领域，比如军事战略、博彩、运筹学、经济学、金融学等。但是，博弈论在经济学中运用的方向是错误的，误入了凯恩斯学说的歧途。这个错误的方向是被纳什均衡带偏的。就像上面讲到的，很多经济学家认为，“囚徒困境”推翻了斯密学说，所以自由市场无法自动达成社会福利最大化，必须由政府干预。如此，博弈论成了凯恩斯学说的工具，这是一个非常大的误解。

我们一直强调，任何经济学理论都是有前提假设的，没有前提假设的理论无法证实也无法证伪。“囚徒困境”实际上改变了斯密学说的前提条件，信息无法自由流通，所以不能用来推翻斯密学说和自由市场。“囚徒困境”恰恰说明了建立自由市场条件的重要性，确保信息流通的重要性。凯恩斯主义者常常犯的错误是，人为地阻碍信息流通，制造信息隔绝，导致市场失灵。再以市场失灵为由，引入政府干预，破坏自由市场。事实上，即便现实中存在信息不畅的情况，多次博弈也会形成信息反馈机制，进而避免“囚徒困境”的状况。

比如，旅游景区、火车站附近的商家销售假冒伪劣产品、欺行霸市的可能性要远远大于社区商家。因为社区商家做的是熟客生意，商家与客人之间的博弈是多次重复博弈。如果销售假冒伪劣产品，市场声誉机制就会启动，糟糕的名声在社区中一传十、十传百，社区成员很快就会抛弃这个商家。但旅游景区、火车站附近的商家与客人之间的博弈多数是单次博弈，客人基本上是过路客、陌生游客，对商家信息知之甚少，所以商家可以利用客人信息不足而宰客。如何解决这种问题?

一是新技术促进了信息流通，市场的声誉机制启动。

很多人出差时会在网络上定好酒店。携程、美团平台上都有评价机制，这些评价信息是由消费者提供的。即便是陌生游客、过路客也会在这些平台上参考评价信息再做出选择。如此，市场声誉机制会倒逼商家收手，不再宰客。

二是引入制度机制，而不是政府取而代之。

这是我们在制度模块中讲到的内容。当私人边际成本小于社会边际成本时，制度、法律要对个人行为进行约束，加大惩戒力度，使私人边际成本等于社会边际成本。比如“青岛大虾”事件，商家宰客不仅损害了消费者利益，也有损同行利益，甚至让整个青岛旅游业都受损，这就产生了外部性，即私人边际成本小于社会边际成本。这时该怎么办？正确的做法不是政府取而代之，搞官营海鲜，而是立法，通过制度来惩戒宰客、欺行霸市的行为。

所以，新技术和好的制度可以让市场信息更加快速地自由流通，促进市场博弈更加充分、理性，如此个体基于利己的自由交易才能推动社会福利趋于最大化。由此可见，博弈论是支持自由市场的。实际上，如果用正确的方式将博弈论应用在经济学上，有几个方面是很有优势的。

一是博弈论关注的是个体的行为。

在前面我们多次强调，要从个体的行为角度去思考经济规律。博弈论关注的正好是个体行为。

二是博弈论关注的是个体之间的动态关系。

甲做出的决策、发出的信息，被乙捕捉到后，乙会调整自己的博弈策略。同时，丙也会根据甲、乙反馈的信息做出选择。乙、丙反馈的信息又会促使甲改变博弈策略。所以，市场的个体与个体之间时时刻刻都在相互影响，每个人都根据动态的信息而做出决策。纳什均衡就像俄罗斯套娃，相互影响、相互博弈形成动态均衡。这一点对修正新古典主义理论来说是至关重要的。新古典主义主张信息是给定的、静态的，这个假设前提与市场实际不符，博弈论恰好可以将新古典主义的市场理论提升到动态均衡的层面。

三是博弈论揭示了经济增长的动力——博弈。

新古典主义将信息完全、资源完全流通视为效率之源，这是错误的。在完全竞争市场下，既没有竞争，也没有市场。市场效率的真正来源应该是自由博弈。即便信息是有限的，只要不人为阻挠信息流通，自由博弈依然可以达成帕累托最优。比如，在“囚徒困境”案例中，最开始囚徒被隔离，他们不能串供，但是通过多次重复博弈，囚徒之间会建立信息反馈机制，最终会做出福利最大化的决策，推动纳什均衡走向帕累托最优。

所以，经济学应当用博弈论替代完全竞争理论，将博弈论纳入市场理论中，作为帕累托最优的条件。这才是正确的理论，也是更加接近市场现实的理论。

正解（一）：制度性市场失灵

市场到底会不会失灵？很多经济学家对此争论不休，我们先来看看什么叫市场失灵。

所谓市场失灵，就是指市场无法实现资源的最优配置。比如在大萧条时期，市场自我调节机制失灵，经济长期无法复苏。此外，化工厂污染河流、空气，这类外部性问题也属于市场失灵。还有欺行霸市、欺诈、抄袭、掠夺横行，甚至爆发战争等，都属于市场失灵的范畴。所以，市场失灵是实际存在的。如果市场不会失灵，就不需要政府、国会、法庭，甚至不需要企业及一切社会组织了。现代政府、国会、法庭存在的目的就是降低交易费用，减少市场失灵的概率。

市场失灵的一个重要原因就是制度性失灵。所谓制度性失灵，就是如果没有完善的市场制度，自由市场的调节机制就会失灵，无法达到帕累托最优。我们可以举出很多制度性失灵的例子。假如没有环境及自然资源保护的相关法律，大量河流、公共土地将被污染；假如金融欺诈的惩罚力度很低，庞氏骗局就会大量出现；假如法律不保护知识产权，技术发明就可能被人盗用，甚至被公开掠夺，这会大大降低创新的积极性和经济效率。在18世纪，近代工业之父阿克莱特创办了当时英国最先进的纺纱厂。为了防止技术外流，阿克莱特对工厂的机器图纸、配方、原料等专利信息严防死守，甚至还雇用私人武装来看管，这其实增加了很多工厂的成本，大大降低了经济效率。

有些经济学家认为，自由市场的价格机制、声誉机制可以发挥调节作用，因此市场并不会失灵。比如，假如某药店出售假冒伪劣的药品导致病人死亡，这个药店的声誉就会受到影响，药店就可能倒闭。因此，药店不敢销售假冒伪劣的药品。从表面上看，价格机制和声誉机制的确发挥了作用，但现实中，光靠价格机制和声誉机制是远远不够的。因为：

第一，出售假冒伪劣药品导致病人死亡，这已经突破了市场的范畴。从法律上来说，商家要承担的不仅是民事责任，还有刑事责任。刑事责任需要刑法来认定，需要法庭对商家的行为加以惩戒。这种惩戒比市场对他的惩戒要严厉得多。在一些关系人身安全的特殊行业中，只有实施超出市场的制度性惩戒，才能促使私人边际成本与社会边际成本相等，从而实现帕累托最优。

第二，药品导致病人死亡，这一事件需要专业机构来认定。专业机构的认定，既保护消费者，也保护商家，可以避免市场的声誉机制被人滥用，比如商家被人造谣中伤。而专业机构的设立和运行又需要额外的制度配置。

第三，声誉机制和价格机制具有一定的滞后性，欺诈者和出售假货的交易者可能利用这个滞后性逃脱惩罚。比如，著名的庞氏骗局，拆东墙补西墙，往往可以骗公众几年，甚至十几年，等东窗事发时，骗子或许早已逃之夭夭。

所以，只依靠市场是不行的。制度可以帮助市场的声誉机制和价格机制更加灵敏地发挥作用。当假药致人死亡事件爆发后，第三方机构迅速介入并广而告之。如果情况属实，这家药店将被立即关门，防止其他消费者受害。

当然，也有人提出，市场失灵很大原因是因为有限公司责任制度和破产法的出现导致的。假如公司经营需要承担无限责任，不能申请破产，公司所有者就会主动降低经营风险，不敢盲目举债。这就相当于主动增加私人边际成本，避免外部性。如此看来，即使不增加额外的惩罚，自由市场也能够达成帕累托最优。但是，现实中存在两个问题让这个结论不能成立：一是信息不畅，导致交易费用奇高。二是人的有限理性。如果没有更为严厉的惩罚，商家未必能够完全清楚制假售假将面临的风险和成本。信息不畅和人对风险的有限预判，决定了机会主义的存在。

新制度经济学家诺斯认为，制度解决的就是信息不畅和人的有限理性两大问题。如果生产假药面临五年以上的刑罚，剽窃专利面临三年以上的刑罚，商家就可以很明确、直观地理解这些行为的风险与成本，从而避免侥幸心理。

概括起来，信息不畅、产权不清、规则不明、保护不力、缺乏裁决者、交易费用高都可能引发市场失灵。人为设计的市场制度正是解决这些问题的方法。原因有以下三点：

一是自由市场是一种隐性的自发秩序，制度可以将这一隐性秩序变得显性化、刚性化。制度让隐性秩序显性化包括信息的公开化、惩罚标准的公开化等。信息公开制度，比如颁发产权证明等可以避免产权纠纷；及时公布不法商贩名单可以帮助市场声誉机制发挥作用；公开的惩罚标准可以对市场潜在的不当行为构成威慑作用。同时，制度还具有强制性。市场交易是由一组组合约构成的，制度将这些合约刚性化，可以保障合约的履行。显性的合约具有强制性，如果一方违约，就需要承担相应的违约责任。比如法院强制清算，将失信人列入征信黑名单等。所以，制度的显性化、刚性化可以解决信息不畅、产权不清、规则不明、保护不力的问题，也可以帮助声誉机制和惩罚机制快速生效。

二是市场缺乏第三方裁决者，制度和公共机构可以担当第三方裁决者的角色。我们通常所说的第三方裁决者主要包括立法机构、法庭等，这些机构掌握的是公权力，但市场本身不存在公权力。第三方机构的裁决具有强制性，市场本身也不具有强制性。所以，市场的正常运行需要第三方裁决者的介入。

三是在现实中，自由市场的调节机制无法达成帕累托最优，必须有制度来协助。我们可以思考一个问题：为什么出售假药、关联交易等行为不能通过私下交易和解，而必须诉诸公共机构呢？因为这些犯罪行为具有社会危害性，所以不能只承担民事责任了事，必须受到刑罚的惩戒。前面我们说到，当私人边际成本等于社会边际成本时，经济效率才是最优的。当售卖假药致人死亡后，商家如果只是受到来自市场的惩罚，如销量下降，利润折损，这个惩罚力度肯定是远远不够的。如此，私人边际成本就低于社会边际成本，经济效率难以达到最优。这时就必须引入刑罚，一方面可以约束、震慑交易者，另一方面可以增加私人成本，促使私人边际成本与社会边际成本相等。商家除了承担赔偿经济责任，还面临牢狱之灾，才可以更大可能地避免制假售假行为。商业犯罪也是一样的，如果我们取消商业犯罪的相关刑罚，只在经济上对商业犯罪进行处罚，商业犯罪量就会大幅度增加。因为在这种情况下，商业犯罪总是可以在损害社会的基础上获取源源不断的利益的。

过去，经济学家们认为不需要制度，自由市场也能够达成帕累托最优。但今天，制度早已成为经济运行中不可或缺的部分，市场的惩罚机制与制度的惩罚机制在经济运行中共同发挥着作用。两者之间的关系可以从以下两个方面来理解。

一是信息越自由流通，交易费用越低，市场惩罚机制就越灵敏。

比如美国的资本市场，信息公开透明，并且存在做空机制，做空机制就是一种对上市公司的监督制度。如果上市公司谎报信息被做空机构发现，股价就可能大幅度下跌，甚至面临退市风险，这一惩罚已经足够严厉了。

二是极低交易费用的自由市场，是建立在制度的惩罚机制之上的。

还以美国资本市场为例，美国资本市场对内幕交易、披露虚假信息的惩处非常严厉。正是这种对违法行为巨大的震慑力才使得上市公司披露的信息更加真实，内幕交易、关联交易更少。

所以，制度存在的目的是降低交易费用，平衡私人边际成本与社会边际成本，促进市场机制高效运转。反过来，如果制度不完善，则存在制度性市场失灵。

从近代经济制度可以看出，欧美主要国家采用了一系列的风险制度，比如有限责任公司制度、代理人制度、杠杆交易制度、个人破产制度等。这些风险制度都是激励制度，可以大大提高经济效率，激发人们的创造积极性。但是，这些制度也给经济带来巨大的风险，增加了社会的成本。于是，立法者又为这套风险制度设置了一套保障性制度，比如增加了关于经济犯罪的刑罚，尤其是针对金融犯罪的处惩。这套保障性制度将市场惩罚机制显性化、强制化，相当于增加了私人边际成本。风险性制度和保障性制度相结合，使得私人边际成本等于社会边际成本，从而促使市场达到帕累托最优。

所以，最后的结论是，制度创新和技术创新类似，都是将边际递减曲线右移，拉高了边际增长率，从而提升了经济效率。技术创新带来的效率提升是显而易见的，通常会引发规模经济。而制度创新带来的效率提升不易捕捉，其作用往往是平衡私人边际成本与社会边际成本，然后激发人们的积极性和创造性。就好比，公司内部的绩效考核制度，如果可以促进员工多干多得，无法“搭便车”，也就是私人边际成本与社会边际成本相当，这种制度就是具有激励性的。

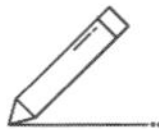

正解（二）：刚需性市场失灵

制度不完善会导致市场失灵。除此之外，还有一种特殊的市场容易失灵，那就是刚需性市场。要说明的是，刚需性市场的说法存在争议，一些经济学家认为没有任何产品是刚需产品，因为总是存在替代品的。比如，我们生活中未必需要瓶装饮用水，但一定离不开水。所以，没有绝对的刚需产品，但有刚性需求和刚需性市场。我们可以将所谓的刚需理解为价格弹性很弱的需求。换句话说，不管这种产品的价格如何上涨，市场需求都不会下降太多。从这个定义来看，刚需性市场其实是一个特殊的市场，容易出现价格失灵。我们可以从现实和理论两个角度来理解刚需性市场。

首先从现实的角度来看。通常认为，住房、医疗、基础教育是刚需性市场。这些市场存在两个特点：第一个特点是政府干预力度比较大，比如政府提供廉租房、医疗保险、公立教育等；第二个特点是自由市场出现严重的价格扭曲，比如房价长期居高不下，抑或暴涨暴跌，私立教育和私立医院的价格都非常高。

然后从理论的角度来分析。在刚需性市场中，买方一般处于弱势方，卖方则处于强势方。在交易谈判中，买方缺乏足够的议价能力，容易向卖方妥协，从而推高了产品价格。

之前我们讲过，帕累托最优的条件是资源自由流通，自由市场的基本原则是自由选择。但是，在刚需性市场中，买方的选择并不是自由的，很多时候甚至是被迫选择的。在这种情况下，市场不可能达到帕累托最优，甚至会出现失灵的状况。具体如何失灵呢？这里引入一个概念——马歇尔的消费者剩余[1]。所谓消费者剩余就是消费者愿意支付的价格和实际支付的价格之差。通常存在消费者剩余才会发生交易，交易双方都获利，都认为这笔交易划得来。

但是，在刚需性市场中会出现卖方“吃定”买方的情况，卖方可以最大限度地赚取买方的消费者剩余。最典型的例子是，深圳房子动辄上千万元一套，很多购买者都认为划不来，房子不值这个价，但是没办法，因为居住需要不得不买。当然，这里需要注意两点：一是房价扭曲有多重因素。二是投资买房的需求不是刚需，不在讨论范畴之内。

针对上面的房地产市场，有人马上就会提出反对意见，认为房地产市场不是刚需性市场，价格定律和需求定律会调节市场供给。为什么呢？

如果房地产市场的卖方是强势方，可以赚取更多的消费者剩余，房子的价格居高不下，那么意味着这个行业拥有超额利润，超额利润会吸引更多的投资者进入，供给增加，价格自然会下降。这时，居于弱势方的买方也有了更多的选择空间。如此一来，这个所谓的刚需性市场就不存在价格扭曲、市场失灵的问题了。但是，这是一种短期的情况。我们主要观察长期供求平衡中的状况：在长期博弈中，卖方是不是还是强势方，买方是不是还是弱势方？

在这里，我们使用瓦尔拉斯的一般均衡理论[2]来分析。根据一般均衡理论，每种商品和生产要素的供给量与需求量将各在某一价格下同时趋于相等，社会经济将达到全面均衡状态，这时的商品和生产要素价格称为均衡价格，相应的供求数量称为均衡供销量。在刚需性市场中，即便处于长期均衡中，供给量与需求量相等，卖方依然居于强势地位，买方依然居于弱势地位。

我们可以模拟一个场景，假如一座城市有100万套住房出售，同时有100万套需求量，而且这100万套需求都是刚性需求。这种情况下虽然供求是平衡的，但是购房者因刚性需求而不得不买房，在议价时依然处于弱势地位。人不能多日不吃饭，不能长期住酒店，不能错过急救时间。这些刚性需求导致均衡价格扭曲，卖方依然可以赚取大多数消费者剩余。

所以，在刚需性市场中，即便需求与供给达到了长期均衡，市场也是失灵的，均衡价格也是扭曲的。理解了这一点，接下来，我们再来看如何解决刚需性市场的失灵问题。

从全球范围来看，所有国家的政府都会介入居住、医疗、教育这三大刚需性市场。有的政府直接介入市场成为供给方，提供公共用品，比如提供廉租房、公共住房、公立学校、公立医院及医疗保险；有的政府虽然没有直接介入市场，但也采取了补贴、减免税收等方式鼓励增加供给，在一定程度上扭转了买方的弱势地位。我们还是以房地产为例，来介绍新加坡和德国的房地产政策，这两个国家都很好地解决了国内的住房刚需问题。

首先来看新加坡。新加坡的住房政策是非常成功的，房屋自给率接近90%，真正做到了居者有其屋，这归功于组屋制度。组屋是新加坡政府提供的廉租房和廉价房。新加坡的土地制度实行国有土地，政府提供公共性住房的成本更低，也更高效。从20世纪六七十年代开始，新加坡政府大量建设组屋，以低廉的价格向广大民众出租和出售。同时，新加坡还保留了少部分商品房市场及豪宅市场。从实施效果来看，新加坡政府的做法降低了市场失灵的概率，避免了房地产的价格扭曲。

再看德国。第二次世界大战结束后，作为战败国的德国，城市中的大量房屋被损坏，满目疮痍，百废待兴，市民住房需求极为迫切。这算是特殊时期的绝对刚需。与新加坡不同，德国的土地制度是私有制度，德国政府无法像新加坡政府一样直接动用国有土地建设公共住房。德国政府只能“曲线救国”，通过补贴、免税等方式鼓励各种主体，包括居民、房地产商、企业、教会等出资建房。德国政府的间接介入，解决了居住的刚性需求，更重要的是维持了房地产市场价格的长期稳定。自第二次世界大战以来，德国的房地产市场价格非常平稳，没有出现严重的市场失灵和价格扭曲。

通过这两个国家的例子，我们可以得出结论，政府的合理干预，不管是直接还是间接地介入，都有利于避免刚需性市场失灵、价格扭曲。那么，政府干预的经济学原理是什么？

很多人认为，政府提供公共住房、公立教育等公共用品，解决的是公平问题。但是解决公平问题的目的又是什么？很多人没有想过这个问题。如果公平是目的，那么公共用品就容易陷入“公地悲剧”的麻烦，并且，给低收入者提供住房，对高收入者、纳税多的中产者来说是否公平？如果低收入者拥有了住房，这是否意味着不鼓励创造财富？是否会引发福利民粹主义，有更多低收入者要挟政府为其解决住房问题？

事实上，当今世界的福利民粹主义已经非常盛行，其根源就是福利经济学没能很好地回答上面提到的问题：公共用品的最终目的是什么？解决公平问题的目的又是什么？之前我们讲过，公共用品的最终目的应该是提高经济效率。政府存在的价值、公共用品的价值，都是为了降低交易费用，促进经济增长。那么，政府提供刚需性公共用品，是如何提升经济效率的呢？

从经济学的角度来解释就是：政府提供公共住房、公共教育、公共医疗，改变或缓解买方因刚需造成的被动状况，可以增加低收入者的自由选择权，从而促进资源自由配置，提升经济效率。具体来说，如果政府提供了足够的廉租房，市民就有了更多选择权，他们不会去恐慌性地追涨，持续推高房价，造成房价扭曲，让社会资金都堆积在房地产行业中；也不需要背负高额的房贷而不敢辞去工作去创业，或者尝试换一份更适合自己的工作，从而增加劳动力流动性，促进劳动力资源的合理配置。所以，概括起来就是，足够的刚需性公共用品能够增加买方的自由选择权，促进资源高效配置，提升经济效率。

最后，我们还得回答一个关键问题：刚需性市场失灵，是否意味着凯恩斯学说的政府干预是必要的？

前面我们讲过，制度不完善会造成市场失灵，解决方法是完善制度。刚需性市场也会失灵，解决方法是政府干预，提供刚需性公共用品。所以，凯恩斯主义者真正要研究的应该是刚需性市场失灵，以及为此准备的政府干预措施。但是，要强调的是，提供刚需性公共用品只是手段而不是目的，其目的是提升经济效率。这样，刚需性公共用品、干预主义与市场自由主义才能合理结合。

参考资料

[1] 政治经济学原理，阿尔弗雷德·马歇尔，华夏出版社。
[2] 纯粹经济学要义，里昂·瓦尔拉斯，商务印书馆。

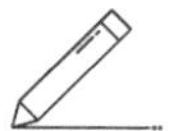

正解（三）：人为性市场失灵

人为干预市场，主要指人为因素直接或间接地影响市场供求，干扰价格机制发挥作用。人为干预引发市场失灵的例子随处可见。当然，我们反对干预主义，并不是支持放任自流。长期以来，很多经济学家对二者矛盾的处理，游离于表面的“面粉与水”的关系，即水多了加面粉，面粉多了加水。如果从方法论的个人主义的角度来看，政府的任何行为，都可能涉嫌对经济的干预。因为政府行为代表着公共活动，任何公共活动都可能对自由市场中的个体利益造成影响，这就是诺斯提出的国家悖论：国家权力构成的有效产权制度是经济发展的必要条件，但是国家权力的介入又是对个人财产安全的限制与侵害，导致经济衰落。那么，该如何破解诺斯的国家悖论呢？

首先，我们可以从广义的干预主义角度来理解经济干预问题。经济干预主要有四类情况：

第一类，国家机构提供公共用品和公共服务，比如国防、警察、法院、公共卫生、基础设施、社会福利及制度法令等。除了少数无政府主义者，绝大多数经济学家都认可这类经济干预，新制度经济学家、福利经济学家更是极力主张实施这类国家干预。

第二类，政府为弥补市场失灵而实施宏观干预，即以货币政策、财政政策为主的逆周期调节，通过加大政府投入，提振有效需求，促进经济复苏。这种干预方式，是凯恩斯主义者主张的宏观干预，但新古典主义者普遍反对。

第三类，政府出于各种目的而实施微观干预，比如价格管制，产能限制，产业补贴，设置准入门槛、进出口配额、出口退税，提供贴息贷款等。重商主义者支持微观干预，凯恩斯主义者有反对的，也有支持的，新古典主义者则极力反对。

第四类，政府直接接管经济活动，垄断军工、航天、石油、通信等核心产业，甚至投资各类其他产业。除了计划主义，绝大多数经济学家都反对这一做法。

当前经济学争论的焦点主要在第二类和第三类经济干预，尤其是对第二类的宏观干预争议较大。不过，这种简单分类可能遮蔽了本质问题，这四类经济干预之间其实是存在内在联系的。比如，第一类经济干预中的福利政策，与宏观干预的货币政策、财政政策息息相关，甚至会影响第三类、第四类经济干预。这个问题比较复杂，我们可以将这个问题分解为三个子问题来理解：

一是政府推行福利政策，以转移支付的方式平衡社会财富，这是否意味着对市场分配机制之否定？经济学家该如何解释福利制度？

英国经济学家盖伊·斯坦丁成立了一个名为"基本收入地球网络"这样一个组织。这个组织大力推广斯坦丁的"基本收入"福利理念，即定期无条件付给个人一笔适当数额的金钱，给人最基本的经济安全感。[1]包括马斯克、扎克伯格、盖茨及著名经济学家布坎南都认为，基本收入是一项公民应得的"新人权"。那么问题来了，基本收入是一项好的福利政策吗？

二是福利政策是如何影响财政政策和货币政策的？

三是这个世界的经济被福利政策以及相匹配的财政政策、货币政策绑架了吗？

要回答这三个问题，日本经济就是一个很好的样本。1990年前后，日本劳动人口进入拐点，并且快速步入深度老龄化、低生育率国家的行列。到2016年，日本60岁以上的人口占比达到33.7%，65岁以上的人口占比达到27.3%，而总和生育率从1947年的大于4，持续下降到2005年的低点1.26。未满15岁青少年的占比从1947年的35%，下降到2015年的12%左右。[2]同时，日本的退休工资也不低。2017年的数据显示，一对缴费40年的夫妻，退休后每月可领取的国民年金和厚生金一共超过22万日元，约合1.36万元人民币。[2]这个金额与年轻白领夫妇家庭的收入差距并不大。这也意味着日本的社会养老负担越来越沉重。日本人均社保支出在过去15年内增加了50%，其中老龄化相关支出占比从1975年的33%提升到2015年的68%。国民负担率（税收和社保占国民收入的比重）由20世纪70年代的24%提升到2018年的43%。日本政府财政支出中医疗保险、养老保险等社保支出目前已占到国家财政支出预算的33.7%。

雪上加霜的是，日本在快速进入老龄化社会时，又连续遭遇了三场严重的经济危机，分别是1990年的房地产泡沫危机、1997年的亚洲金融危机和2001年的互联网泡沫危机。亚洲金融危机后，日本政府历经多年徘徊后主动改革求变，中央银行将银行隔夜拆借利率下调到零，这标志着日本率先进入零利率时代。2001年互联网泡沫危机爆发，日本中央银行开启量化宽松，后来又探索了双宽松，甚至实施负利率，领先全球进入了负利率时代。日本采取如此宽松的货币政策，其目的主要是拯救经济，同时也是拯救政府财政。日本中央银行的极端宽松政策，主要目的就是给日本政府财政提供融资。因为日本中央银行在货币扩张后直接购买了日本政府债券，成为日本财政的最大债权人。

2008年金融危机爆发，日本中央银行大幅度增加了政府债券的采购。目前，日本中央银行持有的日本债务规模已经超过了日本GDP。2019年日本国家债务总额为1103.35万亿日元，政府债务与GDP的比率达238%，为全球最高。不过，日本政府很少借外债，其大部分债务都在国内，中央银行就是日本政府最大的债主。日本政府将1/3的财政收入，包括债务融资，都投入社会保障支出中。如果再算上其他福利支出，比如公共住房，政府福利支出的规模更大。

从日本的案例可以看出，日本政府沉重的养老开支及福利负担，影响了其财政政策和货币政策的走向。经济学家通常支持福利政策取代宏观干预和微观干预。比如，当失业发生时，经济学家不支持政府投资基建创造就业，而建议政府加大对失业人员的援助。但是，庞大的福利开支直接导致日本财政及货币扩张失控。更严重的问题是，福利政策扭曲了经济制度，尤其是银行货币体系。

2010年日本中央银行开始直接采购商业银行股票及ETF（Exchange Traded Funds，交易型开放式指数基金），改变了货币流通方向。日本中央银行为什么要购买商业银行股票和ETF呢？主要原因是日本养老金大量投入股票市场中，中央银行购买股票其实是在拯救养老金。另外，日本储蓄率很高，日本商业银行购买了大量股票资产，中央银行购买股票相当于拯救商业银行，同时也拯救日本居民的储蓄。日本中央银行从“最后贷款人”沦为“最后的买家”。2018年3月，日本中央银行不但是日本政府最大的债权人，还是约40%日本上市公司的前十大股东之一。

所以，日本的福利政策直接影响了第二类宏观经济干预走向，最后导致了第四类的经济干预。这是当今世界的普遍性问题。2016年，美国《华盛顿邮报》专栏作家马特·奥布莱恩发表了题为《世界经济正在日本化》的文章。奥布莱恩指出：“不管是在美国还是在其他国家，世界经济正转向日本模式。”此后四年，全球经济似乎如奥布莱恩所预测的那样转向“日本化”。

2008年之后，全球民粹福利主义盛行，大大增加了各主要国家的政府开支，政府借福利之名顺势扩张财政及货币政策。以新型冠状肺炎疫情为例，美国政府和美联储联合兜底，在2万亿美元的财政刺激计划中，5600亿美元是直接补贴给家庭与个人的现金，占美国GDP的2.9%。这一巨额的财政刺激政策的直接后果是，仅2020年3月到5月，美联储资产负债就扩大了3万亿美元，其中，国债资产大幅增加。

当今，世界似乎已经达成一种默契或共识：民众乘坐福利主义的诺亚方舟躲避危机。世界经济陷入了一种恶性循环：福利民粹主义崛起—货币与财政扩张—社会福利增加—资本边际收益率下滑—经济通缩、衰退、萧条、债务危机发生……

所以，关键问题还在于福利主义。经济学家支持福利政策替代宏观干预本身没有错，但是还是得要搞清楚，福利政策的最终目的是什么？这是问题的关键。这个问题之前我们讲过，关键并不是支持或反对福利政策，而是福利政策应该遵循提高经济效率这一基本目的。追求机会公平的福利政策要与经济效率、自由市场高度统一。所有的福利政策及公共用品都应该致力于劳动效率的提高。米塞斯在其著名的《自由与繁荣的国度》中强调："我们唯一的主张是：保障一切劳动者的自由，保障使人类创造出最高劳动效率的劳动制度。"[3]如果以提升效率为目的，福利政策不至于像今天这般失控，也不会引发以福利之名、政治正确之名的宏观干预。这是当今世界干预主义的问题之源。

当然，民众的福利主义只是宏观政策失控的一条腿，还有另一条腿是危机既得利益者的干预主义。既得利益者的干预主义同样让世界陷入危机：金融危机—货币与财政扩张—资产价格膨胀—泡沫危机与债务危机—货币与财政扩张……

所以，背离经济效率的福利政策、房地产制度、财政赤字货币化、货币政策、移民制度等反而大大提高了交易费用。1986年，诺斯发现，美国经济的交易费用从1870年占GDP的25%，上升到1970年的45%。当时诺斯感到困惑，为什么交易费用越来越高，经济却还在增长。最终，经济增长还是因不断攀升的交易费用而陷入停滞。如今，建立在高负债之上的极高的交易费用，将世界经济推入了"低利率、低通货膨胀、低增长、高福利、高泡沫、高债务"的日本化常态。

破解诺斯悖论的关键还是要将政策提高效率的目的放到第一位。任何不以提高经济效率为目的的政策，包括福利政策，最终都会造成市场失灵，葬送经济成果。

参考资料

[1] 基本收入，盖伊·斯坦丁，上海文艺出版社。

[2] 日本人口老龄化及相关企业研究，倪华，方正证券。

[3] 自由与繁荣的国度，路德维希·米塞斯，中国社会科学出版社。

Part Fifteen
经济危机

我们每一个人都在河边从事风险事业，没有人能够确保稳赚不赔。

危机本质：人性规律与不确定性

自近代市场兴起以来，世界各国爆发的经济危机已经数不胜数。经济危机是经济学领域绕不开的话题，研究危机也是洞悉经济规律的重要视角。美联储前主席伯南克称，美国大萧条是当今依旧无法触及的“宏观经济学圣杯”。

历史上，经济危机的表现有很多种，如过剩性危机、金融危机、货币危机、债务危机、泡沫危机、滞胀危机、房地产危机、银行危机、国家信用危机、次贷危机以及股灾等。下面，我们就来探索这些经济危机背后的成因、特性、逻辑以及危机的本质。在分析这些问题前，我们需要先消除关于经济危机的几个错误的认知。

第一，人们可以消灭经济危机。

每当经济危机发生时，很多人就会提出这样一个问题：经济危机为何无法避免，会反复爆发？提出这个问题是基于一种朴素而美好的愿望，但实际上，危机与繁荣是硬币的两面，都是经济周期的一部分。我们不必过度惧怕经济危机，当然也不能对它掉以轻心。周期理论的缔造者克莱门特·朱格拉说过一句非常著名的话：“萧条的唯一原因就是繁荣。”在他的这句话中，用危机来替代萧条会更合适一些。试图消灭经济危机，就会将繁荣与增长一同消灭。正如当今世界各主要国家试图采用干预手段来消灭危机，结果经济却陷入持续的低增长陷阱。

第二，经济危机可以被预测和掌控。

2008年金融危机爆发后，英国女王到访伦敦政治经济学院时，向学者们提出了“为什么没有人预见到信贷紧缩”的问题，让在场的经济学家们感到有些尴尬。奥地利学派认为，经济是无法预测的，因为没有人能够掌握所有信息来预测经济的走势。经济预测对个人来说也许是有意义的，但对整体来说是无意义的。自由市场是一个自发秩序，是所有参与者共同博弈的结果。即使有个体准确预测到了经济危机，也无法阻止经济危机的到来。

第三，将经济危机与经济萧条混为一谈。

从经济学的角度来说，经济危机与经济萧条有着本质的区别。经济危机是自由市场的一种形态，但经济萧条不是。经济萧条意味着自由市场失灵，市场的自我调节机制失效，经济无法恢复、自愈，正常周期被打断。人类历史上爆发过很多次经济危机，但经济萧条出现得并不多。大萧条之所以特殊，原因就是市场失灵，无法自愈。

理解了以上三个对经济危机的错误认知，接下来我们继续探索经济危机的本质。经济危机简单理解就是经济严重失衡，比如供求失衡，商品供大于求，出现产能过剩，爆发过剩性危机；货币供大于求，爆发通货膨胀或资产泡沫危机；债务失衡，举债过度，资不抵债，信用资产暴跌，现金流断裂，爆发债务危机。

也有些危机属于次生灾害，是被外部波及引发的。比如，1997年受东南亚金融危机的冲击，韩国外汇大跌，爆发了货币危机。这次危机还冲击到香港楼市，导致房价暴跌，经济衰退多年。外溢性风险导致本国经济失调，这种情况在全球化时代极为普遍。但苍蝇不叮无缝的蛋，受外溢性风险冲击越大的国家，说明其经济本身也存在问题。

下一个问题是，经济为什么会失衡呢？

这个问题是解开经济危机谜题的关键。为了更好地理解这个问题，我们可以从个体的角度来分析。一个人、一家公司破产，我们很容易理解原因，往往是资产与债务失衡、资不抵债造成的。为什么会资不抵债？要么就是举债过度，要么就是收入不足，总之是债务护城河不够宽，负债率过高，一旦遭遇流动性问题，债务危机就容易爆发，破产也就在所难免。经济危机可以理解为很多家公司、很多个人同时出现了财务失衡、资不抵债的情况，并且，危机往往是相互波及的。一家公司无法清偿债务，可能导致它的供应商、合作伙伴也陷入危机，以此类推，最后银行可能都会被巨额的不良贷款拖垮，引发银行挤兑或金融危机。2008年世界性金融危机就是由美国金融危机引起的。美国的金融危机是由次贷危机引起的，次贷危机是由雷曼等从事次级贷款衍生品的投资银行引起的，而投资银行的危机则是由大量无力偿还次级贷款的家庭引起的。

有一句话叫“常在河边走，哪能不湿鞋”。自由市场就像一条充满不确定性的大河，我们每一个人都在河边从事风险事业，没有人能够确保稳赚不赔。虽然大多数企业大多数时候可以避免破产，但是，自由市场的不确定性，决定了经济危机始终会存在。为什么自由市场存在不确定性？这主要是由自由市场的三个属性决定的。

一是信息。根据奥地利学派的信息分散理论，我们没有一个人能够掌握完整的市场信息。在自由市场中，信息庞大而复杂，且瞬息万变，每个人、每家企业的投资与决策，虽不能说是瞎子摸象，至少也是摸着石头过河。我们不能确定生产的产品一定能够销售出去，也不能完全了解消费者能接受的价格和真正的喜好。

二是时间。奥地利学派第二代掌门人庞巴维克提出了迂回生产的理论。所谓迂回生产，就是用生产资料去生产。比如工厂主购买农具、化肥，租赁农田，雇用工人，然后生产粮食。迂回生产是一个风险事业，因为从事迂回生产的企业家需要预先投入大量资本，向地主支付地租，向工人支付工资，向供应商支付农具、化肥的费用，从而买断未来的收益权。但未来的收益如何是未知的，是存在风险的。后来，奥地利学派第三代掌门人米塞斯在人的经济行为中加入了时间维度。因为时间的存在，迂回生产或经济行为充满着变数。

奥地利学派认为，企业家是伟大的，因为他们向地主、工人提前支付了费用，买断了未来的收益权，承担了迂回生产的一切风险。但实际上，市场中所有人都在承担来自时间周期的风险。房东通过多年的积累购买了店铺，然后用来出租或将来出售。这是一种迂回生产，也需要承担风险，比如商铺价格可能暴跌。劳动者上岗前要经过多年的学习，包括技能培训，然后进入企业工作，才能慢慢赚回学习的费用，这也是一种迂回生产，也面临失业或技能被淘汰的风险。

三是竞争。自由竞争会增加自由市场的不确定性。与计划经济相比，自由竞争会带来更多的不确定性。比如金融混业带来更为广泛的自由竞争，同时也大大加剧了金融风险。当然，自由竞争也是经济效率之源。

总结以上几点，信息、时间与竞争，是自由市场的三大属性，与自由市场不可分割。只要这三大属性存在，自由市场就会存在不确定性，经济危机就不可避免。既然市场存在不确定性，为什么人们还是愿意加入自由市场之中呢？芝加哥学派创始人富兰克·奈特在他的博士论文《风险、不确定性和利润》中给出了答案。这篇论文在历史上第一次提出，市场的不确定性和风险是利润的来源。人们以交易为生，承担着风险，参与到自由市场中，是因为在自由市场中可以获得利润。利润的来源恰恰是自由市场中的风险与不确定性。所以，当我们在接受自由市场的利润时，也意味着接受了自由市场的风险，繁荣与危机相伴相生。

之前我们在学习制度时，曾说过市场制度存在两种相辅相成的制度，一种是风险制度，比如有限责任公司制度、代理人制度、期货制度、杠杆制度、破产制度、金融混业制度等。风险制度的作用是利用甚至放大了市场的不确定性，但同时也激活了市场的流动性，提高了资源配置效率。

所以，近代经济危机与近代创新的一系列市场风险制度有着密不可分的关系。以2008年金融危机为例，上面我们讲了，危机的源头是大规模的家庭次级贷款无力偿还，但如果追溯更深层次的原因，这场危机实际上是由美联储的宽松政策及监管疏忽造成的。如果还要往前追溯，美国在20世纪90年代推行的金融混业制度也脱不了干系。这些制度都是风险制度，给美国带来了金融繁荣，同时也埋下了金融危机的祸根。

金融危机爆发后，美国相继出台了包含沃尔克规则在内的一系列金融监管法案。这就是另一种制度——保障性制度，用来抑制风险。保障性制度有信息披露制度、金融监管制度、与经济犯罪相关的刑罚等。

假如制度是自发的，或者是大多数参与者决定的，那么这个制度就代表着人性底层的规律。从人性的角度来看，人们追求利润但又惧怕风险。所以，人性总是在钢丝绳上行走，制度总是在来回摇摆和博弈，将市场的繁荣与危机提升到更高的层面。

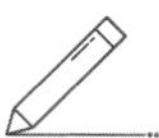

过剩性危机：技术革命与贫富差距

所谓过剩性危机，是由于供需失衡造成的，当供给远远大于需求时，就出现产能过剩。我们熟悉的资本家倒牛奶的故事，就发生在过剩性危机时。过剩性危机主要出现在资本主义早期，从1788年到1825年，这几十年是过剩性经济危机的高发期。早期的过剩性危机主要发生在英国，后期又扩散到欧美其他国家。下面我们简单梳理一下这个阶段的主要经济危机以及危机爆发的原因。

历史上第一次过剩性危机爆发于1788年的英国，主要原因是此前英国的纺织业生产效率突飞猛进。1764年发明的手摇珍妮纺纱机使纺纱效率提高了20倍左右。1785年起，瓦特发明的蒸汽机开始应用到棉纺织业，纺织业生产效率再次大幅度提高，产量大大超过了市场需求量。到了1788年，纺织业的过剩性危机终于爆发，纺织品及原料堆积如山，超过半数工厂破产，工人大量失业。

五年后，也就是1793年，刚刚产能出清的纺织业又发生了过剩性危机。经过上次危机的淘汰，留下了一批技术先进、管理较好的工厂，这些工厂增加了投资，产能很快膨胀。雪上加霜的是当年英国对法国宣战，导致对欧洲大陆的出口严重萎缩。这次危机引发的工厂倒闭潮还牵连到数百家银行。

1810年，英国经济持续了12年繁荣后再次发生过剩性危机。由于1808

年美国对英国实行禁运，英国过剩的纺织品只能销往南美，在出口信贷的支持下，也维持了几年增长。但两年后，南美市场需求量下滑，使得英国纺织品价格大跌50%，又有大量工厂倒闭、工人失业。

1816年，英国爆发第四次过剩性危机。之前随着拿破仑战败，英美战争结束，欧洲大陆市场和北美市场都相继开放，庞大的世界市场推动英国商品出口激增，让英国工业空前繁荣。不过，英国的机械工厂产能过于强大，没几年欧洲和北美市场即告饱和，过剩性危机不可避免地再次发生。

1825年，英国再次爆发过剩性经济危机。从1821年到1825年，伦敦交易所共对欧洲和中南美洲国家发行了4897万英镑公债，而英格兰银行对国内私人贷款却急剧萎缩。造成的结果是中南美纺织品需求量大幅度增加，英国出口激增，刺激生产和投资迅速扩大，原材料价格也跟着上涨，但国内市场需求不足。1825年下半年，供给严重大于需求，纺织品价格开始下跌，中南美投资泡沫崩盘，超过3000家企业倒闭，纺织机器价格大跌80%，并且，由于本轮产能扩张得到了银行的大力信贷支持，危机还外溢到金融系统，有近百家银行破产。

从1788年到1825年的37年间，英国发生的经济危机几乎都是过剩性危机，并且，危机的破坏性和波及范围一次比一次大。但之后爆发的经济危机，不再以过剩性危机为主要特点，而演变成更为复杂的金融危机。

为什么会爆发过剩性危机?

早期经济周期理论认为，导致经济周期的根源主要是技术冲击。技术冲击可以很好地解释为什么英国早期会频频爆发过剩性危机。当时，英国纺织业受到技术创新的冲击，尤其是瓦特的蒸汽机广泛运用到纺织业后，产能呈现指数级增长。当时英国一年的纺织产能就超过了过去半个世纪的，产品价格也大幅度下降。但是，消费增加却跟不上产能增长的速度，市场很快就饱和了，从而爆发过剩性危机。

企业家对技术创新引发的产能暴增为何缺乏足够的预期？为何市场明明已经饱和，企业家依然还在投资建厂、扩大产能？

主要原因是技术的突变性、非连续性及技术扩散的难以预测性，导致企业家对技术创新带来的后果难以预料。比如，近些年算法的改进极大地提升了外卖配送的效率和需求，而外卖需求大幅增加降低了方便面的需求量，导致方便面产能过剩。生产方便面的企业家们怎么也预测不到算法改进对方便面销量的冲击。所以，在技术冲击面前，企业家对市场的反应具有一定的滞后性，而滞后性导致了产能过剩。当然，现代商业预测技术，尤其是大数据的进步，可以帮助企业家更准确地预测市场需求及走势。同时，供应链技术的改进及准时生产管理可以大大降低企业的库存，降低产能过剩的风险。

除了技术冲击会导致过剩性危机，还有另一个更为根本的因素，那就是市场失灵。早期的古典政治经济学家大多数不太关注经济危机或经济周期。亚当·斯密没有经历过太多经济危机，在英国发生第一次过剩性经济危机两年后，他就去世了。李嘉图、马尔萨斯等人对经济危机也鲜有研究。为什么呢？原因主要有两个：

一是在此之前，人类社会从来都是物资奇缺、供应不足的，那时从来没有人想到过产品过剩也会成为一种危机。

二是古典政治经济学的理论并不支持经济危机，因为其相信市场不会失灵。萨伊学说告诉人们，不存在长期的过剩，危机会自动修复。事实上，早期的每次过剩性危机发生后，市场都能自动修复，产能、消费、投资还都进一步扩大，这恰恰印证了古典主义的主张。但是，也有一位古典政治经济学家并不这么看。他就是与李嘉图、马尔萨斯、萨伊生活在同一时代的法国政治经济学家西斯·蒙第。蒙第是古典政治经济学的“离经叛道者”，是第一位对自由放任经济制度提出质疑的古典主义者。蒙第认为，古典主义倡导的自由市场机制不能自洽，最终会因为消费不足而产生生产和消费之间的矛盾，使得经济危机不可避免。他指出现实中生产无限扩大，但由于不合理的分配制度，让劳动者收入不足，从而使国内市场日益缩小，进而商品滞销、经济衰退和工人失业，导致生产过剩的经济危机必然爆发。蒙第在1819年出版的《政治经济学新原理》一书中指出：“人们所受的各种灾难是我们社会制度不良的必然结果。”[1]

对比而言，技术冲击理论是从供给端出发解释过剩性危机的，而蒙第则是从需求端出发解释过剩性危机的。后来的马克思和蒙第的角度是一样的，只是他引入了剥削理论。他认为，资本家榨取了劳动者的剩余价值，导致劳动者收入不足，市场最终供大于求，引发了过剩性危机。但是，以萨伊学说为代表的古典政治经济学不支持劳动者收入不足的观点。古典政治经济学家认为，市场本身就是一种分配制度，在这种分配制度下，虽然会出现贫富有别，但财富不会持续向富人集中，引发需求不足、供需失衡的局面。因为在自由市场中，财富是自由流动的。在市场交易中，哪怕赚得最少的那个人，其财富也是在增加的，最穷的人也可以在自由交易中获得财富。

但是，古典政治经济学家忽略了一点，那就是制度不完善下的自由市场是无法实现帕累托最优的。当制度不完善时，财富就难以在市场中自由流动，而是会不断集中，最终贫富差距越来越大，供需严重失衡直至危机爆发。在英国工业革命早期，法律对劳动者保护不足，资本家处于绝对强势地位，工人权益无法得到保障。那时的工人收入微薄，工作时间很长，还经常在危险的环境下工作，而资本家可以拖欠工人工资，出现工伤也不用赔偿，还能够随意解雇工人。从经济学的角度来说，在不完善的制度中，私人边际成本小于社会边际成本，资本家从社会中占到了便宜，获得了好处，所以财富的天平向富人倾斜。在当时，很多工人努力工作一辈子也没办法改变命运，这就形成了阶级固化的社会。

所以，过剩性危机其实是市场制度不完善的结果。在制度不完善的市场中，贫富差距会越来越大，富人投资越多，产能过剩就越大，穷人没有足够的收入购买产品，需求日渐低迷。这时萨伊定律就失效了，供给无法决定需求。而凯恩斯学说主张的有效需求不足似乎就成立了。但是，通过前面的介绍我们知道，凯恩斯有效需求不足的三大基础理论是不成立的。虽然表象都是有效需求不足，但造成有效需求不足的真正原因是蒙第所说的制度不完善导致的收入分化。

今天的世界经济也陷入了类似的状况。由于制度不完善，财富向富人集中，贫富差距巨大，美国的贫富差距已经接近大萧条时期。穷人没有多余的钱消费，出现需求不足，而富人掌握着大量的财富。结果是穷人没能力消费，富人不投资实体，实体经济出现通缩；富人的资金炒作金融资产，金融市场出现通货膨胀。从制度因素来看，当今世界的制度问题主要出在财政纪律和中央银行制度上。每一次经济衰退和危机来临时，大量货币直接注入金融市场，向富人提供贷款，导致富人持有大量货币，同时金融资产膨胀。财政和中央银行制度撕裂了自由市场，财富、资金、资源难以自由流通。人为造成的制度性市场失灵，导致穷人通缩，富人通货膨胀；实体通缩，金融通货膨胀。

所以，贫富差距本身并不是问题，问题是人为造成的贫富差距。贫富差距是自由市场竞争的结果，也是人类天赋差异、努力程度差异的结果。我们需要包容自由市场出现的贫富差距，但我们反对人为造成的制度性的贫富差距。人为造成的贫富差距，破坏竞争公平，导致需求萎缩、社会割裂和阶级固化，最终将引发经济危机和社会矛盾。历史上，当贫富差距过大时，社会制度就走向了另一个极端，从不公的制度走向了绝对公平的制度，用政府之手替代市场分配，消灭贫富差距，搞平均主义。这也是极大的误区。正如我们之前讲的，政府给低收入者提供公共用品的最终目的，并非是人为分配财富以缩小贫富差距，而应该是提高经济效率。

参考资料

[1] 政治经济学新原理，西斯·蒙第，商务印书馆。

金融危机：货币刺激与资产泡沫

从1837年开始，经济危机的特征及成因发生了变化，经济危机开始呈现出金融化的特点，就是我们所说的金融危机。金融危机有很多类型，比如债务危机、股灾、资产泡沫危机等。今天，金融危机几乎已经等同于经济危机了，这是因为在金融时代，金融危机很容易外溢到实体经济，造成实体经济通缩，引发全面经济危机。下面，我们来梳理一下从1837年到1929年近100年发生的主要金融危机及原因。

1837年，英国爆发了一次波及全产业的系统性经济危机。这场危机最初是由铁路业投资过热引起的。英国铁路投资泡沫崩盘后，纺织业、冶金业、造船业、煤炭业、铁路运输业及农业全面陷入了困境。这次危机表现出一定的世界性特征，欧美主要国家都受到了波及。其中，美国出现了严重的金融大恐慌。

十年后，到了1847年，英国再次爆发经济危机，这次危机仍然与铁路投资有关。这十年，继英国之后，欧洲大陆和美国出现了新一轮的铁路投资热潮。于是，同样的故事再次上演，欧洲大陆铁路公司因投资过度而破产，煤炭、冶金等工业遭遇严重冲击。

又过了十年，1857年，爆发了历史上第一次世界性的经济危机。过去十年，受新一轮技术升级和全球化红利的刺激，欧美主要国家投机猖獗，许多银行凭借空头期票，大肆发放出口信贷，参与股票投机，制造了严重的资产泡沫。所以，这场危机的重灾区是银行业，当年能与纽约金融业争雄的费城，全部银行停止支付，费城金融业从此一蹶不振。纽约63家银行中62家遭挤兑而停止支付，铁路公司的股票跌价了85%。同时，德国、英国、法国的金融和工业体系全面崩溃。

到了1873年，铁路投资及投机过热又一次引发了金融危机。美国大兴铁路建设和德国经济繁荣，引发了欧美大量股票投机活动，股价疯狂上涨。1873年的一天，奥地利首都维也纳股市暴跌，迅速波及伦敦、巴黎、纽约、法兰克福金融市场，铁路股票价格迅速下挫。同年9月，美国著名的投资银行杰依－库克金融公司因铁路投机破产引发蝴蝶效应，5000家商业公司和57家证券交易公司相继倒闭。美国、德国、法国的铁路、煤炭、生铁、纺织、机车等产业遭遇重创。

1900年，还是狂热的铁路投资引发了世界性经济危机。不过，这次危机的引爆点不在英美法，而在俄国。过去十年间，俄国铺设了22 600公里的铁路，刺激了整个欧洲工业部门开足马力生产。1899年，俄国因铁路投机引发的金融泡沫破灭。法国、德国、比利时、英国、美国都未能幸免。这一次，日本也受到波及，并且爆发了第一次经济危机。

1907年，又发生了一次著名的世界性经济危机。电气革命带来的技术冲击在投机市场上愈演愈烈。当时美国的第三大信托公司尼克伯克信托公司大肆举债，关于该公司即将破产的传言引发了华尔街大恐慌。恐慌发生后银行家们纷纷收回贷款，股市一落千丈，金融危机由此而生。这个时候，美国已经形成了大型托拉斯组织，老摩根在这次危机中扮演了重要角色，上演了力挽狂澜拯救华尔街的故事。

1929年，人类历史上最凶猛的一次世界性经济危机爆发，这次危机的爆发点在美国。当时，美国已经成为头号工业强国，占资本主义世界工业生产的比重已达48.5%，超过了当时英、法、德三国所占比重的总和。美国制造了西方国家超过80%的汽车，掌控了世界上一半的黄金储备，控制了国际金融市场。这次世界性经济危机的诱发点还是股市崩盘，1929年10月28日，史称“黑色星期四”。这一天，纽约股票市场价格下跌了

12.8%，大危机由此开始。随后，股市以平均每天18点的速度狂泻，所有人都惊慌失措，他们蜂拥进交易大厅，疯狂卖出手中的股票，以至于股票行情自动收录机已跟不上股市迅速下跌的行情。很快，纽约主要股票的价格缩减超过2/3，260亿美元化为乌有，成千上万美国人一生的积蓄在几天内烟消云散。可怕的是，这只是刚刚开始。股市大崩盘，进而引发全球经济大萧条，大量银行倒闭、工厂破产、工人失业。除苏联、蒙古外，欧洲、非洲、美洲、亚洲各国包括中国，都受到了史无前例的冲击。1932年8月，一位为《星期六晚邮报》写文章的人问英国经济学家约翰·梅纳德·凯恩斯：历史上有过类似大萧条这样的事情没有？凯恩斯回答说："有的，那叫黑暗时代，前后共400年。"

从1837年到1929年，将近100年的时间里，发生了多次金融危机。如此密集爆发的危机，给世界带来极大的困扰，同时也吸引了大量的经济学家开始关注经济危机。尤其是1929年摧毁性的全球经济危机及大萧条，让经济学家大跌眼镜，古典主义被推下神坛，凯恩斯学说登台，经济学历史从此被改写。身处在这个动荡时代的法国经济学家克里门特·朱格拉于1862年在《论法国、英国和美国的商业危机以及发生周期》一书中提出了市场经济存在着9～10年的周期波动。后人将朱格拉的周期理论称为"朱格拉周期"。朱格拉周期是针对资本市场投资周期而建立的，所以也可以理解为金融周期。上面介绍的近100年的金融危机爆发周期，与朱格拉周期是基本吻合的。

接下来，我们来分析为什么从19世纪中期以后，过剩性经济危机较少爆发，经济危机主要表现为金融危机了？

主要原因是经过第一次工业革命后，欧美国家完成了原始资本积累，诞生了一批大型企业、托拉斯组织。大量资金从纺织业抽离出来，投资到第二次工业革命的新技术、新产业之中。同时，一系列的金融创新，如股票市场、债券市场、现代银行的出现，使得金融投资十分便利。托拉斯推动金融业与铁路、电力、钢铁、地产、汽车等产业整合，形成了庞大的金融财团。所以，19世纪中期之后，经济危机主要爆发在金融及其深度捆绑的重工业领域。

那么，金融危机为什么会爆发呢？这个问题并不容易回答。大萧条出现后，凯恩斯、费雪、米塞斯，以及后来的萨缪尔森、弗里德曼、明斯基、伯南克、克鲁格曼等一大批优秀的经济学家都对此深入研究，提出了各自的主张。

米塞斯提出了商业周期理论，他借助维克塞尔的自然利率理论，将经济危机的发生归咎于中央银行垄断利率，主导了信贷扩张；弗里德曼认为美联储的紧缩政策是大萧条的主因；费雪提出了债务螺旋理论；斯蒂格勒则认为，大萧条后各国以邻为壑的贸易保护主义才使得大萧条持续多年。这几种主张是对金融危机及大萧条发生原因的主流观点。实际上，我们还可以从自由市场本身的不确定性以及风险制度来分析金融危机的成因。

金融市场是自由市场的一部分。如果把实体经济理解为普通公路，金融市场就是高速公路。金融市场比实体经济的流动性更强，风险也更大，存在更大的不确定性。明斯基对此有深入研究。2008年金融危机爆发后，“明斯基时刻”这个词走红，海曼·明斯基这位美国经济学家也逐渐被人们认识。

明斯基是一位凯恩斯主义者，他在1963年发表了一篇著名的论文叫《“它”会再次发生吗？》。这里的“它”指的就是经济危机。明斯基提出了金融不稳定假说的相关理论，并且在1991年形成了标准文本。明斯基认为，金融体系尤其是银行体系内部存在不稳定性和脆弱性。明斯基的逻辑其实跟庞巴维克、米塞斯有点类似。他认为，资本扩张伴随着“现在的货币”与“未来的货币”之间的交换。现在的货币就是已经投入的资金，未来的货币就是预期收入。未来的货币能否填补现在的收入，这是不确定的。

金融业尤其是银行，连接着过去、现在和未来。银行给投资者提供贷款，投资者投入“现在的货币”，未来的收入能否还上贷款并不确定。明斯基将经济主体分为三种类型：抵补型、投机型和庞氏型。抵补型能够以收入偿还债务；投机型存在不确定性，期望用未来的收益还债；而庞氏型只能拆东墙补西墙还债。银行扩张信贷，带来经济繁荣，同时也催生更多投机型、庞氏型的经济主体出现，这让银行自身也成了庞氏型的经济主体，变得愈加脆弱。所以，明斯基认为，银行才是诱发金融危机的主体。

除了明斯基的理论，还有一个理论也可以解释金融的不稳定性，那就是外汇超调理论。1976年，经济学家多恩布什在《政治经济学杂志》上发表了《期望和汇率动态学》，指出当市场受到外部冲击时，货币市场的价格调整速度要快于商品市场，振幅也要大于商品市场。他的主要依据是金融市场的流动性比商品市场更强。就像高速疾驰的汽车一样，速度越快就意味着越不稳定。

另外，经济学家还经常使用汉森和萨缪尔森的乘数－加速数原理来解释经济周期。乘数原理最早是由凯恩斯提出的，严格来说是凯恩斯的追随者卡恩提出的。后来，凯恩斯的追随者汉森与萨缪尔森师徒二人，在乘数原理的基础上又加上了加速数原理，构成了乘数－加速数原理。乘数－加速数原理是古典综合学派中非常经典的理论。举个例子，中央银行发行1万亿元基础货币，如果货币乘数是4，那么市场上的货币供应量最多可达4万亿元，这就是乘数效应。但如果实施百分之百准备金制度，这个乘数效应就消失了。所以，正是现代金融中的银行制度、准备金制度、杠杆制度等金融制度带有杠杆属性，才催生了市场的乘数效应，增加了金融市场的不稳定性。

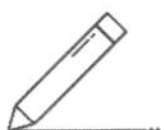

债务危机：货币刺激与财政赤字

当今世界经济上空，一直晃荡着一个幽灵，这个幽灵就是债务危机。债务危机包括主权债务危机，也包括家庭、实体企业及金融企业的债务危机。如今，债务危机已经成为金融危机的主要形式，并且与货币危机深度纠缠。债务危机是从什么时候开始成为金融危机的主旋律的呢？

之前我们讲到了大萧条。大萧条对欧美世界的冲击很大，这场危机间接地引发了第二次世界大战。第二次世界大战后，欧美世界经济快速复苏且持续繁荣。直到20世纪60年代，欧美世界都没有发生大规模的经济危机。进入70年代后，欧美国家爆发了滞胀危机。这场危机持续的时间很长，直到1982年年底，美国里根总统和美联储主席沃尔克改革见成效，美国经济才摆脱滞胀泥潭。

但是从20世纪80年代开始，一种新的危机开始出现，那就是债务危机。从1982年开始，债务危机如幽灵般频频光顾人间。接下来，我们梳理一下80年代以来主要的债务危机。

1982年，墨西哥因外汇储备亏空，无法偿还到期外债，引发主权债务危机。紧接着，巴西、委内瑞拉、阿根廷、秘鲁和智利等国相继出现债务违约。到1986年底，拉美发展中国家债务总额飙升到10 350亿美元，近40个发展中国家要求重新安排债务。这时的债务危机主要是国家主权债务危机。

1994 年12月19日深夜，墨西哥政府突然对外宣布，本国货币比索贬值15%，引发货币危机。之后两天，墨西哥外汇储备锐减近40亿美元。从20日至22日，短短的三天时间，墨西哥比索兑换美元的汇率就暴跌了42.17%。这次危机也叫龙舌兰危机。

1997年7月2日，泰国宣布放弃固定汇率制，泰铢迅速贬值，当天泰铢兑换美元的汇率下降了17%，立即引发了金融风暴。在泰铢波动的影响下，菲律宾比索、印度尼西亚盾、马来西亚林吉特相继成为国际炒家的攻击对象。这场金融海啸的传染效应非常明显，危机很快波及马来西亚、新加坡、日本、韩国、中国香港、泰国、印度尼西亚等亚洲大部分国家和地区。各国货币大幅贬值，股市大幅下跌，外贸企业及制造工厂大量倒闭，社会经济萧条，中断了亚洲快速发展的势头。亚洲金融危机爆发后，债务危机开始相继在新兴国家大面积爆发。1998年俄罗斯金融危机爆发，1999年巴西金融危机爆发，2001年阿根廷债务危机爆发。

2007年美国爆发了次贷危机，但这场危机不是主权债务危机，而是家庭负债危机，同时还是金融巨头的债务危机。这场危机引爆了2008年世界性金融危机。世界性金融危机又进一步引发了2009年的欧债危机，其中“欧洲五猪”陷入主权债务泥潭，冰岛陷入国家破产的危机。

2008年之后，债务危机已经超出了新兴国家的范畴，成为全球性的危机。由于世界主要国家都采取了激进的救市政策，短短十几年间，全球债务规模急速膨胀。其中，美国、日本的主权债务规模已达天量。可以说，如今的世界是一个被债务吞噬的世界，如今的经济是一种债务型经济，这时的债务危机已经是全方位的危机。

2018年美联储上调利率，直接引爆了阿根廷和土耳其的货币危机，印度、南非、巴西、俄罗斯、智利、印度尼西亚等新兴国家货币也岌岌可危。不仅如此，日本、加拿大、澳大利亚及欧洲发达国家的债务及货币压力同样巨大。

过去40年，为什么世界经济走向了债务模式？债务危机到底是怎么发生的？

通过对数次债务危机爆发的原因分析，我们可以抽出一条简单的逻辑，那就是外溢性风险。不少债务危机，尤其是国家主权债务危机是由货币危机引发的。比如，1982年拉美债务危机爆发的直接原因是美元大幅升值。沃尔克担任美联储主席后，为了治理通货膨胀，在短期内大幅度提高了美元利率，导致美元对外迅速升值，拉美等国家的货币则出现了严重的贬值风险。最终墨西哥耗尽了外汇也没能避免货币危机，货币危机又引发了债务危机。

为什么美元升值，会让拉美国家爆发货币危机呢？

这需要从国际货币体系的角度来理解。1971年布雷顿森林体系崩溃，国际外汇及金融体系重新建立，世界开始进入浮动汇率时代。80年代以后，一些国家为了避免本币大幅度波动，采取了盯住美元爬行的外汇制度。当时墨西哥、泰国等国家就采取了这种盯住美元的固定汇率制度。这种外汇制度的好处是可以保持外汇市场的稳定，但是，这种制度对本国经济实力的要求非常高。盯住美元，就相当于与博尔特手拉手赛跑，博尔特加速时，你得跟得上。香港的联系汇率制度也是盯住美元的外汇制度，香港的经济实力跟得上美国，汇率一直保持稳定。但是，1982年的墨西哥和1997年泰国就跟不上美国，当美元升值时，这两个国家没有足够的美元支撑外汇市场，最终爆发货币危机。

所以，新兴国家的货币危机、债务危机与美元升值周期高度相关。最近40年，每当美元升值时，就会发生外溢性风险，导致一些国家屡屡爆发货币危机。1982年美联储实施高度紧缩的政策，导致墨西哥等拉美国家的货币崩盘，爆发债务危机；1993年美联储上调利率，结果1994年墨西哥及拉美危机爆发，1997年亚洲金融危机爆发，之后俄罗斯、巴西、阿根廷相继爆发了债务危机；2005年美联储又开始上调利率，美元再次进入紧缩周期，结果2007年美国自身次贷危机爆发，并且引发了2008年全球经济危机；2008年后美元进入了长期的宽松周期，但2015年美联储又开始上调利率，阿根廷和土耳其货币危机爆发，印度、南非、巴西、俄罗斯、智利、印度尼西亚等新兴国家货币也岌岌可危。

表面来看，美元紧缩是全球大部分国家货币危机和债务危机爆发的根源，但是，也有一些国家在美元紧缩周期中安然无恙。这说明外溢性风险只是表面因素，发生危机的国家存在内在的深层次的原因。比如，外汇制度不合理，制造业羸弱，出口创汇能力差，国际收支失衡，没有足够的外汇支撑汇率。外汇制度不合理是20世纪80年代债务危机的诱发因素，但90年代之后，债务危机的成因根本上还是本国经济的脆弱性。本国经济的脆弱性主要表现为资产泡沫、通货膨胀、巨额财政赤字等，这些隐患主要都是由失当的财政政策和货币政策所引发的。

在20世纪全球化大潮中，新兴国家为了刺激经济增长，往往采用扩张性的财政政策和货币政策。当经济衰退或陷入危机时，则大量使用财政赤字货币化和信贷宽松政策，更加助长了资产泡沫和通货膨胀。布雷顿森林体系崩溃后，世界进入了信用货币时代。由于信用货币不需要刚性兑付，货币当局很可能滥发信用货币。特别在一些新兴国家，中央银行没能完全独立于中央政府，政府有着强烈的财政借贷冲动，容易实行财政赤字货币化融资，导致债务危机的隐患更大。同时，由于银行系统缺乏独立性，商业银行与地方政府、国企的关系密切，容易导致资产错配、风控失当、坏账率高，引发投资过热、资产泡沫和通货膨胀。汇率波动一旦加剧，很快股市泡沫、楼市泡沫就会被刺破，并且诱发债务危机。2018年陷入经济危机的土耳其，几乎都符合这些条件，发生了一场典型的新兴国家金融危机。

进入千禧年之后，尤其是2008年金融危机后，债务危机还呈现出两个新的特点：一是全球化。不仅新兴国家爆发债务危机，美国、欧洲等发达国家也爆发债务危机，如今债务规模最大的国家就是美国和日本。第二个特点是全民化。不仅是国家主权债务高企，个人、家庭、公司也全面加杠杆，整个社会、整个世界的债务大规模上升；不仅是新兴国家的财政和银行体系出了问题，发达国家同样也陷入了麻烦。为什么会这样呢？

从宏观上来说，布雷顿森林体系崩溃后，浮动汇率诱发了货币市场的套利空间，投资银行借助信息技术崛起，大量金融创新及衍生品问世，商业银行也借助计算机技术获得了更大的创造信贷货币的权力，全球金融自由化加速了金融市场的繁荣。更重要的是，美国建制派、华尔街与美联储这三股力量在20世纪90年代逐渐破坏了货币发行纪律和财政纪律，美联储失去了沃尔克开创的独立性，美元与国债互为兜底，成为硬币的两面。如今货币沦为“公地悲剧”。

从微观上来说，在信用货币时代，商业银行在宽松周期时大规模地扩张信贷货币。信贷扩张推高了整个社会的杠杆率，其中包括家庭杠杆率。一旦危机爆发，大量家庭、公司也被卷入债务旋涡。这种情形可以用“债务－通缩”理论来解释。“债务－通缩”理论是美国经济学家欧文·费雪在大萧条期间提出来的。费雪指出，由于信息不对称，金融繁荣期过度负债的高杠杆化与紧随其后萧条期债务清偿的困境抛售，是生成信贷周期的重要原因。费雪推演了一个可怕的债务螺旋，这是一串不可逆的连锁反应：先是债务清偿导致资产倾销；资产抛售引发资产大幅度缩水，因抵押资产缩水，银行会减少贷款甚至抽贷，货币流通减少；企业净资产大幅度下降，杠杆不降反升，可能导致因资金链断裂而破产；企业破产或盈利下滑，导致产出减少，解雇工人；工人失业，需求下降，市场悲观，经济低迷；市场需求进一步下降，悲观预期又导致货币窖藏；货币流动性短缺，导致企业负债加重，进一步缩减产出或引发破产，更多工人失业，市场进一步萎缩，陷入大萧条的恶性循环。[1]

“债务－通缩”理论也许是最接近大萧条根源的一种理论，也最清晰地解释了债务危机爆发的微观逻辑。这个理论说明，债务危机一旦爆发，破产急剧上升、债务负担增加、资产价格崩溃以及银行倒闭等不断恶化的信贷市场会把市场卷入不可逆的旋涡，导致市场无法快速出清，整个社会陷入萧条与债务的泥潭。

总结一下，最近40年债务危机成为经济危机的主旋律，与布雷顿森林体系的崩溃有关，与信用货币、浮动汇率下的国际货币体系变革更是直接相关。在新的体系下，不完善的制度及政策，包括外汇制度、货币发行制度、财政政策等，主导了金融自由化和金融繁荣，也催生了资产泡沫、债务魔鬼，让整个社会掉入了债务旋涡。

参考资料

[1] 繁荣与萧条，欧文·费雪，商务印书馆。

新型危机：通货膨胀与通货紧缩

复盘2008年金融危机，很多人依然坚持，如果世界主要国家不扩张财政和货币救市，全球经济将陷入大萧条。诚然我们是避免了一场大萧条，但是这场危机过后十余年，世界经济一直在低迷状态徘徊，似乎我们从来都没有真正走出这场危机。低增长还不是主要的麻烦，更大的麻烦在于“三低三高”并存的复杂局面，也就是低增长、低利率、低通货膨胀，高泡沫、高福利、高债务。

低增长：2008年金融危机后，美国、日本及欧洲这三大经济体彻底进入了低增长。韩国、加拿大、澳大利亚也未能幸免。新兴国家中的俄罗斯、南非、巴西遭遇各种麻烦。剩下的中国、印度从高增长逐渐下行。可以说，最近十年低增长已经成为全球经济的主要特征，没有几个国家依然维持着高增长态势。

低利率：从2008年开始，多国中央银行实施量化宽松措施，美联储长期维持低利率，日本、欧洲的利率接近零。2020年受新型冠状肺炎疫情冲击，美联储也将利率调至零附近，并且开启了不封顶的量化宽松。换言之，最近十余年，世界主要国家都在实施极端宽松的货币政策。

低通货膨胀：这一点令很多人感到困惑，为什么持续极端宽松的政策没有引发通货膨胀，相反，最近十多年，欧美国家还一直遭受通货紧缩的困扰？极端宽松的政策没有推动实体经济增长，也没有增加有效需求，实体经济陷入通缩的困境之中。

高泡沫：与实体经济通缩相反的是，金融市场中存在高泡沫。宽松政策下的海量货币没有流向实体，却流向了金融市场，推高了股市、楼市及各类金融资产价格。2020年新型冠状肺炎疫情闪袭股市，引发全球性股灾。然而这场历史罕见的资产价格雪崩并没有挤掉泡沫，泡沫很快又回来了。这完全归功于美联储“无底线”地给金融市场“注水”，造就了人类经济史上从未有过的奇观。世界经济长期低迷，实体经济通缩，大疫之年，经济深度衰退，但资产价格却节节攀升，甚至屡创新高。

高福利：美联储和美国财政部手上巨额的货币很大一部分流向了金融市场，推高了富人们的财富，普通民众对此非常不满，不满情绪点燃了福利民粹主义。为了安抚民众，一部分货币发放给了民众，主要用在养老、医疗、住房、失业等福利基金。在一些老龄化、低生育率的国家，如日本、德国，养老福利、医疗福利的开支已经达到了惊人的程度。对福利民粹主义的安抚，完全是政治斗争的结果，是普通民众与富人争夺货币福利的结果。

高债务：高福利、高泡沫都是高债务累积起来的。如今，美国、日本是世界头号债务大国，剩下的欧洲各国及新兴国家的债务规模也不可小觑。

目前，这种“三低三高”的经济局面是历史从未有过的。为什么世界经济会形成这种局面？要厘清其中的逻辑关系，我们必须从低增长开始说起。

经济周期与技术周期高度相关。美国经济史学家罗斯托在《经济增长理论史》中揭示，每一次工业革命的“技术红利”为55年，即当一个重大的新技术引入55年后，经济增长率会逐渐递减直至恢复到之前的低水平。[1]离今天最近的一次技术革命应该从第二次世界大战后开始算起，这次技术革命以航空航天、核能、新材料、生物技术、电子、计算机技术的应用及信息产业为标志。从1946年到千禧年，这轮技术浪潮带来正好55年的技术红利。千禧年后，世界经济增长逐渐衰退。

当然，由于技术扩散的路径不同，各国的衰退周期也有所差异。第二次世界大战后，欧洲迎来了经济复兴，日本经济受美国技术扩散红利刺激持续增长。到了20世纪80年代，日本经济增速开始下滑，1990年泡沫危机后彻底进入低增长。以德、法、英为代表的欧洲在90年代经济增速开始下降，到千禧年后进入低增长。美国是半导体及互联网技术的领导者，信息技术推动美国经济持续增长到了2008年，之后便彻底进入低增长。亚洲"四小龙"和"四小虎"受欧、美、日技术扩散刺激，经济增长持续到了90年代，后被1997年亚洲金融危机终结。中国、印度享受了亚洲技术扩散的第三波红利，经济增长维持到了2008年后。如今，越南获得了第四波红利，经济进入高增长通道。

梳理全球主要国家的经济增长走势，主要目的是为了说明一个客观规律及经济大势：世界经济在20世纪90年代后伴随着技术红利消失已经出现周期性衰退。但是，周期性衰退并不意味着经济持续低迷甚至陷入大萧条。根据熊彼特的商业周期理论，每一次技术革新的结果便是可预期的下一次萧条；每一次经济陷入衰退，又意味着企业家在创造新技术，推动边际递减曲线右移，经济的复苏及繁荣即将到来。这一过程的动力，熊彼特称之为企业家的"创造性破坏"。[2]

遗憾的是，多数人无法忍受经济衰退带来的痛苦与煎熬，为了迎合民众的脆弱心理以及金融界的利益诉求，每当危机爆发时，财政当局和货币当局就实施大规模的救市政策，降低利率，低利率又将金融泡沫推到更高的层面。如此反复循环，泡沫也就成了"刚性泡沫"，大而不破，大而不倒。与高泡沫对应的是实体经济的低通货膨胀，甚至是通缩，以及福利民粹主义。这就有了低通货膨胀、高福利。高福利和高泡沫又推高了债务，这就有了高债务。这就是"三低三高"经济局面形成的逻辑。讲到这里，我们还需要搞清楚以下两个问题。

第一个问题是：为什么低利率的宽松政策没有刺激经济增长?

主要原因是投资边际递减规律的影响。在宽松货币的刺激下，资本规模虽然大增，但投资边际收益率不断递减，经济增长率越来越低。通常，经济进入周期性衰退，是市场正常出清的方式。经济危机爆发，是市场暴力出清的机会。但是，人为干预救市，就中断了市场出清的进程。一些依靠低利率或政府补贴生存的企业，本该在危机中破产，也就是被市场驱出。但救市，让这些企业继续得以苟延残喘，然而这些企业没有任何盈利能力和抗风险能力，这就加剧了经济的脆弱性。凯恩斯主义者认为，宽松政策是短期的，等危机过后，再实施紧缩政策，就能将多余的货币收回。这种理想主义主张是违背经济规律的，会导致劣质的企业、劣质的需求始终不能被出清，货币政策稍微紧缩，经济就崩盘了。

第二个问题是：为什么低利率的宽松政策没有引发通货膨胀？

货币超发一定会引发通货膨胀，多余货币流到哪里，哪里就通货膨胀。但是，过去十多年，大多数超发的货币都流向了金融市场而不是实体经济，这就造成了金融资产的高泡沫和实体经济的通缩。在一个自由市场中，货币是在水平面上流动的，这种冷热不均、通货膨胀通缩并存的局面不可能维持太久。但是，货币政策割裂了自由市场，在富人的金融市场与穷人的实体经济之间划了道裂痕。比如，美联储直接将万亿美元货币注入金融市场，跳过商业银行给金融巨头提供数以千亿美元的贷款。从理论上讲，金融市场也会出现投资边际收益递减的情况，大量资金会回归实体。但是，实际情况却恰恰相反，大量资金反而脱实向虚。为什么熊彼特的“创造性破坏”失灵了？企业家为什么不拿钱搞技术创新？

主要原因有三个：一是需求不足，财富向富人集中，穷人没有多余的钱消费，所以多数企业家不愿搞新产品研发。二是金融市场的流动性要强于实体市场。长周期的投资风险大，所以企业家更倾向于高周转、高流动性的短期投资项目，比如投机股票套利。三是政府反复救助金融市场，破坏了资产价格下跌的预期，强化了“只涨不跌”的神话，导致更多资金脱实向虚。

最后，我们该如何理解当今世界这个经济“怪胎”？从根本上来说，货币及财政制度是一种“坐吃山空”的模式，是这个“怪胎”的缔造者。人人都不愿意面对经济衰退和危机，都渴望抱紧中央银行及财政部的大腿，都痴迷于金融投机，坐等高福利。但是，再刚性的泡沫也还是泡沫，不管怎么救市，这个世界迟早有一天会被天量债务压垮。经济危机到来之际，也是社会危机爆发之时。

在这个精英与大众皆“搭便车”的时代，我们依然可以看到一点点试图改变的力量。这股力量就是这个时代最大的受害者——中产阶级。在这个时代，富人吃低利率、高泡沫的红利，穷人吃高福利、低通货膨胀的红利，只有中产阶级最倒霉。为什么说中产阶级最惨？

中产阶级家庭的惨状有四：一是难以享受穷人的福利，背负住房、教育及医疗三座大山；二是为穷人的高福利承担巨额的工薪税；三是被货币当局及富人推高的房价绑架，身背沉重的债务；四是实体经济通缩，工资增加缓慢，失业风险大增。

如今一次次金融危机，又一次次救市，大量中产者消失，沦为穷人或伪中产者。金融、建制派及福利民粹主义的力量强大，中产阶级试图扭转货币及财政制度的难度太大。这已经不是一个国家的难题，而是整个世界的难题。

参考资料

[1] 经济增长理论史，沃尔特·罗斯托，浙江大学出版社。

[2] 经济发展理论，约瑟夫·熊彼特，商务印书馆。

尾声：本轮经济全球化的三大矛盾

2008年金融危机后，第三波全球化浪潮出现了退潮，也就是我们今天所说的逆全球化。经济全球化的历史总是波浪式前进的，有高潮也有回潮，回潮后又会掀起新的高潮。但在回潮时期，人类可能陷入残酷的存量争斗。比如从第一次世界大战到大萧条，再到第二次世界大战，这30多年是经济全球化的至暗时期。

为什么会出现逆全球化？客观来说，全球化潮起潮落主要受技术性周期的支配。熊彼特商业周期告诉我们，技术革命的红利期是全球化的高潮期，技术红利的衰退期则是全球化的退潮期。当退潮期来临时，全球经济增量不足，原来被繁荣所掩盖的内在矛盾就开始爆发，人类开启存量厮杀的斗争模式。这种存量争斗可以理解为近代的“马尔萨斯陷阱”。

那么，经济全球化存在哪些内在的矛盾？从历史演变的角度来看，经济全球化内部至少存在两组矛盾。

第一组矛盾是国家之间的利益争斗。

大卫·李嘉图的比较优势理论告诉我们，国家之间相互贸易，即便是受益最少的国家也是受益者。经济全球化及贸易自由化，对任何国家、任何个体都是有益的。为什么国家之间还会发生斗争，甚至战争呢？从地理大发现打开全球化之门以来，总有一些国家认为自己是全球化的受害者。事实上，确实有些国家成为受害者，至少是利益不公的受害者。为什么？比较优势理论和贸易自由化有一个前提，那就是较低的交易费用。如果两国之间的交易费用太高，强势国家可能放弃贸易手段，而采取野蛮的掠夺、入侵及战争手段获利。比如，尼德兰和英国时代，欧洲国家用坚船利炮在全球范围内开拓殖民地，对美洲的印第安人实施种族灭绝，英国对我国清王朝发动鸦片战争。

概括起来，在全球化时代，国家之间的斗争出现过三类形式。

第一类是早期的掠夺与战争。

第二类是英国时代的殖民地贸易。实施殖民统治后，殖民地往往是宗主国的原料产地和产品倾销地。这种历史现象具有两面性：一方面宗主国与殖民地之间的贸易是不平等的、完全非自由化的，具有掠夺性质；另一方面由于存在代际差，弱势方的殖民地也能在国际贸易中获利。之后，历史演进的结果是，殖民地人民的反抗逐渐击溃了殖民统治，比如北美人对宗主国英国的斗争，他们最终成立了美利坚合众国。

第三类是美国时代的国际秩序制定权。争夺游戏规则的制定权是国家斗争的最高形式。第一次世界大战后，英国遭遇重创，后来居上的美国控制了世界半数黄金，试图参与国际秩序的制定。但是，英法联手将美国拒之门外。第二次世界大战后，欧洲千疮百孔、国力羸弱，美国完全掌握了游戏规则的制定权。在雅尔塔会议上，美国总统罗斯福坚持民族自决原则，瓦解了欧洲的殖民帝国。英国时代的殖民地经济走向终结，美国重新制定了一套新的国际规则。与英法等老牌帝国相比，美国更主张通过商品贸易和资本输出的方式获利。于是，在布雷顿森林会议上，美国以怀特方案为蓝本，建立了以美元为中心的国际货币体系，掌控了金融全球化的权杖。同时，美国组织成员国签署了关税总协定，推动贸易自由化。

客观来说，美国推行的贸易自由化，要比英国时代的殖民地贸易更加平等。虽然美国掌控了国际秩序的制定权，但大多数国家都在这一规则下获利。比如第二次世界大战后日本、欧洲在美国的帮助下快速复兴。20世纪60年代后，韩国、新加坡、中国、印度等亚洲国家也相继兴起。

经济全球化的第二组矛盾是阶级之间的利益争斗。

英国时代的阶级斗争十分尖锐，主要是工人阶级与资本家之间的斗争。当时，欧美国家的制度不完善，资本家压榨工人，工人以命相抵，社会矛盾尖锐。表面上看，阶级斗争是国内的问题，与经济全球化无关，其实不然。英国时代的全球化规则不平等主要表现在两个方面：一是对弱国、殖民地的不平等，二是对工人阶级的不平等。

阶级斗争主要针对的是对工人阶级的不平等。经济全球化的游戏规则是各国统治阶级构建的，在欧美国家，工人处于不利地位。法国的工人反抗激烈，资本家就将工厂搬到德国。后来，工人发现资本家在全球范围内都制定了包含剥削性质的国际规则，于是号召全世界无产阶级共同反抗，联合罢工，同步进入共产主义社会，1848年欧洲掀起了大规模的革命。工人的反抗推动了规则的改变，比如美国芝加哥大罢工为欧美世界的工人争取到了八小时工作制和更多的合法权益。

到了19世纪末，阶级斗争从暴力革命转向了经济利益谈判。工人与资本家逐渐和解，并且在自由市场中形成了利益共同体。推动这一历史性转变的力量有三：

一是制度因素。阶级斗争逼迫欧美统治者改革制度，完善民主政治和社会福利。

二是技术革命。第二次工业革命爆发后，经济增量快速增加，工人失业率下降，生活获得改善。

三是泰勒革命。19世纪末，欧美大工厂、托拉斯引入了泰勒的科学管理方法，它将工人的利益与资本家的利益调整到一个方向，缓解了阶级矛盾，激发了工人的积极性，大型企业的经济效益一日千里，工人阶级的收入快速增加。

到了20世纪20年代，不少美国工人家庭已经拥有了汽车和房产。第二次世界大战后，全球化进入了美国时代，大量工人从经济全球化中获利，并且成为中产阶级。

如今，全球化已经进入了人的全球化时代，但是阶级之间的斗争和国家之间的斗争并没有消失。这两组矛盾如今深度纠缠，导致了2008年金融危机，也导致了这轮经济全球化秩序的崩溃。当今世界的金融危机、阶级矛盾、民粹运动、国家冲突、贫富差距、恐怖袭击等各种矛盾交织在一起，让人感到毫无头绪。如何界定这些问题？这些问题的根源和内在逻辑是什么？接下来我们分析2008年后的全球化问题。

我们可以将2008年后的全球化问题界定为国际秩序崩溃。金融危机、民粹运动、国家斗争等都是国际秩序崩溃的一部分。国际秩序的崩溃主要来自以下三个新的挑战。

一是全球化的失落者对既得利益者发起挑战。

在美国时代，很多工人晋升为中产阶级，但是他们现在成了全球化的失落者。为什么这么说？在英国时代，民众试图约束国王、政府的征税权以防止被剥削。事实上，在欧美世界，政府的征税权已经被关进了笼子。但是，老虎被关进笼子，另一条猛龙却腾空而起。这条猛龙就是信用货币时代的中央银行。1971年布雷顿森林体系崩溃后，货币摆脱了金本位的束缚，信用货币扩张的风险大大增加。在这个时代，谁拥有货币发行权，就相当于控制了印钞机。这是一个比征税权更便利、更隐蔽的统治工具。

20世纪80年代，沃尔克执掌美联储时，大大强化了美联储的独立性，美联储在一定程度上摆脱了白宫的权力控制。但是，格林斯潘接替沃尔克后，美联储走向了另一个极端：美联储的权力边界大幅度扩张，并且与联邦政府、华尔街的利益相互交织。90年代后，格林斯潘执掌的美联储、建制派、华尔街共同控制并利用了货币发行权。它们三者的利益关系是这样的：建制派主导联邦财政扩张，大规模发行国债，为美联储扩张美元做信用资产；美联储扩张美元为联邦财政部融资；华尔街为二者提供庞大的融资市场。

千禧年后，美联储、建制派、华尔街三方主导的货币发行权开始失控，催生了巨额的金融泡沫，最终引发2008年金融危机。很显然，在这种货币主导的经济格局中，美联储、建制派、华尔街、跨国公司及富人是受益者，而穷人和中产阶级是受害者。这场危机洗劫了中产阶级，美国大量中产家庭破产。危机爆发后，美国各个阶级对货币发行权开始了重新争夺。

争夺的结果是：华尔街依然获得了“大而不倒”的保障，拿到了来自美联储和联邦财政部数以万亿美元。底层民众发起了福利民粹主义运动，穷人也分得一杯羹，他们获得了高福利的保障。但是，中产阶级成为失落者，处境比过去更加悲惨。华尔街获得的天量救市资金推高了资产价格，中产阶级的收入为高房价埋单。穷人获得了高福利，中产阶级的工薪税又为高福利埋单。过去的20年，每一次危机、每一次货币扩张都在洗劫中产阶级，都在制造贫富差距。2016年美国总统大选，摇摆州的选民抛弃了建制派希拉里，选举特朗普上台。这是美国中产阶级试图利用政治选票对既得利益者发起挑战。

二是全球化的失落者对国际秩序发起挑战。

当今这个国际秩序的缔造者是政府、中央银行以及金融势力，它们不仅控制了货币发行权，还设置了不平等的贸易规则。美国摇摆州的产业工人很清楚，他们失业、收入停滞的原因是不平等的贸易规则和资本输出。资本输出的结果是美国本土出口制造业衰退、工人失业，而跨国公司则借助金融资本在海外攻城略地。例如，通用汽车将工厂整体搬迁到海外市场，逃避了本土的高薪水和工会斗争。但这不完全是自由贸易的结果，因为建制派与华尔街在海外垄断性市场设置了非竞争性规则。如此，美国跨国公司在海外市场吃尽垄断红利、低薪红利、环境红利、法律红利，而美国产业工人只能失业，成为受害者。于是，美国的产业工人试图通过政治选票改变国际秩序。

三是全球化的失落者对他国发起挑战。

美国是当今国际秩序的缔造者，美国产业工人、中产阶级用政治选票改变国际秩序，相当于对他国发起挑战。在不公平的国际贸易规则下，华尔街向海外市场输出资本，支持其出口制造业发展。海外市场赚取的巨额外汇又购买了美国国债，帮助建制派融资。如此，建制派和华尔街形成了完美的利益链闭环。但如今这条跨国的既得利益链被粗暴地打断了，这套游戏规则玩不下去了。如此全球化的失落者对他国发起的挑战，演变成了国家与国家之间的对抗。

如今，全球化新规则正在重构，中国需要抓住这个窗口期，实施大刀阔斧的改革，积极融入新秩序中，将中国建设成为一个开放经济体及全球化国家。